MW00571409

« LE FRANÇAIS SANS FRONT[I...
Collection dirigée par Christian [...]
Maître assistant de linguistique à l'universit[...]

PHILIPPE DOMINIQUE
Agrégé de l'université
Maître assistant à l'université d'Aix-en-Provence

MICHÈLE VERDELHAN
Assistante en linguistique générale
à l'université de Montpellier

ARIELLE STROMBONI
Professeur à la Maison de
la Légion d'Honneur

MICHEL VERDELHAN
Professeur à l'École Normale
de Montpellier

Avec la collaboration de :
Marie-Pierre AFFERGAN
(Professeur au centre Derelvans - Université de Paris VII)

Anne-Marie MARTIN
(Professeur au centre Derelvans - Université de Paris VII)

Chantal PLUM
(Professeur certifié)

Jacques ROGERO
(Maître assistant à l'université de Provence)

Illustrations Christian VICINI et Max LENVERS

Clé international
27, rue de la Glacière. 75013 Paris.
Vente aux enseignants : 16, rue Monsieur le Prince. 75006 Paris.

1. DIALOGUES ET TEXTES

2. SYSTÉMATISATION ORALE

3. VOCABULAIRE, GRAMMAIRE

4. EXERCICES ÉCRITS

5. PRISE DE PAROLE

6. DOCUMENTS CIVILISATION

© Clé international, 1983

Toute reproduction, même partielle, de cet ouvrage est interdite. Une copie ou reproduction par quelque procédé que ce soit, photographie, photocopie, microfilm, bande magnétique, disque ou autre, constitue une contrefaçon passible des peines prévues par la loi du 11 mars 1957 sur la protection des droits d'auteur.

1. 1. Un départ précipité

La scène se passe un vendredi après-midi à 13 heures dans une chambre d'étudiant à la cité universitaire d'Aix-en-Provence.

Jean-Claude : — Gilles ? Tu es là ?

Gilles : — Oui.

Jean-Claude : — J'ai pris ton courrier. Tu as reçu un télégramme.

Gilles : — Les télégrammes, je n'aime pas beaucoup ça ! Oh, mon Dieu !

Jean-Claude : — Qu'est-ce qu'il y a ? Une mauvaise nouvelle ?

Gilles : — Mes parents sont à l'hôpital. Ils ont eu un accident de voiture. Je vais téléphoner tout de suite à ma grand-mère.

Jean-Claude : — Je viens avec toi.

```
PRIERE TELEPHONER URGENT

PARENTS HOPITAL ACCIDENT VOITURE HIER SOIR
         GRANDMERE
```

Gilles : — Tu as des pièces de 1 F ou de 5 F ?

Jean-Claude : — Peut-être... Oui, j'ai deux pièces de 5 F. Ça va ?

Gilles : — Oui, oui. Très bien, merci. Je te donne une pièce de 10.

Gilles : — Allô ? C'est toi, Grand-mère ? ... Ici, c'est Gilles... Ton télégramme ? Oui, je l'ai reçu. Qu'est-ce qui s'est passé ? ... Et c'est grave ? ... Et Maman, qu'est-ce qu'elle a ? ... Ça s'est passé quand ? ... Bon, j'arrive. ... Je pars tout de suite. ... En train. ... Je t'embrasse.

3

Jean-Claude :	— Alors ?
Gilles :	— Ça s'est passé hier soir. Ils ont dérapé sur une plaque de verglas. Leur voiture a quitté la route et ils sont tombés dans le fossé.
Jean-Claude :	— Ils sont blessés ?
Gilles :	— Mon père a une fracture de la clavicule et ma mère un bras cassé.
Jean-Claude :	— Pas de chance ! C'est un coup dur ! Qu'est-ce que tu vas faire ?
Gilles :	— Je pars tout de suite. Je remonte faire mon sac et je prends le premier train pour Briançon.

Gilles :	— Bon, j'ai pris ma trousse de toilette, mon pyjama, mes cours pour travailler un peu... je n'ai rien oublié ?
Jean-Claude :	— Et tes après-ski, tu ne les emportes pas ?
Gilles :	— Si, je vais les mettre pour partir.
Jean-Claude :	— Je t'emmène à la gare en moto ?
Gilles :	— Merci, c'est sympa.

1 Pour téléphoner de la poste.

— *Mademoiselle, je voudrais téléphoner en Italie. Le numéro, c'est le...*
— *Non, non. Vous le faites directement par l'automatique. Vous faites 19, 39, le code de la ville et le numéro de votre correspondant.*
— *19, 39. Merci.*
— *Prenez la cabine 4.*

A vous

a) Téléphonez en Allemagne : 19, 49 (cabine 3).
b) Téléphonez en Grande-Bretagne : 19, 44 (cabine 1).
c) Téléphonez à Marseille : 16 et code de la ville : 91 (cabine 2).

2 Pour téléphoner d'une cabine.

— *Excusez-moi, monsieur. Pouvez-vous me faire la monnaie de 10 F pour téléphoner ?*
— *Désolé. Je n'ai plus de monnaie. Demandez au guichet 3.*
— *Vous avez la monnaie de 10 F pour téléphoner, s'il vous plaît ?*
— *Oui, voilà : 2 pièces de 50 centimes, 4 pièces de 1 F et 1 pièce de 5 F.*
— *Merci beaucoup.*

A vous

Demandez la monnaie de 100 F en pièces de 5 et 10 F.

3 Raconter un accident.

— *Mon frère a eu un accident de moto.*
— *Ah, oui ? Qu'est-ce qui s'est passé ?*
— *Il a raté un virage et il est tombé dans un fossé.*
— *Et il est blessé ? C'est grave ?*
— *Non. Il n'a rien eu.*

A vous

a) Voisins, accident de voiture, verglas, trois tonneaux. Lui : fracture du pied. Elle : rien.
b) Grand-père, accident de vélo, quitté route, heurté arbre, fracture du crâne.

THÈMES

● Un télégramme

rédiger ⎫
envoyer ⎬ un télégramme
recevoir ⎭

(draft, write)

Services spéciaux demandés :
(voir au verso)

Inscrire en **CAPITALES** l'adresse complète (rue, n° bloc, bâtiment, escalier, etc...), le texte et la signature (une lettre par case ; laisser une case blanche entre les mots).

Nom et adresse : FABRICE LEJEUNE
3 CITÉ DES FLEURS PERPIGNAN

TEXTE et éventuellement signature très lisible : PAUL VA MIEUX SORT HOPITAL
MARDI

Pour accélérer la remise des télégrammes indiquer le cas échéant, le numéro de téléphone (1) ou de télex du destinataire
TF   TLX

Pour avis en cas de non remise, indiquer le nom et l'adresse de l'expéditeur (2)

● Le téléphone

téléphoner à/appeler quelqu'un *(someone)*
donner/recevoir un coup de téléphone
chercher un numéro dans l'annuaire *— directory*
décrocher/raccrocher le téléphone *(unhook)*
appeler en PCV (votre correspondant paye la communication) *not in Canada*
un appel/une communication (un coup de fil)

ÉCHANGES

— « *Je voudrais parler à...* » — « *Ne quittez pas...* »
— « *C'est de la part de qui ?* » — « *C'est occupé.* »
— « *Qui est à l'appareil ?* » — « *Ça ne répond pas.* »
— « *Il n'y a pas d'abonné au numéro que vous avez demandé.* »
— « *Veuillez vérifier le numéro de votre correspondant.* »

DICO

● Un accident de voiture

La voiture a
- heurté un arbre. *knocked into a tree.*
- raté un virage. *failed to turn ?*
- dérapé sur le verglas. *skidded on the ice.*
- fait un tête-à-queue. *made a swing right round.*
- fait un tonneau. *made a turn (rolled)*
- quitté la route... *went off the road*

La voiture s'est
- mise en travers.
- renversée. *upside down*
- écrasée contre un mur... *crashed between a wall*

ATTENTION TRAVAUX DANGER

1 Le passé composé (*voir memento grammatical, 15.1*)

Il se forme avec le présent de AVOIR ou ÊTRE + le participe passé du verbe.

☐ Se conjuguent avec *avoir*

tous les verbes qui ont un complément d'objet direct :

« Tu as reçu un télégramme. »

☐ Se conjuguent avec *être*

a) les verbes pronominaux :

« Qu'est-ce qui s'est passé ? »

b) les verbes suivants :

— partir, monter, descendre

— aller, venir, entrer, sortir, arriver, passer par, tomber, naître...

2 Le futur immédiat ou composé (*voir memento grammatical, 17.3*)

Il se forme à l'aide du verbe ALLER au présent + l'infinitif.

« Qu'est-ce que tu vas faire ? — Je vais téléphoner. »

3 Les pronoms personnels compléments (*voir memento grammatical, 9.3*)

☐ **Les pronoms compléments d'objet direct,**

— **remplaçant un nom commun :** *le, la, l', les*

(le télégramme) « Je l'ai reçu. »

(les après-ski) « Je vais les mettre. »

— **remplaçant un nom de personne :** *me, te, se, nous, vous, le*

(Jean-Claude parle à Gilles) « Je t'emmène à la gare. » (t' = Gilles).

☐ **Les pronoms compléments d'objet indirect sans préposition :**

me, te, lui, nous, vous, leur

Jean-Claude lui donne un télégramme (lui = à Gilles).

☐ **Les pronoms compléments d'objet indirect après une préposition :**

toi, moi, elle, lui, nous, vous, elles, eux

« Je viens avec toi. »

4 Les adjectifs possessifs (*voir memento grammatical, 6*)

Mon, ton, son, ma, ta, sa, mes, tes, ses, notre, votre, leur, nos, vos, leurs.

Ma mère, mon père, mes parents, ton télégramme, tes après-ski, leur voiture...

5 Accord de l'adjectif (*voir memento grammatical, 8.1 et 8.2*)

Un bras cassé - les deux bras cassés. Il est blessé - elle est blessée.

Une jambe cassée - les deux jambes cassées. Ils sont blessés - elles sont blessées.

– Exercices écrits

1. Les bagages. Complétez :

Tu as fait tes bagages ?   — *Non, je vais **les** faire.*
Tu emportes tes cours ?   — *Oui, je vais .... emporter.*
Tu veux ta trousse de toilette ?   — *Oui, je .... veux.*
Tu prends tes après-ski ?   — *Oui, je .... prends.*
Tu emportes aussi ton manteau ?   — *Non, je ne .... emporte pas.*
Tu attends ta sœur pour partir ?   — *Non, je ne .... attends pas.*

2. Le départ. Complétez :

Tu vas à la gare ?   — *Oui, un copain va **m'** emmener en voiture.*
— Mais j'ai ma moto. Ça va plus vite. Je peux .... conduire à la gare.
— Non, je pars avec mon frère et deux amies. Et notre copain .... attend. Merci bien.
— Et tes amies, elles sont là ?
— Non, on va .... prendre chez elles.

3. Une invitation. Complétez :

*— Salut, Paul. Je suis content de **te** voir. J'ai des nouvelles de Sophie. Elle ..m... a écrit hier. Elle nous invite, toi et moi le week-end prochain.*
— Zut! Je ne suis pas libre. Il faut .... téléphoner. Elle ..m... a donné son numéro ?
— Elle ...m.. a donné le numéro de ses voisins mais on peut leur téléphoner. Ils sont très gentils.

4. Qu'est-ce qui s'est passé ? Complétez :

*Jean-Claude **est allé** chercher le courrier. Il .... (trouver) un télégramme pour Gilles. Il l'a..... (prendre) et l'..a... (donner) à Gilles. Gilles l'..a... (lire). Immédiatement, il .... (aller) téléphoner à sa grand-mère. Il a remonté (remonter) dans sa chambre, il a fait (faire) son sac et il .... (aller) à la gare. Son copain Jean-Claude l'......... (emmener) sur sa moto.*

5. On dîne ensemble. Complétez :

Jean :   *— Je vais au cinéma avec ma sœur et mon beau-frère. Tu viens avec **nous** ?*
Daniel :   *— Non, j'ai du travail. Je reste chez moi cet après-midi. Mais après le cinéma, je peux dîner avec nous.*
Jean :   *— Bonne idée. Ils ont acheté un magnifique gigot. Où est-ce qu'on se retrouve ? Chez moi ou chez eux ?*
Daniel :   *— Tu habites trop loin.*
Jean :   *— Alors, chez .... à huit heures et demie. Ça va ?*
Daniel :   *— D'accord.*

6. Qu'est-ce qu'ils vont faire ? Complétez :

*Daniel reste chez lui cet après-midi : il **va** travailler.*
Jean .... aller au cinéma. Après le cinéma, ils .... dîner ensemble.
Ils .... manger du gigot chez la sœur et le beau-frère de Jean.

7. Ils ne sont pas là.

Une étudiante cherche Jean-Claude et Gilles. Elle parle avec le voisin de Gilles. **Complétez :**

Elle :   *— Tu n'as pas vu **mes** copains Jean-Claude et Gilles ? Ils ne sont pas dans .... chambres.*
Lui :   *— .... copains sont allés à la gare. Jean-Claude a emmené Gilles sur .... moto. Gilles a reçu une mauvaise nouvelle : .... parents ont eu un accident. .... voiture a dérapé sur une plaque de verglas. Gilles a téléphoné à .... grand-mère. Il est revenu, il a fait .... sac et il est parti.*

8. Télégrammes.

Style télégraphique : *Parents hôpital. Accident de voiture. Téléphoner. Urgent.*
Texte complet : *« Tes parents sont à l'hôpital. Ils ont eu un accident de voiture. Téléphone-moi vite. »*

a) Écrivez le texte qui correspond au télégramme suivant :
Bien arrivés Biarritz. Beau temps. Trouvé hôtel pour vous. Vous attendons. Bons baisers. ....

b) Rédigez le télégramme qui correspond au texte suivant :
« Je suis arrivé hier à Paris. J'ai eu une interview avec le directeur. Ça s'est très bien passé. Je t'embrasse. »

9. Un film à la télé. Accordez l'adjectif :

J'aime bien les (vieux) comédies (musical) (américain).
Hier soir, à la télé, j'ai vu « La Brune et la Rousse ». C'est l'histoire de deux (jeune) New-Yorkaises, Nancy et Doris. Nancy est (petit) et (brun). Elle a de (beau) yeux (bleu). Doris est (différent) : c'est une (grand) (roux) aux yeux (vert). La musique est (merveilleux) et les comédiennes sont très (bon). C'est une comédie (amusant). Mais je ne vais pas vous raconter le film !

• Le courrier.

Vous rentrez chez vous le soir. Vous vous arrêtez chez votre concierge.

Vous : — Bonsoir, madame. Il y a du courrier pour moi ?

Elle : — Bonsoir, monsieur (madame, mademoiselle). Oui, il y a une lettre, mais j'ai aussi du courrier et un paquet pour vos voisins.

Vous : — Bon, je vais les prendre.

Vous montez chez vous et vous frappez à la porte de vos voisins M. et Mme Ducros.
Jouez la scène.

• Le grand voyage.

Racontez un grand voyage que vous avez fait.
Votre voisin(e) vous pose des questions : Où êtes-vous allé ? Comment avez-vous voyagé ? Qu'est-ce que vous avez vu ? Où avez-vous dormi ?...

• Les accidents.

Qu'est-ce qui s'est passé ? Racontez.

• Le télégramme.

Il est 15 h. Patrick reçoit un télégramme de son beau-frère.
« STÉPHANIE NÉE HIER. MÈRE ET ENFANT VONT BIEN. SIGNÉ : GEORGES. »
Il est 15 h 05. Que va faire Patrick ? Pourquoi ?
Il est 16 h 25. Pourquoi Patrick est-il dans le train ? Qu'est-ce qui s'est passé ?

● Indiscrétions.

Vous entendez une conversation téléphonique entre Monsieur X et Monsieur Y. Voici ce que dit ou répond Y. Trouvez ce que dit ou répond X.

X. — ...?
Y. — *Oui, c'est moi.*
X. — ...?
Y. — *Oui, ça va.*
X. — ...?
Y. — *Non, je ne l'ai pas reçue.*
X. — ...
Y. — *Ta femme ? Un accident ? Qu'est-ce qui s'est passé ?*
X. — ...
Y. — *Trois tonneaux ? Elle est blessée ?*
X. — ...
Y. — *Ah, oui ! Beaucoup de chance !*

● Au téléphone.

La grand-mère de Gilles a dit les phrases ci-dessous. Remettez-les dans l'ordre et jouez la scène entre Gilles et sa grand-mère.

« *Ton père a une fracture de la clavicule. / Ils sont à l'hôpital. / Ils vont être bien contents. / Hier soir. / Tu pars quand ? / Ah ! Tu as reçu mon télégramme. / Est-ce que tu peux venir les voir ? / Oui, ils sont blessés. / Tes parents ont eu un accident de voiture. / Comment vas-tu venir ? / Elle s'est cassé le bras. /* »

● Une bonne nouvelle.

Linda, de New York, téléphone à son amie Nathalie de Paris pour lui annoncer son mariage. Qu'est-ce qu'elles se disent ?

JACK COLLINS, 29 ANS, 1 M 85, BRUN, YEUX BLEUS, INGÉNIEUR.

NEW YORK

● Une triste nouvelle.

Jean-Louis est chez lui. Le téléphone sonne. Il décroche. Son ami Jacques lui raconte une triste nouvelle : sa femme est partie avec son directeur ! Jouez la scène à deux.

A

**pour
appeler en PCV**

L'opératrice avisera votre correspondant que vous
désirez communiquer avec lui, à ses frais.
S'il accepte, il paiera la communication
et la taxe PCV.

Tarif du 8-6-1979 :
le prix de la communication, plus 7,00 F

> Les communications sur carte de crédit,
> libre-appel et PCV
> sont obtenues en composant le 10.

**faites-vous
réveiller
à l'heure
appelez le 463.71.11**

Vous aurez l'assurance d'être réveillé à l'heure désirée.

réveil-plus
Utilisez aussi le **service réveil** comme aide-mémoire
pour votre emploi du temps.

Tarif du 8-6-1979 : 3,00 F par appel.

talking clock

**horloge parlante,
vivez
à l'heure exacte
appelez le 463.84.00**

L'appel est taxé comme une communication téléphonique
destinée à un abonné.

B

```
SERVI   DOMINIQUE COLOMBANI
        26 RUE DU CDT MOUCHOTTE BAT H
        PARIS14A/4/PARIS147


        ARRIVERAI CE SOIR GARE D AUSTERLITZ
            PASCAL


        COL 26 PARIS14A/4
```

LEVÉES

JOURS OUVRABLES

10 h 30	17 h 30
12 h 30	18 h 30
16 h 15	20 h 30

DIMANCHES
ET JOURS FÉRIÉS
levée unique à 15 h

C

wallet

A
1 - Vous êtes en vacances en France. On vous
a volé votre portefeuille ! Est-ce que vous pouvez téléphoner chez vous ? Comment ?
2 - Vous n'avez pas de réveil et vous devez
prendre un train à 4 heures du matin. Qu'est-ce
que vous pouvez faire ?

B
1 - Que dit ce télégramme ?
2 - Qui l'envoie ? A qui est-il adressé ?

C
1 - Combien y a-t-il de levées par jour ?
2 - Il est 17 heures. Dans combien de temps a
lieu la prochaine levée ?
3 - Il est 21 heures. Est-ce que votre lettre va
partir aujourd'hui ?

11

1. 2. L'auto-stop

Il est 13 h 58. Les deux jeunes gens sont dans le hall de la gare d'Aix-en-Provence.

Gilles :
— Il n'est pas 2 heures. Le bureau de renseignements n'est pas encore ouvert.

Jean-Claude :
— Mais, regarde : Il y a un panneau... Départ des trains... Briançon : 18 h 56. Arrivée : 22 h 58.

Gilles :
— Plus de train avant 6 h du soir ! Et je viens de rater le train de 13 h 56 ! C'est mon jour de chance.

miss

Jean-Claude :
— Qu'est-ce que tu vas faire ?

Gilles :
— Je vais faire du stop. Tu peux me déposer à la sortie de la ville, sur la route des Alpes ?

Jean-Claude :
— D'accord. Allez, monte.

Il est 14 h 20. Une voiture s'est arrêtée, skis sur le toit. Gilles court vers la voiture.

Une fille :
— Vous allez où ?

Gilles :
— A Briançon.

La fille :
— Nous aussi. Montez.

Gilles :
— Merci... Vous allez faire du ski à quel endroit ?

L'autre fille :
— A Serre-Chevalier.

Gilles :
— Ah, je connais bien.

La même :
— Ah oui ? Vous y êtes déjà allé ?

Gilles :
— J'y vais très souvent. Je suis de Briançon. Mais je suis étudiant à Aix. Et vous, d'où venez-vous ?

La première :
— De Marseille.

Gilles :
— Qu'est-ce que vous faites dans la vie ?

L'autre fille :
— On travaille dans une banque. Je m'appelle Florence. Et vous ?

Gilles :
— Moi, c'est Gilles.

La première :
— Et moi, Mireille... On se tutoie, d'accord ?

Gilles :
— Bien sûr.

Mireille :	— Dis, Florence, tu n'as pas envie de manger, toi ?
Florence :	— Si, j'ai un peu faim.
Mireille :	— Où est le sac avec les sandwiches ?
Florence :	— Derrière. A côté de Gilles. Passe-moi le sac noir, s'il te plaît, Gilles... Merci. Il y a des sandwiches au jambon, des biscuits, de l'eau, du coca. Tu veux manger ou boire quelque chose, Gilles ?
Gilles :	— Non, merci, j'ai déjà déjeuné. Je peux fumer une cigarette ? Ça ne vous dérange pas ?
Mireille :	— Non.
Gilles :	— Et toi, Florence ?
Florence :	— Moi non plus.
Gilles :	— Quelqu'un a du feu ?
Florence :	— Oui, moi j'en ai. Tiens, voilà mon briquet. Mais ne mets pas la cendre par terre. Il y a un cendrier.

on the floor/lighter *ash* *ash tray.*

Mireille :	— Qu'est-ce que tu vas faire à Briançon ? Tu es en vacances ?
Gilles :	— Oh non ! Mes parents sont à l'hôpital. Je vais les voir.
Florence :	— Ils ont eu un accident ?
Gilles :	— Oui, un accident de voiture hier soir.
Florence :	— Et c'est grave ?
Gilles :	— Pas très mais c'est surtout ennuyeux. Ils sont commerçants. Ils ont un bureau de tabac. Alors, je vais m'occuper du magasin... Vous avez bien de la chance d'aller skier. Moi, je vais vendre des cigarettes et des cartes postales !

– Systématisation orale

■ Au guichet des renseignements.
(Gare de Lyon, à Paris.)
— *Quels sont les horaires des trains pour Perpignan, s'il vous plaît ?*
— *Quel jour voulez-vous voyager ?*
— *Mardi. Je voudrais arriver l'après-midi.*
— *Vous avez un train direct à 9 h 33. Il arrive à 19 h 43. Ensuite, il y a un train qui part à 13 h 21 et arrive à 23 h 53.*
— *Il est direct ?*
— *Non, il faut changer à Narbonne. Arrivée à Narbonne à 22 h 37, correspondance à Narbonne à 23 h 14, et arrivée à Perpignan à 23 h 53.*
— *Merci beaucoup.*

A vous
Connection

Vous voulez aller de Nice à Angoulême :
a) train du matin : départ Nice 6 h. Bordeaux 16 h 30. Correspondance 16 h 54. Arrivée Angoulême 18 h 08 ;
b) train du soir : départ Nice 19 h 31. Bordeaux 6 h 28. Correspondance 6 h 40. Arrivée Angoulême 7 h 53.

■ L'auto-stop.
(A la sortie d'Abbeville.)

Vous :	— *Je vais à Montreuil. Vous pouvez m'emmener, s'il vous plaît ?*
L'automobiliste :	— *Désolé. Moi, je vais à Saint-Omer.*
Vous :	— *Ça ne fait rien. Vous pouvez me déposer à Hesdin.*
L'automobiliste :	— *D'accord. Montez. Mettez votre sac à l'arrière.*

■ Au guichet Réservations.
— *Bonjour. Je voudrais réserver une couchette pour Marseille.*
— *Quel jour ?*
— *Le 15 janvier.*
— *Départ à quelle heure ?*
— *22 h 27.*
— *Première ou seconde classe ?*
— *Seconde.*
— *Vous avez déjà votre billet ?*
— *Oui, le voilà.*
— *Vous voulez une couchette en haut, au milieu ou en bas ?*
— *En bas, s'il vous plaît.*

A vous
Vous voulez réserver une couchette en première de Paris à Briançon, le 23 décembre, départ 23 h 10.

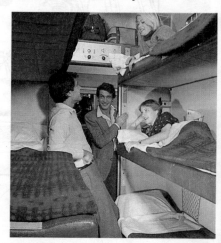

A vous
Vous êtes à la sortie d'Amiens. L'automobiliste va à Arras, vous allez à Saint-Pol.

– Vocabulaire

THÈMES

● Le train.

S.N.C.F. : Société Nationale des Chemins de Fer Français.

Voyager en ⎫
Prendre le ⎬ train.
Partir en ⎭

☐ **A la gare :** on prend son billet au guichet.
On demande :
— un aller simple ou un aller-retour,
— en 1ʳᵉ ou 2ᵉ classe,
— compartiment fumeurs ou non-fumeurs.
(De nuit, on peut voyager en couchette ou en wagon-lit.
On paye un supplément.)

☐ **Sur le quai :** on doit composter son billet
(le mettre dans une machine qui imprime une marque sur le billet).

☐ **Dans le train :** on peut boire et manger (voiture-restaurant, grill-express, vente ambulante).

ÉCHANGES

● Interrogation sur le lieu

Vous allez **où ?** — **A** Briançon. **En** Auvergne.
Vous allez faire du ski **à quel endroit ?** — **A** Serre-Chevalier. **Dans** les Alpes.
D'où venez-vous ? — **De** Marseille/**D'**Aix. **De** France/**Du** Japon.
Où est le sac ? — **Derrière.**

DICO

● Aller, venir : sens et emplois

a) Aller : Je vais à Briançon. (Présent)
            Je vais faire du stop. (Futur composé)

b) Venir : Il vient de Briançon. (Présent)
            Il vient de partir. (Passé proche)

– Grammaire

❶ Le passé récent *(voir memento grammatical, 17.4).*
Il se forme à l'aide de VENIR (au présent) + l'infinitif.
« Je viens de manger. » « Je viens de rater le train. »

❷ L'impératif *(voir memento grammatical, 19).*
Il se forme à partir des formes du présent de l'indicatif.

		indicatif	**impératif**
singulier	**2ᵉ personne**	tu regardes	regarde
		tu montes	monte
pluriel	**1ʳᵉ personne**	nous regardons	regardons
		nous montons	montons
	2ᵉ personne	vous regardez	regardez
		vous montez	montez

Remarques

● *Les verbes en -ER (du 1ᵉʳ groupe) n'ont pas d' « s » à la 2ᵉ personne*
du singulier de l'impératif, sauf s'ils sont suivis de EN ou Y : Montes-y!
● *Place de EN et Y après le verbe à l'impératif.*
Impératif affirmatif : Vas-y/Prends-en. (Indicatif : tu y vas/tu n'y vas pas.)
Impératif négatif : N'y va pas/N'en prends pas.
● *Il y a toujours un trait d'union entre le verbe à l'impératif affirmatif et EN et Y.*

3 Moi aussi/moi non plus... *(voir memento grammatical, 20.4 (d)).*

□ **Réponses semblables**

Phrase affirmative : Je vais à Briançon. — Nous aussi.
Gilles va à Briançon, les deux filles aussi.
Phrase négative : Ça ne me dérange pas. — Moi non plus.
Mireille ne fume pas, Florence non plus.

Phrase affirmative (oui → oui)
Pronom/Nom + **aussi**
Phrase négative (non → non)
Pronom/Nom + **non plus**

□ **Réponses contraires**

Phrase affirmative : Nous habitons à Marseille. — Moi non.
Les deux filles habitent à Marseille, Gilles, non.
Phrase négative : Je n'habite pas à Aix. — Lui, si.
Paul n'habite pas à Lyon. Marie, si.

Phrase affirmative (oui → non)
Pronom/Nom + **non**
Phrase négative (non → si)
Pronom/Nom + **si**

4 L'article partitif *(voir memento grammatical, 4.3).*

nombre	genre	devant consonne	devant voyelle ou H muet
singulier	**masculin**	du coca	de l'argent
	féminin	de la bière	de l'eau, de l'huile
pluriel	**masculin ou féminin**	des biscuits	des œufs

Avec une négation :

```
                              coca
              pas       de    bière
                              biscuits
Il n'y a                      argent
                              eau
              plus      d'    huile
                              œufs
```

5 Rien et personne *(voir memento grammatical, 12).*
Ils sont toujours accompagnés de la négation **NE**.
Je **ne** veux **rien**.
Il **n**'y a **personne**.

6 En et y *(voir memento grammatical, 9.5 (d) et 9.6).*
— *A la place d'un nom de lieu (là)*
Tu viens de Paris ? Oui, j'**en** viens.
Tu vas à Limoges ? Oui, j'**y** vais.
— *A la place d'un nom de choses (ça).*
Tu veux du pain ? — Oui, j'**en** veux.
Tu penses aux cigarettes ? — Oui, j'**y** pense.

PARIS - AUSTERLITZ
Châteauroux
LIMOGES

— Exercices écrits

1. Un peu de cuisine. Complétez :
— *Chérie, je vais faire une quiche lorraine.*
— *Ça, c'est gentil.*
— *Il y a .... beurre ? .... sel ?*
— *Oui. Il y en a toujours.*
— *Est-ce qu'il y a aussi .... jambon et .... œufs ?*
— *Oui, j'en ai acheté hier.*
— *Il me faut aussi .... lait. Bon. Et aussi .... farine, bien sûr.*
— *Désolée. Il n'y a plus .... farine. Mais il y a du rhum. Fais-nous une omelette au rhum.*
— *Non, c'est trop difficile pour moi. Je vais faire .... œufs au jambon.*

2. Enquête. Qu'est-ce qu'ils disent ?

Répondez comme dans le modèle :
(Le journaliste)
Vous avez des enfants ?
(le vieux monsieur)
— *Non, je n'en ai pas.*
(la dame)
— *Moi non plus.*
(la jeune femme)
— *Moi si, j'en ai.*
(ou : moi oui).

Vous avez des enfants ?	−	−	+
Vous fumez ?	+	+	−
Vous faites du sport ?	−	+	+
Vous parlez espagnol ?	+	−	+
Vous conduisez vite ?	−	+	+

3. Autour du monde. Répondez aux questions suivantes :
*Il y a un métro à Mexico. Et à Moscou ? — A Moscou **aussi**.*
                         *Et à Amsterdam ? — A Amsterdam, **non**.*
Il n'y a pas la mer à Rome. Et à Londres ?... Et à New York ?...
La France touche la mer. Et l'Allemagne ?... Et la Suisse ?...
En Italie, on peut faire du ski. Et en Espagne ?... Et en Grèce ?...
En Hollande, il n'y a pas de montagnes. Et en Irlande ?... Et en Écosse ?...

4. « Flash-back. » Relisez le texte et complétez :
Il est presque 2 heures. Gilles et Jean-Claude .... *arriver à la gare.* sont arrivé
Le train de 13 h 56 .... *partir. Gilles a raté son train : il* .... *faire du stop.* est parti   il a fait
Jean-Claude .... *déposer Gilles à la sortie de la ville.* a déposé
Il est 14 h 20. Une voiture est *s'arrêter. Gilles* .... *voyager avec les deux jeunes filles.* est s'aneté   a voyagé
En voiture, elles ont faim : elles .... *manger des sandwiches.* ont mangé
Gilles ne veut pas de sandwich : il .... *manger. Mais il* .... *fumer une cigarette.* a mangé   Il a fumé
Les parents de Gilles sont à l'hôpital : ils .... *avoir un accident.* ont eu
A Briançon, Gilles ne .... *pas faire du ski : il* .... *s'occuper du magasin de ses parents.* n'a pas fait
il est s'occupé

5. Bon voyage. Complétez :
La mère : — *Tu as fait ta valise ?*
Le fils : — *Oui, je l'ai faite.*
La mère : — *Tu as emporté du travail ?*
Le fils : — *Oui, j'* en *ai emporté.*
La mère : — *Tu as de l'argent ?*
Le fils : — *Je n'* en *ai pas beaucoup.*
La mère : — *Attends, je vais t'* .... *donner. Tu penses à ton train ?*
Le fils : — *Oui, j'* .... *pense. Oh ! Je n'ai plus de cigarettes.*
La mère : — *Mais tu* .... *as acheté ce matin.*
Le fils : — *Oui, mais je* .... *ai fumées.*
La mère : — *Attends, il y* .... *a dans le salon.*
Le fils : — *J'* y *vais.*
La mère : — *Tu es allé dire au revoir à ton grand-père ?*
Le fils : — *Oui, j'* en *viens.*
La mère : — *Bon. Alors, je t'embrasse. Bon voyage.*

6. Viens avec moi. Complétez :
Lui : — *Chérie, je sors.*
Elle : — .... *ton parapluie.*
Lui : — *Tu as raison, il va pleuvoir.*
Elle : — .... *les enfants.*
Lui : — *Non, non. Je ne les oublie pas. Ils sortent de l'école à 4 h.*
        Mais ....-*y ensemble.* .... *avec moi !*
Elle : — *D'accord.* ....-*moi. Je prends mon imperméable et j'arrive.*

● **Les courses**

Qu'est-ce que sa mère lui a demandé d'acheter ? Qu'est-ce qu'il achète ? Et qu'est-ce qu'il n'a pas encore acheté ?

● **Il y a quelqu'un ?**

Parlez de chaque dessin, ou faites parler les personnages, en employant « quelqu'un, *quelque chose, personne, rien ».*

● **Des goûts et des couleurs**

Parlez de vos goûts (sports, musique, loisirs), des habitudes de votre pays ou de votre région (cuisine, repas, vacances, etc.) et réagissez comme dans l'exemple :

Le premier :	— *J'adore l'opéra.*
Le second :	— *Moi non ! Je n'aime pas du tout l'opéra.*
Le troisième :	— *Moi non plus.*
Le quatrième :	— *Moi si.*

Un autre :	— *Chez nous, aux États-Unis, on mange des œufs le matin.*
Un second :	— *Chez nous aussi, en Irlande.*

● Rencontre dans un train
Un homme et une femme font connaissance dans un train. Qu'est-ce qu'ils se disent ?

Nom	Domicile	né à	âge	vient de	va à	but
Édith	Paris	Agen	30 ans	Lyon	Nice	voir des amis
Paco	Madrid	Murcia	30 ans	Dijon	Nice	chercher du travail

● Projet de voyage
Vous jouez le rôle de l'employé des renseignements à la gare de Lyon. Votre voisin(e) vous pose des questions. Jouez la scène.
* *Combien de temps dure le voyage Paris-Marseille ?*
* *A quelle heure faut-il partir de Paris pour être à Marseille à 23 h 10 ?*
* *Quel train faut-il prendre pour être à Lyon à 21 h ?*

Numéro du train		5055	4553	6734	5011	5009	833	841
Notes à consulter		1	2	3	4	5	10	16
Paris Gare de Lyon	D				16.47	16.53	17.20	18.27
Dijon	D	16.49			19.11	19.20		
Chalon-sur-Saône	D	17.26						
Mâcon	D	17.56						
Lyon-Perrache	D	18.36			20.46	20.55		
Valence	D	19.33			21.42	21.56		22.17
Avignon	D	20.38			22.49	23.23	22.02	23.17
Tarascon	D		22.16					
Arles	D	20.57	22.27		23.08	23.42		
Marseille Saint-Charles	A	21.43	23.17		23.54	00.28	23.03	00.18
Marseille Saint-Charles	D			23.35				
Aix-en-Provence	A			00.10				

Tous les trains comportent des places assises en 1ère et 2ème classe sauf indicat

● Connaissez-vous la France ? *Dialoguez.*
a) « *Oui, j'y suis déjà allé. J'ai vu... j'ai visité... je suis allé... j'ai mangé... je connais bien...* »
b) « *Non, mais je vais y aller. Je vais faire... je vais aller à...* »

● L'auto-stop
Racontez un voyage en auto-stop qui s'est bien (ou mal) passé.
Donnez des conseils sur l'auto-stop.

A

Gare d'Austerlitz : région sud, sud-ouest et centre.
Gare de l'Est : région est et nord-est.
Gare de Lyon : région sud-est et sud.
Gare Montparnasse : région ouest et sud-ouest.
Gare du Nord : région nord et nord-est.
Gare Saint-Lazare : région ouest et nord-ouest.

B

SNCF — Réservation classe

Départ 06.24 MARSEILLE ST CHARLES — Train 804 TGV — Voiture 08
01 Places 12
Arrivée 08.24 VALENCE
Date LE 15.03.83

Particularités SALLE NON FUMEURS COULOIR — ASSISE

Prestations Réduction Nombre Prix

8707600212
007 009947
PARIS LYON
04.03.83 61
7016 0015 08523899

LES SERVICES À BORD DU TGV

2
Accès aux places
61 à 117
Fumeurs
Voiture climatisée

LA RESTAURATION

1 - LE BAR

Dans chaque rame, le bar est ouvert pendant toute la durée du trajet. Ce bar offre aux voyageurs des deux classes :
• des coffrets repas,
• des plats simples chauds et froids,
• des sandwichs,
• des boissons chaudes et froides.

• à midi, un menu avec possibilité de choix entre le plat du jour et une grillade,
• le soir, une formule allégée autour d'un plat.
Les menus sont souvent renouvelés à l'intention des voyageurs se déplaçant fréquemment en TGV.
Réservez votre repas dans ces voitures en même temps que votre place.

2 - LA RESTAURATION À LA PLACE EN 1re CLASSE

Un service à la place est assuré dans les voitures 1re classe réservées à la restauration de tous les TGV* circulant aux heures habituelles des repas.
Ce service, proche de la restauration traditionnelle, propose :
• le matin, un petit déjeuner,

3 - LA VENTE AMBULANTE

Une vente ambulante est assurée dans certains TGV. Elle offre des sandwichs, des pâtisseries et des boissons, ainsi que, aux heures de petit déjeuner, des boissons chaudes et des croissants.

* Excepté le TGV 755.

15

A De quelle gare partez-vous pour aller à... Bordeaux, Strasbourg, Rennes, Lille... ?

B
1 - D'où part ce passager ?
2 - Où va-t-il ?
3 - En quelle classe voyage-t-il ?
4 - Dans quelle voiture a-t-il une réservation ?
5 - Quel est le numéro de la voiture ? De sa place ?
6 - Est-ce un train ordinaire ou un TGV ?
7 - Le passager va-t-il pouvoir fumer ?

C *Vrai ou faux ?*
1 - En 1re classe, il y a une restauration à la place.
2 - La vente ambulante offre des plats chauds.
3 - Dans un TGV, on peut boire et manger.
4 - Pour manger un sandwich, il faut aller au bar.
5 - Aux heures des repas, les voyageurs de 2e classe peuvent manger assis à leur place.

1. 3. L'arrivée à Briançon

Gilles : — Voilà. On est presque arrivés. L'hôpital, c'est le grand bâtiment qui est sur la droite. Vous pouvez me laisser ici.

Mireille : — Et Serre-Chevalier, c'est par où ?

Gilles : — Il faut faire demi-tour et au feu rouge, tu prends la première à gauche ; et c'est tout droit.

Mireille : — C'est à combien de kilomètres, Serre-Chevalier ?

Gilles : — 6 kilomètres. Allez, au revoir, et n'allez pas trop vite. Attention au verglas.

Florence : — Salut, Gilles. On viendra peut-être te voir un soir, après le ski.

Gilles : — Pardon, madame. Je viens voir M. et Mme Chauvet.

L'employée : — Je suis désolée. Les visites sont terminées. Il est 20 h 10.

Gilles : — Mais, madame, je suis de la famille. Je suis leur fils. J'arrive d'Aix pour les voir.

L'employée : — Alors, c'est différent. Vous pouvez monter. Ils ont les chambres 21 et 27 au deuxième étage. Mais il ne faudra pas rester longtemps.

Gilles : — Non, non. Merci, madame.

21

Dans la chambre de M. Chauvet.

Gilles : — Bonsoir.

La mère : — Mon Dieu ! Tu es déjà là, Gilles ?

Le père : — Mais comment es-tu arrivé ?

Gilles : — En stop. Bonsoir, Maman. Mais... qu'est-ce que tu as à la tête ? Tu es blessée ?

La mère : — Oui, mais ce n'est pas grave.

Gilles : — On t'a fait une radio ?

La mère : — Oui, oui. Ne t'inquiète pas, je n'ai rien du tout.

Gilles : — Bonsoir, Papa.

Le père : — Ça nous fait bien plaisir de te voir. Aïe... Oh la la ! Ça fait mal, tu sais.

Gilles : — Ne bouge pas. Je peux me pencher, moi.

Le père : — Tu as bien de la chance.

Gilles : — Alors, comment ça va ?

La mère : — Oh, moi, ça va. Je me sens bien. Je sortirai demain matin. Mais ton père souffre beaucoup, lui.

Le père : — J'ai eu mal toute la nuit.

Gilles : — Et tu sortiras quand ?

Le père : — Dans cinq ou six jours. Et après, je garderai mon plâtre encore un mois.

Le père : — Grand-mère t'a raconté l'accident ?

Gilles : — Oui, oui. Ça s'est passé où ?

Le père : — Sur la route d'Italie. Tu vois la station-service Shell ? J'ai dérapé dans le grand virage juste après.

Gilles : — Pourtant, c'est une route que tu connais bien.

Le père : — Oui, mais avec le verglas...

Gilles : — Bon, je ne peux pas rester longtemps : il est 8 h 20. Je vais aller chez Grand-mère. Maman, je viendrai te chercher demain matin. Et je reste ici toute la semaine. Je t'aiderai à tenir le magasin.

La mère : — C'est gentil, mais tu as bientôt des examens à la faculté.

Gilles : — Pas tout de suite : dans quinze jours. Je travaillerai le soir : j'ai apporté mes cours. Bon, je vous quitte... Bonne nuit. Reposez-vous bien, et à demain.

La mère : — Au revoir, mon chéri.

Le père : — Bonsoir, fiston.

🔒 Demander son chemin.

— *Je voudrais aller à Névache. Par où faut-il passer ?*
— *Vous prenez la Nationale 4 en direction de l'Italie. Vous allez jusqu'à La Vachete, vous tournez à gauche et vous êtes sur la route de Névache.*
— *C'est à combien de kilomètres d'ici ?*
— *Environ 20 kilomètres.*
— *Merci bien.*

A vous

a) Pour aller de Briançon à Guillestre.
b) De Briançon à Sestrière.

🔒 Demander à voir quelqu'un.

— *Madame, s'il vous plaît. La chambre de Mme Bellegarde ?*
— *C'est la chambre 39, au 3ᵉ étage. Prenez le couloir à gauche. L'ascenseur est sur votre gauche.*
— *Merci beaucoup.*

A vous

a) A la réception d'un hôtel. M. Lescot, chambre 662, 6ᵉ étage. Ascenseur derrière vous.
b) Dans l'immeuble d'une société. Le directeur commercial, bureau 113, 1ᵉʳ étage, escalier au fond du couloir.

🔒 Demander à quelqu'un des nouvelles de sa santé (dans un hôpital).

— *Alors, comment ça va ?*
— *Je ne me sens pas très bien.*
— *Tu as mal ?*
— *Oh, oui ! Je souffre beaucoup.*
— *Et la nuit, tu dors bien ?*
— *Non, je dors très mal.*
— *Tu vas rester longtemps ?*
— *Je sortirai dans trois semaines.*

A vous

Vous allez voir un ami qui a subi une opération. Il va bien. Il va sortir dans une semaine.

THÈMES

• Un accident

	☐ Le blessé		☐ Les secours et les soins
Une personne	a un accident (est accidentée). est transportée à l'hôpital. reçoit des soins. subit une opération. porte un plâtre.	On	appelle une ambulance. transporte le blessé à l'hôpital. le soigne. l'opère. lui met un plâtre.

• Dans une station-service

On remplit le réservoir
{ — d'essence ordinaire.
{ — de super.
{ — de gasoil (ou gazole).

Le pompiste — nettoie le pare-brise.

— vérifie
{ — l'eau.
{ — l'huile.
{ — la pression des pneus.

ÉCHANGES

Le pompiste : « Super ou ordinaire ? »
« Combien j'en mets ? »
« Le plein ? »

L'automobiliste : « Super, s'il vous plaît. »
« (Faites-moi) le plein. »
« Pouvez-vous vérifier l'huile, s'il vous plaît ? »

• L'état physique

☐ **Avoir mal.**
J'ai mal.
Ça fait mal.
C'est douloureux.
Je souffre.

☐ **Être mal.**
Je ne suis pas bien.
Je ne me sens pas bien.
Je me sens mal.
Je ne suis pas « en forme ».

DICO

• Les manœuvres d'une voiture :

démarrer ≠ s'arrêter,
avancer ≠ reculer,

accélérer ≠ freiner, ralentir,
faire demi-tour, faire marche arrière, se garer.

- **Pour indiquer son chemin à quelqu'un**

Verbes	Prépositions et adverbes	Lieux et repères
aller continuer (re)descendre (re)monter passer par prendre suivre traverser...	devant derrière tout droit *straight ahead* à droite ·à gauche au fond de *at the end* à côté de au bout de... *at the end*	*dans la rue :* une rue, une avenue, un boule-vard, une impasse, une place, un carrefour, un rond-point, des feux rouges ; *dans un immeuble :* la porte, le couloir, l'esca-lier, l'ascenseur.

– Grammaire

1 Les pronoms relatifs QUI et QUE *(voir memento grammatical, 22.1).*
☐ **Pronom sujet :**
C'est le grand bâtiment **qui** est sur la gauche.
C'est le grand bâtiment. Ce bâtiment est sur la gauche.

└─────────── qui ─────┘

☐ **Pronom complément :**
C'est une route **que** tu connais.
C'est une route. Tu connais cette route.

└──↑── que ←────────┘

2 Le futur simple *(voir memento grammatical, 16).*
☐ **Verbes en -ER, -IR** (sauf courir, tenir, venir) : on ajoute —AI, —AS, —A, —ONS, —EZ, —ONT à l'infinitif.
Garder : je garder**ai**
Sortir : je sortir**ai**

☐ **Pour les autres verbes,** on retrouve toujours la terminaison —RAI, —RAS, —RA, —RONS, —REZ, —RONT.

Falloir :	il faud**ra**	Courir :	je cour**rai**
Pouvoir :	tu pour**ras**	Vouloir :	ils voud**ront**
Avoir :	vous au**rez**	Être :	nous se**rons**.

3 Accord de ON *(voir memento grammatical, 9.2 (a)).*
Lorsque **on** signifie **nous**, l'accord du participe passé ou de l'adjectif se fait en genre et en nombre :
On est presque arriv**és**   (**on** = Mireille, Florence et Gilles).
On est marseillais**es**   (**on** = Mireille et Florence).

4 Les verbes pronominaux *(voir memento grammatical, 15.1).*
(se pencher, se redresser, se sentir, se passer...)
Au passé composé, les verbes pronominaux se conjuguent avec **être**.
« Ça s'est passé où ? »

5 TOUT, adjectif indéfini *(voir memento grammatical, 7.1 (a)).*
s'accorde avec le nom qui suit :
« Je reste ici **toute** la semaine. »
(**Tous** mes amis, **tout** le temps...)

– Exercices écrits

1. Les bons week-ends. Complétez :

J'ai un ami **qui** adore faire du ski. Le vendredi après-midi, avec son copain André _qui_ habite près de chez lui, ils prennent la route. C'est André _qui_ conduit. La station _qui_ ils préfèrent, c'est Serre-Chevalier. C'est une station _que_ les Marseillais connaissent bien et _qui_ se trouve à 6 km de Briançon. Quatre heures et demie, c'est le temps _qu'_ il leur faut pour faire la route. Là-bas, ils retrouvent beaucoup de gens _qu'_ ils connaissent et _qui_ viennent aussi de la région marseillaise.

2. Le téléphone gratuit. Complétez :

— Tu as vu tous les gens _qui_ attendent devant cette cabine ! Et il y a une autre cabine à côté _qui_ est vide. Je ne comprends pas.
— Tu vas comprendre : c'est une cabine _qui_ marche mal. La pièce _que_ tu mets ne reste pas dans la machine. Mais tu peux téléphoner, ça marche et ça ne te coûte rien.
— On peut appeler à l'étranger ? Aux États-Unis, au Japon ?
— Tu peux appeler le pays _que_ tu veux. C'est gratuit.
— Merci. Demain, je viendrai téléphoner d'ici.
— Ah non ! Demain, cette cabine sera réparée. Ils ne sont pas fous aux PTT !

3. Lettre à une amie.

Ma chère Nicole,
Je t'écris de Serre-Chevalier. Je suis partie de Marseille vendredi à 13 h 30 et je suis arrivée ici à 20 h 30. Je ne suis pas allée vite ! Il y a eu un grave accident sur la route. Alors, je me suis arrêtée dans un bar et j'ai attendu.
Ici, je suis très bien. Je suis contente de l'hôtel. J'ai une très belle chambre. La neige est bonne. Aujourd'hui je me suis levée tôt. J'ai skié toute la journée et ce soir je suis fatiguée. Je me repose. Je pense à toi et je t'embrasse.

Mireille

Florence et Mireille écrivent ensemble à Magali. Alors, elles mettent ON à la place de JE. Écrivez la lettre.

4. L'hiver à la montagne. Ajoutez TOUS, TOUT, TOUTE, TOUTES quand c'est possible.

L'hiver, il y a des accidents de montagne. Les routes sont dangereuses. Il a neigé la nuit. Les gens qui sont venus faire du ski sont très contents. Aujourd'hui, il y aura des accidents de voiture et de ski la journée. Il faudra être prudent. Ce n'est pas gai de passer ses vacances à l'hôpital !
ex. : **Tout** l'hiver, il y a des accidents de montagne... **Continuez...**

5. Une lettre et un télégramme.

a) Gilles est parti d'Aix très vite. Il écrit à son amie Caroline pour lui parler du télégramme, de son voyage, de ses parents et de la semaine qu'il va passer à Briançon.

Briançon, le ....

Ma chère Caro,
Je suis à Briançon. Mes parents viennent d'avoir un accident... **Continuez...**

b) Quelqu'un de votre famille vient d'être hospitalisé. Vous apprenez la nouvelle. Mais vous ne pouvez pas partir tout de suite (vous avez un examen ou un rendez-vous important, ou un voyage à faire). Vous envoyez un télégramme à cette personne.
« Bien reçu lettre. Impossible venir... **Continuez...**

— Prise de parole

- ### Au volant.
Quels conseils donnent-ils ?

- ### Les conseils du docteur.
M. Chauvet va partir de l'hôpital. Le docteur lui donne des conseils :
Il faudra... il ne faudra pas... bouger, quitter le lit, se reposer, parler longtemps, prendre ses médicaments, rire, etc. **Jouez la scène.**

- ### Elle travaille trop !
Elle va voir son médecin. Elle est très fatiguée. Elle lui raconte sa journée d'hier.

● Pour aller à... ?

Un touriste interroge un Parisien. Il se trouve quai des Grands-Augustins (en A) et veut aller à Notre-Dame. Le Parisien lui indique son chemin. Jouez la scène.

● Un coup de fil pour Gilles.

Caroline, l'amie de Gilles, lui téléphone vendredi soir. Elle lui demande des nouvelles de ses parents, de son voyage, et le questionne sur ses projets pour la semaine prochaine. Jouez la scène.

● Une dispute au téléphone.

Il veut savoir exactement l'emploi du temps de sa femme. « Qu'est-ce que tu as fait hier soir ? Avec qui es-tu sortie ? As-tu travaillé aujourd'hui ?... » *et lui pose mille questions sur :* « en ce moment, tout à l'heure, ce soir, demain... »
Elle n'est pas du tout contente. Elle aussi pose des questions. Jouez la scène.

B

Au centre d'une région très touristique, proche des grandes stations de sports d'hiver, Briançon (altitude 1 326 m, 300 jours de soleil par an), offre de nombreuses possibilités aux amoureux de la montagne : ski, escalade, randonnées, promenades, etc.

Stations de sports d'hiver : Chantemerle (5 km), Villeneuve-la-Salle (8 km), Montgenèvre (11 km), Le Monétier (14 km), La Grave (39 km).

Activités, distractions :
Du 1er juillet au 30 septembre :
☐ Visite guidée de la ville (les remparts fin XVIIe siècle, les forts début XVIIIe siècle).
☐ École d'escalade et randonnées haute montagne.
☐ Canoë, kayak.
☐ Ball-trap, golf miniature, golf à Montgenèvre.
☐ 2 cinémas, 5 night-clubs.

[marginalia manuscrites : touts excursions, climbing, en on top ?, Les Devoirs, return, dessine]

A

1. Où se trouve Briançon ? Dans l'est, le sud-est, ou le sud ?
2. Vous êtes à Valence. Comment pouvez-vous vous rendre à Briançon ? Par où passez-vous ?
3. Y a-t-il une autoroute Paris-Briançon ?
4. Y a-t-il un train direct entre Nice et Briançon ?
5. Combien y a-t-il de cols autour de Briançon ?

B

1. Pourquoi peut-on avoir envie d'aller dans la région briançonnaise ?
2. Vous n'êtes pas sportif et vous allez à Briançon. Que pouvez-vous y faire ?
3. Que peut-on faire le soir à Briançon ?

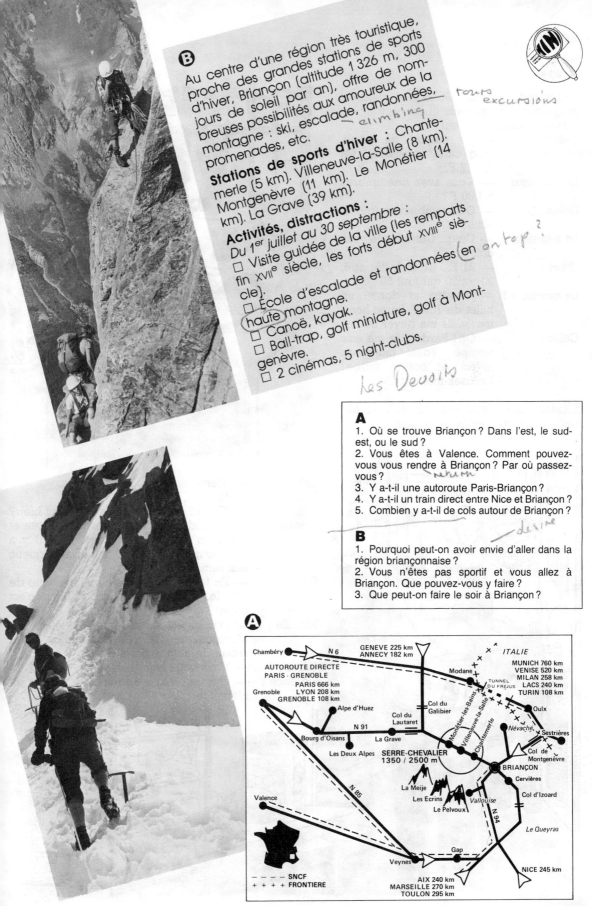

Carte A :

Chambéry — N 6 — GENEVE 225 km / ANNECY 182 km — ITALIE
AUTOROUTE DIRECTE PARIS - GRENOBLE
PARIS 666 km / LYON 208 km / GRENOBLE 108 km
Grenoble
MUNICH 760 km / VENISE 520 km / MILAN 258 km / LACS 240 km / TURIN 108 km
Modane — TUNNEL DU FRÉJUS
Alpe d'Huez — Col du Galibier
N 91 — Col du Lautaret — Oulx
Bourg d'Oisans — La Grave — Névache — Sestrières
Les Deux Alpes — SERRE-CHEVALIER 1350 / 2500 m
Col de Montgenèvre
La Meije — Les Ecrins — BRIANÇON
N 85 — Cervières
Le Pelvoux — Vallouise — Col d'Izoard
Valence — N 94 — Le Queyras
Veynes — Gap — NICE 245 km
- - - SNCF
+ + + FRONTIERE
AIX 240 km / MARSEILLE 270 km / TOULON 295 km

1. 4. Dans le magasin

Le samedi suivant, Gilles est dans le magasin de ses parents. Il est en train de servir un vieux monsieur.

Gilles : — Un paquet de tabac, cinq cartes postales... Ça fait 12 F.

Le monsieur : — Vous avez des timbres à 1,80 F ?

Gilles : — Oui, combien en voulez-vous ?

Le monsieur : — Cinq... Combien je vous dois ?

Gilles : — 21 F... 21 et 4, 25 ; et 5, 30 ; et 20 qui font 50.

Le monsieur : — Je vous ai donné un billet de 100 F, jeune homme ; vous me devez 50 F.

Gilles : — Oh ! Pardon, je me suis trompé. Voilà, monsieur. Merci, et bonne soirée ! Excusez-moi encore.

Soudain, Gilles aperçoit Florence et Mireille qui entrent dans le magasin.

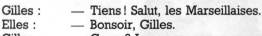

Gilles : — Tiens ! Salut, les Marseillaises.

Elles : — Bonsoir, Gilles.

Gilles : — Ça va ? Les vacances se passent bien ?

Florence : — Formidable. La neige est excellente et il fait un temps merveilleux. Mais il y a beaucoup de monde. Il faut faire la queue aux remontées.

Gilles : — En février, il y a toujours beaucoup de monde. Et dans les autres stations, c'est pareil ?

Mireille : — Oui, on est allé skier à Villeneuve et à Montgenèvre. Ce n'est pas mieux. Il y a autant de monde partout.

Gilles : — Vous vous amusez bien ?

Florence : — Oui, oui. On a retrouvé des amis de Marseille.

Gilles :   — Et le ski, ça marche ?

Mireille :   — Euh... pas trop. Moi, je tombe tout le temps. Mais Florence a fait énormément de progrès cette année.

Florence :   — Tu exagères ! Tu skies aussi bien que moi. Je tombe un peu moins souvent, d'accord, mais toi, tu vas plus vite. Tu te débrouilles mieux que l'an dernier.

Gilles :   — Et le soir, qu'est-ce que vous faites ?

Mireille :   — D'habitude, on se repose, on se couche tôt. Mais ce soir, on va en boîte. Tu veux venir avec nous ?

Gilles :   — Ce soir ? Ah, désolé ! Je ne peux vraiment pas. Je dois dîner avec des amis. Dommage... Dites, vous serez encore là demain matin ?

Florence :   — Oui, et l'après-midi aussi. Mais on doit absolument repartir le soir. Pourquoi ?

Gilles :   — J'ai envie d'aller skier avec vous. Qu'est-ce que vous en dites ?

Mireille :   — Tu es fou ! Tu skies sûrement mieux que nous. Tu vas t'ennuyer.

Gilles :   — Je ne m'ennuie jamais. Je m'amuse aussi bien avec les débutants qu'avec les forts. On se retrouve à midi au sommet du télécabine ? Il y a un bar. On prendra un pot.

31

give back

1 Rendre la monnaie.

La caissière :	— *Alors, vous avez un litre de lait, 250 g de beurre, une bouteille de vin, un paquet de biscuits, 1 kg d'oranges... Ça fait 36,50 F.*
Vous :	— *Voilà 100 F.*
La caissière :	— *37, 38, 40, 50, et 50 qui font 100.*

A vous

Rendez la monnaie :
a) *Au bureau de tabac :* 4 cartes postales à 1 F, 4 timbres à 1,80 F, sur un billet de 50 F.
b) *Au restaurant :* deux menus à 63 F, vin et service compris. Le client donne deux billets de 100 F.

2 Comparer et choisir un restaurant ou un hôtel...

Le touriste :	— *Pardon, monsieur. Vous êtes d'ici ?*
Le passant :	— *Oui, pourquoi ?*
Le touriste :	— *Vous pouvez m'indiquer un bon restaurant, s'il vous plaît ?*
Le passant :	— *Il y a le Relais, sur la place.*
Le touriste :	— *Et le Terminus, c'est bien ?*
Le passant :	— *Pas mal, mais c'est assez cher. Allez au Relais ; c'est mieux et moins cher.*

fairly

A vous

a) Même chose avec le restaurant des Amis (très bon marché) et l'auberge du Pont (très cher).
b) Même chose avec l'hôtel Central (très calme et bon marché) et l'hôtel des Voyageurs (bruyant et cher).
cheap *noisy*

... un lieu de vacances.

— *Où allez-vous skier ?*
— *Nous, on va à Megève.*
— *C'est bien ?* *trendy*
— *C'est pas mal. Les pistes sont bonnes, mais il y a beaucoup de monde. Et vous ?*
— *Nous, on va à Méribel. On préfère.*
— *C'est mieux ?*
— *Les pistes sont meilleures et il y a beaucoup moins de monde qu'à Megève.*

A vous
many less people

L'un passe ses vacances sur la Côte d'Azur : belles plages, beaucoup de monde, vie chère.
L'autre sur la côte landaise : très belles plages, peu de monde, vie pas chère.

firm

– Vocabulaire

THÈMES

● Au bureau de tabac

□ **Pour fumer :** du tabac, des cigares, des cigarettes, du papier à cigarettes, des allumettes, des briquets.

□ **Pour écrire :** des cartes postales, du papier à lettres, des enveloppes, des timbres, des stylos.

□ **Et aussi :** des bonbons, des souvenirs.

● Dans une station de ski

□ **Les remontées mécaniques :** un téléski, un télésiège, un(e) télécabine, un téléphérique.

□ **Les pistes de ski :** la verte, la bleue, la rouge, la noire. Faire une descente, faire la noire.

□ **Les skieurs :** les débutants, les moyens, les forts.

ÉCHANGES

□ **Le beau temps :**

Il a fait
On a eu } un temps {
Nous avons eu

splendide.
superbe.
merveilleux.
extraordinaire.

□ **Le mauvais temps :**
On a eu (du) mauvais temps.
Il a fait mauvais.
Il y a eu des avalanches.
Il a neigé tout le temps.

DICO

● Les contraires

bien ≠ mal
bon ≠ mauvais
toujours ≠ jamais
tôt ≠ tard

cher ≠ pas cher, bon marché
calme ≠ bruyant
souvent ≠ rarement
vite ≠ lentement

– Grammaire

1 Le comparatif *(voir memento grammatical, 8.4).*

Supériorité	Tu vas plus vite que moi. Est-ce qu'il y a plus de monde qu'ici ?
Infériorité	Je tombe moins souvent. Est-ce qu'il y a moins de monde qu'ici ?
Égalité	Tu skies aussi bien que moi. Il y a autant de monde.

Le comparatif n'est pas toujours complet :
Je tombe **moins** souvent. Il y a **autant** de monde.

Comparatifs irréguliers

Mireille skie **bien** ; Florence skie **mieux**.

bien → mieux
bon → meilleur

mal → plus mal (pire)
mauvais → plus mauvais/pire

2 En train de... *(voir memento grammatical, 14.1 (b)).*

Gilles tient le magasin de ses parents. Il sert les clients.
En ce moment, Gilles est **en train de** servir un vieux monsieur.

3 **Pronoms d'insistance** *(voir memento grammatical, 9.4 (c)).*
Moi, je tombe tout le temps. **Toi, tu** vas plus vite.

Moi, je...	Nous, nous... / Nous, on...
Toi, tu...	Vous, vous...
Elle, elle...	Elles, elles...
Lui, il...	Eux, ils...

4 **Les verbes opérateurs :** *verbe + infinitif (voir memento grammatical, 23.4).*

to have to

Pouvoir *can*
Vouloir *want* + infinitif
Devoir
Savoir *know*

Je ne peux pas venir.
Tu veux venir avec nous ?
Je dois dîner chez des amis.
Je ne sais pas bien skier.

5 **Un verbe / Deux constructions :** *verbe + nom / verbe + infinitif.*
- **Devoir :** *have to* a) Vous me devez 21 F.
  b) Je dois absolument repartir ce soir.
- **Vouloir :** *want* a) Je ne veux pas de vin.
  b) Ce soir, je veux me coucher tôt.
- **Falloir :** *to be necessary* a) Pour téléphoner, il faut des pièces de monnaie.
  b) Il faut faire attention au verglas.

6 **Les adverbes en -ment.**
Ils se forment sur le féminin de l'adjectif.

□ **Formation régulière :**

sûr	(sûre) →	sûre**ment**
dangereux	(dangereuse) →	dangereuse**ment**
exact	(exacte) →	exacte**ment**
rapide	(rapide) →	rapide**ment**
énorme	(énorme) →	énormé**ment**

□ **Formation irrégulière :**

vrai → vrai**ment**
absolu → absolu**ment**
gentil → genti**ment**
prudent → prude**mment**

– Exercices écrits

1. En vacances. Complétez :
— *Cet été, **nous**, on part faire un grand voyage avec les enfants.*
— *Eh bien, nous on ne prend pas nos vacances ensemble,*
et je suis bien contente moi, je vais en Provence chez des amis.
— *Et ton mari ?*
— *lui, il va à la montagne.*
— *Et vos enfants, qu'est-ce que vous allez en faire ?*
— *Eux, ils iront chez leurs grands-parents.*
— *Et le chien ?*
— *Oh, lui, je l'emmène avec moi.*

2. Apprendre à conduire. Complétez avec les verbes FALLOIR, DEVOIR, POUVOIR, VOULOIR, SAVOIR.

Pierre :	— *Comment fait-on pour apprendre à conduire ?*
Son ami :	— *Il .... prendre des leçons. Tu ne .... pas apprendre avec un copain. Tu .... aller dans une auto-école.*

(Trois jours après, à l'auto-école.)

Pierre :	— *Bonjour. J'ai acheté une voiture et je ne .... pas conduire. Il me .... absolument des leçons.*
L'employée :	— *Très bien. Quand est-ce que vous .... prendre votre première leçon ? Demain matin, ça vous va ?*
Pierre :	— *Oui, oui. Je .... être là à 8 h 30.*
L'employée :	— *Sur quelle voiture ....-vous apprendre ?*
Pierre :	— *Je .... une petite voiture. Une 5 CV par exemple.*
L'employée :	— *Bon. Eh bien, il .... remplir une fiche d'inscription, et vous me .... 500 F.*

3. Mireille et Florence. Relisez le texte et dites si c'est vrai ou faux :
- *Mireille skie mieux que Florence.*
- *Mireille tombe plus souvent que Florence.*
- *Florence va moins vite que Mireille.*
- *Mireille se débrouille moins bien que l'an dernier.*
- *Il y a plus de monde à Villeneuve qu'à Montgenèvre.*
- *Aux remontées mécaniques, les queues sont aussi longues à Serre-Chevalier qu'à Villeneuve.*

4. Interrogatoire. Posez des questions sur les mots soulignés, comme dans le modèle :

Gilles est venu à Briançon en stop. **Comment** *Gilles est-il venu à Briançon ?*

Les jeunes filles l'ont laissé près de l'hôpital.
Il est arrivé à l'hôpital après 8 heures.
Cette semaine, il tient le magasin.
Les deux Marseillaises sont venues le voir.
Ce soir, elles vont danser.
Demain, il ira skier avec elles.
Demain, elles doivent repartir parce qu'elles travaillent lundi.

5. A l'hôtel. Comparez ces deux hôtels :
— *Hôtel des Neiges : 35 chambres, 15 salles de bain, 2 salons, pistes de ski à 50 m, situé à 500 m de la station, prix de la pension : 180 F par jour.*
— *Hôtel du Panorama : 18 chambres, 15 salles de bain, 1 salon, pistes de ski à 300 m, situé à l'entrée de la station, prix de la pension : 170 F par jour.*
Vous écrivez à un(e) ami(e). Vous lui parlez de l'hôtel que vous avez choisi et vous dites pourquoi vous l'avez choisi.

6. Le nouvel appartement. Complétez :
Elle a trouvé un nouvel appartement. Elle écrit à son fiancé.
« .... *D'accord, mon petit appartement au 6ᵉ étage est bien. Il me coûte 1 500 F par mois. Mais j'en ai trouvé un autre qui est* meilleur *et pas beaucoup* plus *cher : le loyer est de 1 700 F. Je vais le prendre le mois prochain. Je serai au 3ᵉ étage : c'est* mois *haut, mais ce sera aussi un peu* plus *clair. La cuisine est un peu* moins *grande. Dommage. On devra mettre la machine à laver dans la salle de bain. L'immeuble est dans un quartier calme. Il y aura* moins *de bruit. On dormira* mieux   ↘ premises

7. Il n'est pas sympa ! Complétez avec les adverbes ABSOLUMENT, EXACTEMENT, RAPIDEMENT, VRAIMENT.
Elle : — *Quelle heure est-il ?*
Lui : — *19 h 52* exactement*. Prépare-toi* rapidement*. Nous devons* absolument *partir à 8 heures.*
Elle : — *Mais je dois prendre une douche !*
Lui : — *Impossible. Nous n'avons pas le temps.*
Elle : — *Tu n'es* vraiment *pas sympa !*

● **Interdits.**

Qu'est-ce qu'ils sont en train de faire ? Qu'est-ce qu'on doit faire ? Qu'est-ce qu'on ne doit pas faire ?

● **Quel temps avez-vous ?** *Faites-les parler.*

● **Les vacances d'hiver.** *Interrogez votre voisin(e).*
— *Avez-vous des vacances en hiver ?*
— *Que faites-vous ?*
— *Où allez-vous ? Comment y allez-vous ? Où logez-vous (hôtel, studio, appartement) ?*
— *Pouvez-vous vous payer des vacances à la neige ?*
— *Est-ce que le ski est un « sport de riches » ?*

● **« L'esprit de contradiction ».**

Dites le contraire :

Je suis allé skier, ça ne m'a pas plu. Je tombe souvent et je n'aime pas ça. Le soir, je me suis ennuyé. J'ai eu froid. Il a fait mauvais temps. Je me suis couché tôt.

● Le sport et vous.

Interrogez votre voisin(e) sur le sport et lui, la pratique du sport dans sa famille, chez ses amis.

« Moi, je .... Mon frère ? Lui, il .... Ma mère ? Elle, non .... (ou bien : elle aussi ....) ....

● Où aller ? *Vous, vous avez choisi d'aller à Vars. Dites pourquoi.*

	Serre-Chevalier	Montgenèvre	Vars
altitude	1 350-2 660	1 850-2 800	1 650-2 550
pistes (longueur totale)	180 km	50 km	80 km
remontées mécaniques	56	20	22
nombre de pistes	67	33	40
forfait 7 jours	350 F	370 F	316 F

● Vous vous trompez !

Vous êtes dans un bureau de tabac ; vous achetez un paquet de cigarettes de 7,20 F avec un billet de 50 F. Le buraliste vous rend la monnaie, mais il se trompe. **Jouez la scène.**

● L'addition, s'il vous plaît.

Au restaurant, on apporte l'addition à une table de quatre personnes. Total : 240 F. Le client n° 1 a six pièces de 10 F. Le client n° 2 a deux billets de 50 F. Le n° 3 a un billet de 100 F et un billet de 20 F. Le n° 4 n'a pas d'argent « liquide », mais il a un carnet de chèques. **Comment font-ils pour payer ?**

REMONTÉES MECANIQUES

40 500 skieurs / heure.

2 téléphériques, 4 télécabines, 4 télésièges, 46 téleskis.

Nouveautés 82/83 : 1 télésiège triplace à Chantemerle, 1 télésiège et 1 téleski à Monêtier.

Régies Municipales de Remontées Mécaniques : Chantemerle, tél. 24.00.23 Villeneuve, 24.72.26 - Monêtier, 24.40.04.

PISTES

SKI ALPIN : 67 pistes principales : 9 noires, 31 rouges, 12 bleues, 15 vertes. Domaine Chantemerle-Villeneuve : 52 pistes. Domaine Monêtier : 15 pistes. 180 km de pistes.

Hors piste et haute montagne ; stades de slalom (Ratier et Aravet)

SKI DE FOND : 5 boucles entretenues au départ de chaque village, 80 km. Domaine St-Chaffrey - Chantemerle : 20 km. Domaine Villeneuve - Monêtier : 60 km.

ECOLES DE SKI

140 moniteurs, dont 25 moniteurs-guides,12 jardinières *(langues pratiquées : anglais, allemand, italien).*

Enseignement : SKI ALPIN, SKI DE FOND, SKI ARTISTIQUE, SKI HORS PISTE et HAUTE MONTAGNE :
– de la classe accueil à la classe compétition, cours collectifs, leçons particulières ;
– cours enfants et jardin d'enfants.

Tous les tests des Ecoles de Ski.

Renseignements et tarifs E.S.F. : Chantemerle, tél. 24.17.41 - Villeneuve, tél. 24.71.99 - Monêtier, tél. 24.42.66.

SIGNIFICATION DE CERTAINS SIGNAUX

DRAPEAU NOIR : "DANGER D'AVALANCHE GENERALISE". Très rarement utilisé, il interdit la pratique du ski et invite à la plus grande prudence quant à la circulation.

DRAPEAU A DAMIERS JAUNES ET NOIRS : "DANGER D'AVALANCHE LOCALISE". Le hors-piste est déconseillé. Certaines pistes peuvent être interdites. Renseignez-vous avant de skier. Restez prudents et vigilants.

LES PIQUETS CROISES, LES CORDES OU LES FILETS TENDUS indiquent un DANGER, un obstacle (par exemple un rocher émergeant de la neige, que vous ne pouvez apercevoir depuis l'amont.)

Ces signaux en travers d'une piste peuvent également en interdire une portion. S'ils sont placés au départ de la piste, ils signifient une fermeture totale.

LE TELEPHONE : Tout appel téléphonique aux secouristes doit préciser :

— *A - Le nom de la piste sur laquelle ou à proximité de laquelle s'est produit l'accident.*

— *B - Le N° de la balise la plus proche, en amont ou en aval.*

— *C - La partie du corps qui semble avoir été touchée (bras, jambe, colonne vertébrale, hanche, etc.).*

Grâce à ces détails, les secours seront plus rapides et plus efficaces.

A
1. Quelles remontées mécaniques peut-on voir sur cette photo ?
2. Est-ce qu'il s'agit du sommet ou du départ des pistes ?
3. Qui voyez-vous sur la photo ? Qui sont-ils, que font-ils ?

B
1. Pourquoi y a-t-il autant de remontées mécaniques à Serre-Chevalier ?
2. Dans quelles langues peut-on prendre des cours de ski à Serre-Chevalier ?
3. Pourquoi y a-t-il moins de pistes noires que de pistes vertes ?

C
1. Drapeau noir : que devez-vous faire ?
2. Drapeau à damier : où ne devez-vous pas aller ?
3. Quand trouve-t-on des piquets croisés, des cordes et des filets tendus ?
4. Un accident se produit devant vous. Que devez-vous faire ?

1. 5. Dernière journée de ski

Dimanche midi. Florence et Mireille attendent Gilles au bar qui se trouve au sommet du télécabine du Grand Alpe.

Florence : — Ah, voilà Gilles ! Ho, ho, Gilles !

Gilles : — Bonjour... — Ouf ! Je commence à être fatigué. Je viens de faire ma huitième descente.

Mireille : — Tu as skié sur quelles pistes ?

Gilles : — Les pistes où il y a le moins de monde : la noire et la rouge.

Mireille : — Les plus difficiles et les plus rapides ! Et c'est sur ces pistes que...

Gilles : — Mais non ! N'ayez pas peur ! Je vous emmènerai sur une bleue ou une verte et on ira lentement. Vous avez déjà skié ce matin ?

Florence : — Non. On vient de se lever. On est allées au Chamois hier soir.

Gilles : — Ça vous a plu ?

Mireille : — Ah, oui ! Super ! On a dansé toute la nuit.

Gilles : — C'est la meilleure boîte de la région... Vous avez commandé quelque chose ?

Florence : — Oui, deux cafés au lait.

Gilles : — Moi, je vais prendre une bière : je meurs de soif. ... Mademoiselle, une bière, s'il vous plaît.

Florence : — Dis donc, ils sont beaux, tes skis !

Gilles : — Je les ai achetés en Italie. C'est meilleur marché, là-bas. Mais les vôtres sont bien aussi.

Mireille : — Les nôtres ? On les a loués.

Gilles : — Les chaussures aussi ?

Mireille : — Les miennes, oui. Mais Florence a acheté les siennes d'occasion.

Florence : — 200 F. Et elles sont presque neuves.

Gilles : — Tu as fait une bonne affaire.

Florence : — Et en plus, elles sont très confortables.

Gilles : — Ah ! Voilà les consommations. ... Merci... Ça fait combien ?

La serveuse : — 26 F.

Gilles : — C'est moi qui invite.

Mireille : — Non, non, laisse.

Gilles : — Si, si, j'insiste... Voilà... Le service est compris ?

La serveuse : — Oui, monsieur.

Florence : — Ah ! On est bien, ici. Malheureusement, il faut rentrer. Ce soir, le retour, et demain, le boulot ! C'est court, une semaine ! Et toi, tu restes encore à Briançon ? Au fait, comment vont tes parents ?

Gilles : — Beaucoup mieux, merci. Mon père ne souffre plus ; il est rentré à la maison. Et ma mère s'est bien habituée à son plâtre : ça ne la gêne pas trop pour travailler. Je repars demain matin. J'ai un train à 8 heures.

Mireille : — Mais tu peux redescendre avec nous.

Gilles : — C'est gentil, mais j'ai peur de vous déranger.

Mireille : — Tu es ridicule ! On a autant de place qu'à l'aller. On part ce soir après le ski. On peut passer te prendre chez toi.

Florence : — Vraiment, ça ne nous ennuie pas.

Gilles : — Bon, alors j'accepte.

Florence : — Maintenant, tu vas nous donner une leçon de ski...

1 Inviter/refuser — Insister/accepter

(Vous avez passé l'après-midi chez des amis.)

Vous : — *Bon, eh bien, je vous dis au revoir. Je vais rentrer chez moi.*

Votre ami : — *Mais non. Tu vas rester dîner avec nous.*

Vous : — *Non, merci, c'est très gentil, mais je ne veux pas vous déranger. Et puis, vous êtes déjà quatre.*

Sa femme : — *Tu es ridicule. On a un très gros poulet. Il y a assez à manger pour cinq. Vraiment. J'insiste.*

Vous : — *Bon, alors, j'accepte.*

A vous

Vous sortez du théâtre avec des amis. Vous voulez rentrer chez vous à pied. Ils veulent vous raccompagner. Ils sont déjà cinq, mais ils ont une grosse voiture.

2 Vous prenez un « verre » ensemble.

Barman : — *Messieurs, qu'est-ce que je vous sers ?*

— *Euh... moi, je prendrai une bière.*

Barman : — *Et pour vous, monsieur ?*

— *Pour moi, un citron pressé.*

Barman : — *Voilà. Ça fait 15 F.*

— *Attends, je vais payer.*

— *Non, c'est ma tournée.*

— *Non, laisse, c'est la mienne.*

— *Mais non, tu es ridicule.*

— *Si, j'insiste.*

— *Bon, d'accord. Mais la prochaine sera pour moi.*

A vous

Même scène au restaurant.

3 Pour interroger sur l'appartenance.

— *Elle est bien, cette voiture. C'est la tienne ?*
— *Non, elle n'est pas à moi. C'est une voiture de location. La mienne est en panne.*

A vous

Vous rencontrez un couple d'amis sur de beaux vélos neufs (même scène).

– Vocabulaire

THÈMES

● **Dans un bar (un café, une brasserie)**
On prend une consommation (un verre, un pot).
□ **Pour boire un verre :**
On va dans un bar (un bistrot, un café), une brasserie...
□ **Pour prendre un repas :**
On va dans un restaurant, un snack, une brasserie.

ÉCHANGES

□ **Pour inviter :**
Vous prenez quelque chose ?
Qu'est-ce que vous prenez ?
Qu'est-ce que tu veux boire ?
Je vous offre un verre ?
□ **Pour payer :**
Combien je vous dois ?
Vous pouvez encaisser, s'il vous plaît ?
Le service est compris ?

□ **Pour insister :**
J'insiste. Je t'en prie. Allez, accepte. Tu es ridicule, ça ne m'ennuie pas. Ça ne me dérange pas, je t'assure. Ça me ferait plaisir...
□ **Pour accepter :**
Bon, ça va. D'accord. J'accepte. Avec plaisir. Pourquoi pas ? Bonne idée...
□ **Pour exprimer sa satisfaction :**
On est bien ici. C'est agréable. On s'amuse bien. C'est « formidable ». C'est « chouette ». C'est « super »...

DICO

● **Le travail (le boulot)**
aller au
chercher du } travail
reprendre le
(après les vacances, après une maladie)
Je n'ai pas de travail = *a)* Je n'ai rien à faire. *b)* Je suis au chômage.

– Grammaire

1 Le superlatif *(voir memento grammatical, 8.4).*
□ **Le superlatif régulier :**
le
la } plus } + adjectif
les } moins } + de, d' + nom

— *supériorité :* les pistes **les plus faciles** (de la station).
— *infériorité :* les pistes où il y a **le moins de** monde.

□ **Les superlatifs irréguliers :**
— *supériorité :* bon → le meilleur (la meilleure, les meilleur(e)s).
C'est **la meilleure** boîte **de** la région.
bien → le mieux (la mieux, les mieux)
C'est Florence qui skie **le mieux**.
— *infériorité :* mauvais → le (la, les) plus mauvais(e, es)
→ le (la, les) pire(s).
La plus mauvaise piste, **la pire des** pistes.

42

❷ Les adjectifs numéraux ordinaux.

1	un	premier (première)	1er (1ère)
2	deux	deuxième second (seconde)	2ème 2^{d} (2de)
3	trois	troisième	3^{e}
4	quatre	quatrième	4^{e}
5...	cinq...	cinquième...	5e...
9	neuf	neuvième	9^{e}
10...	dix...	dixième...	10e...
20	vingt	vingtième	20^{e}
21	vingt et un	vingt et unième	21^{e}
22...	vingt-deux...	vingt-deuxième...	22e...
30	trente	trentième	30^{e}
31...	trente et un...	trente et unième...	31e...

❸ Les pronoms possessifs.

		Un seul possesseur		Plusieurs possesseurs	
		Un seul objet	*Plusieurs objets*	*Un seul objet*	*Plusieurs objets*
1re **pers.**	*Masc.* *Fém.*	le mien la mienne	les miens les miennes	le nôtre la nôtre	les nôtres
2e **pers.**	*Masc.* *Fém.*	le tien la tienne	les tiens les tiennes	le vôtre la vôtre	les vôtres
3e **pers.**	*Masc.* *Fém.*	le sien la sienne	les siens les siennes	le leur la leur	les leurs

❹ « Où » pronom relatif.

Il indique le lieu ou la situation dans l'espace et le temps.
Je fais du ski sur une piste. Il n'y a personne sur cette piste.
Je fais du ski sur une piste **où** il n'y a personne.

– Exercices écrits

1. Lettre de Serre-Chevalier. Complétez avec : QUI, QUE, OÙ.

« L'hôtel .... nous sommes se trouve à l'entrée de Chantemerle. Serre-Chevalier, c'est le nom de la station .... nous skions, mais c'est de Chantemerle que partent les remontées mécaniques. Notre chambre a une grande fenêtre .... donne sur les pistes. Le matin, on prend un télécabine .... nous emmène à 2 400 m d'altitude sur les pistes .... nous aimons bien. Le soir, nous allons dans un bar .... nous retrouvons des amis. On s'amuse bien. Et on pense à vous .... n'êtes pas en vacances. »

2. Départ en week-end. Complétez avec un pronom possessif.

Pierre :   — Bon, on s'en va. On emmène nos enfants. Et vous?
Paul :   — Non, nous, on n'emmène pas ....
Pierre :   — On prend quelle voiture? La nôtre?
Paul :   — Oui, prenons .... Elle est plus confortable. Nous serons six!
Pierre :   — Vos bagages sont prêts?
Paul :   — Ma femme a fait ...., mais moi, je n'ai pas encore fait ....
Pierre :   — Eh bien, dépêchez-vous. Nous, on va mettre .... dans le coffre.
            On part dans cinq minutes.

3. Objets « perdus ». De quel objet peuvent-ils parler?

(Une voiture, un verre, une chambre, des disques, une raquette de tennis, des chaussures.)
« Je n'ai pas la mienne. — Moi, si » (une voiture, une raquette)
a) « Il a les leurs.   — Ah bon? Il n'a pas les siens? »
b) « Excusez-moi, j'ai pris les vôtres!   — Ce n'est pas grave. »
c) « Ils ne sont pas dans la vôtre?   — Non, ils sont dans la leur. »
d) « Il en aura une?   — Oui, il viendra avec la sienne. »

4. Au téléphone. Complétez avec les réponses dans le cadre.

— Allô? C'est Frédéric?
— ....
— Ici, c'est Bruno. Nous avons rendez-vous chez toi, avec Marc et Irène, mais je n'ai pas ton adresse.
— ....
— Je ne connais pas cette rue.
— ....
— C'est à quel étage?
— ....
— Marc t'a déjà téléphoné?
— ....
— Et Irène, elle arrivera quand?
— ....
— Bon. Salut. A tout à l'heure.

> — Elle arrivera la dernière.
> — C'est au 12, rue des Jardins.
> — Au 5ᵉ.
> — Non, tu es le premier.
> — Oui, c'est moi.
> — C'est la deuxième rue après la grande poste.

5. Champion du monde! Complétez :

L'Amazone est le fleuve le plus long du monde.
La Rolls Royce est la voiture ....
L'Éverest ....
Tokyo et Mexico ....
La Chine ....
L'URSS ....

6. Le plus des deux, le moins des deux. Continuez comme dans le modèle.

Florence skie mieux que Mireille :
a) C'est Florence qui skie **le mieux.**
b) C'est Mireille qui skie le **moins bien.**
Monsieur Chauvet souffre plus que Madame Chauvet.
a) C'est Monsieur Chauvet qui ....
b) C'est Madame ....
Monsieur Chauvet portera un plâtre plus longtemps que Madame Chauvet.
a) C'est Monsieur Chauvet qui ....
b) C'est Madame ....
Il y a moins d'hôtels à Villeneuve qu'à Montgenèvre.
a) C'est à Villeneuve ....
b) C'est à Montgenèvre ....

● **Dans une boîte de nuit.**

Vous êtes dans une boîte et vous vous ennuyez. Vous parlez avec votre voisin(e) qui s'ennuie lui (elle) aussi. Vous prenez d'abord un verre ensemble, puis vous allez avec lui (elle) dans une autre boîte. Imaginez le dialogue. Jouez la scène.

● **L'immeuble.** *Décrivez.*

— *Combien y a-t-il d'étages ?*
— *Que se passe-t-il au rez-de-chaussée ? Au premier ? etc.*

● **Moi, je préfère...**

Comparez les logements de vacances suivants : l'hôtel, le camping, le caravaning, la location d'une maison ou d'un appartement, aller chez des amis ou des parents.

● **Qu'est-ce que c'est ?**

Donnez une définition en employant :
— *C'est un endroit où* ....
— *C'est quelque chose qui/que* ....
— *C'est quelqu'un qui/que* ....

Qu'est-ce qu'une « boîte » ?
Qu'est-ce qu'une station de sports d'hiver ?
Qu'est-ce qu'un moniteur de ski ?
Qu'est-ce qu'une consommation ?

● **Ma voiture.**

Parlez de la vôtre ou de celle de vos parents. (Vitesse, prix, consommation, nombre de places.) Quelle est la meilleure ?

● **Mes « affaires ».**

Comparez des vêtements et des objets personnels (achetés neufs ou d'occasion), sur le modèle :
— *Dis donc, ils sont beaux tes skis !*
— *Les tiens aussi. Tu as vu les siens ? Ils sont encore mieux.*

● **Mon pays.**

Parlez de votre pays et répondez à des questions sur votre pays :

— *La plus grande ville* .... — *Le fleuve le plus long* .... — *La région la plus jolie* ....

PARLONS MATERIEL...

A

Si la longueur des skis de fond est à peu près la même que celle des skis alpins et se choisit en fonction de la taille du skieur, la largeur, le système de fixations, le poids sont très différents.

En largeur, ils peuvent varier de 46 à 54 millimètres, mais ces quelques millimètres font toute la différence.

Plus larges, ils donnent un meilleur équilibre.

Plus étroits, donc plus légers, ils sont plus rapides et conviennent aux habitués et à ceux qui préparent ou rêvent de compétitions.

Le plastique est utilisé depuis quelque temps déjà, le métal a fait son apparition plus récemment mais le bois reste le matériau le plus classique et différents types de bois entrent dans la fabrication d'un même ski. Un ski de compétition est fait de quatre et même cinq bois superposés ou juxtaposés (1).

Le dernier cri (2), à l'heure actuelle, est la semelle (a) à écailles, semelle « antirecul » qui facilite certainement les premiers pas d'un débutant mais qui peut aussi lui jouer de mauvais tours sur la neige glacée et qui, de toutes façons, s'use beaucoup trop vite, aux dires des gens sérieux.

Les fixations (d) ne maintiennent que l'avant du pied et laissent le talon libre et mobile. Le matériel de fond est beaucoup moins lourd, beaucoup moins encombrant que le matériel de ski alpin. La souplesse et la légèreté sont ses caractéristiques essentielles.

1) Le bouleau, l'hickory (sorte de noyer d'Amérique du Nord), le sapin, le hêtre et le balsa (bois très léger d'Amérique Centrale).
2) La dernière mode.

B

NOMBRE DE JOURS	1	2	3	4	5	6	7
SKIS adultes							
Super Prestige	47	94	141	181	223	254	282
Prestige	44	88	132	169	209	238	264
1ᵉ catégorie	40	80	120	154	190	216	240
2ᵉ catégorie	28	56	84	108	133	151	168
CHAUSSURES adultes (36-46)							
avec skis	13	26	39	49	60	73	84
sans skis	18	36	51	67	83	99	114
SKIS DE FOND							
Skis, bâtons	23	46	69	88	109	124	138
Chaussures	9	18	27	35	43	49	54
Tout compris	30	60	90	115	139	161	178

A
1. De quel « matériel » parle cet article ?
2. Quelles sont les différences entre les skis de fond et les skis alpins ?

B
1. Vous voulez louer des skis et des chaussures pour une semaine. Vous disposez de 350 F. Quel modèle de skis pouvez-vous louer.
2. Qu'est-ce qui est le moins cher en location les skis de fond ou les skis alpins ?

Bilan 1

Passé composé. I Complétez les phrases en mettant les verbes suivants au passé composé :
Avoir, déraper, emmener, aller, partir, monter, déposer, prendre.

Les parents de Gilles _a eu_ un accident de voiture : ils _ont dérapé_ sur une plaque de verglas. On les _ésp'allé_ à l'hôpital où Gilles _est monté_ les voir. Il _est parti_ d'Aix-en-Provence en auto-stop et il _a emmené_ dans la voiture de Mireille et de Florence. A Briançon, les deux amies l'_ont déposé_ à côté de l'hôpital et elles _ont prendu_ la route de Serre-Chevalier.

II Même exercice avec les verbes suivants :
Rencontrer, se rencontrer, faire, aller, se coucher, écouter, rentrer.

— Tu .... Paul hier soir ? — Oui, nous .... à la sortie du cinéma.
— Qu'est-ce que vous .... ? — Nous .... prendre un verre au Select.
— Vous .... tard ? Tu as l'air fatiguée.
— Oui, on .... de la musique, et je .... vers deux heures du matin.

III Faites une phrase en utilisant les groupes verbaux suivants au passé composé :
— Se rencontrer chez des amis :
Elles . . . .
— Se donner rendez-vous à « La Coupole » :
Elles . . . .
— S'écrire tous les jours :
Ils . . . .
— Se voir mais ne pas se parler :
Nous . . . .

Pronoms compléments. I Répondez aux questions en utilisant les pronoms compléments qui conviennent :
— Qui a envoyé un télégramme à Gilles ? → Sa grand-mère lui a envoyé un télégramme.
— Est-ce que Gilles a téléphoné à ses parents ?
— Est-ce que Mireille et Florence connaissent la grand-mère de Gilles ?
— Où ont-elles rencontré Gilles ?
— Est-ce qu'elles sont venues voir Gilles à Briançon ?
— Est-ce que Gilles a pu voir ses parents à l'hôpital ?

II Complétez :

Ce sont
mes skis ——————→Ces skis sont à moi.
tes ——————→ . . . .
ses ——————→ . . . .
nos ——————→ . . . .
vos ——————→ . . . .
leurs ——————→ . . . .

III Retrouvez les phrases qui se correspondent :

1 Il envoie un télégramme à ses parents.   a Il les lui envoie.
2 Il envoie une lettre à ses parents.   b Il leur en envoie.
3 Il envoie un télégramme à sa mère.   c Il leur en envoie un.
4 Il envoie à son père, les cigarettes qu'il a achetées.   d Il les leur envoie.
5 Il envoie à ses parents les lettres qu'il a reçues.   e Il lui en envoie.
6 Il envoie une lettre à sa mère.   f Il leur en envoie une.
7 Il envoie des cadeaux à ses parents.   g Il lui en envoie un.
8 Il envoie des cigarettes à son père.   h Il lui en envoie une.

IV Vous êtes Gilles, répondez à la question en utilisant des pronoms compléments :
— Connais-tu Mireille et Florence ?
— Oui, je les connais. Elles .... ont pris en stop sur la route de Briançon et .... ont emmené à Briançon. Elles sont très sympa, je .... les présenterai.

Accord de l'adjectif. Avec les adjectifs suivants, complétez les phrases en respectant l'accord des adjectifs :
Mauvais, cassé, excellent, fatigué, neuf, premier, confortable, grave.
— Tu t'es amusé au théâtre ?
— Non, la pièce était ....
— Il a un plâtre, il a une jambe ....
— Merci beaucoup, nous avons passé une .... soirée.
— Elle travaille trop, elle est ....
— Ne mets pas tes chaussures .... pour aller danser.
— Il a gagné la .... place au concours.
— Les chaises Louis XIII ne sont pas ....
— Il est entré à l'hôpital pour subir une .... opération.

Passé récent. Répondez aux questions en utilisant la tournure « je viens de » :
— Votre train part à 13 h 56. Vous arrivez en courant à la gare, à 14 h.
Que dites-vous ? — Zut, ...
— Il rentre chez lui, le téléphone sonne et il décroche.
Que dit-il ? — Allô, ...
— Vous téléphonez à un ami, il n'est pas là. 5 minutes après, il vous appelle.
Que lui dites-vous ? — Allô, ...

Les articles partitifs. Complétez :

Je n'ai plus .... cigarettes. Veux-tu un peu ....eau ?
Il a .... travail. Va acheter .... bière et .... eau.
Prendrez-vous .... vin ? Je ne bois plus .... café,
je bois .... thé. Il n'a plus .... travail. Vous avez
.... chance. Il n'y a pas assez ....huile
dans la salade. Il n'a jamais assez ....argent.

Impératif. Trouvez le verbe qui s'impose et utilisez-le à l'impératif. (mettre le trait d'union si nécessaire)

— Je ne peux pas prendre ma voiture, ... la tienne.
Je n'ai pas ton numéro de téléphone, ... le moi.
Ne m'appelle pas ce soir, ... moi demain.
Il est tard, ... te coucher.
Je vais aller vous chercher, ... moi où vous êtes.
.... y, tu vas être en retard.
Je suis en retard, ... moi.
N'............... pas peur, ce n'est pas dangereux.
Ne t'............... pas, il va arriver.

Pronoms relatifs. Avec les deux phrases construisez une seule phrase comportant une subordonnée relative.

Ex. : Donne-moi l'annuaire. (Il est sur la table.)
Donne-moi l'annuaire qui est sur la table.
— J'ai écrit à mon frère. (Il est en Allemagne.)
— C'est Jean-Claude. (Il arrive.)
— Écoute le disque de Peterson. (Je l'ai acheté ce matin.)
— Il a écrit deux lettres. (Il les a déjà envoyées.)
— J'ai fait un gâteau. (Nous le mangerons ce soir.)
— Mireille et Florence sont allées à Serre-Chevalier. (Elles ont fait du ski à Serre-Ch.)
— Le petit garçon brun, c'est mon frère. (Tu l'aperçois à gauche sur la photo.)
— Je l'ai rencontré au restaurant. (Je vais déjeuner tous les jours dans ce restaurant.)

Futur simple. I Complétez en conjuguant le verbe qui s'impose au futur simple.

1. Ce soir, rendez-vous à l'Opéra à 8´h.
D'accord, j'y .... à 8 h. Je .... le métro et
j'............... sûrement avant toi. Je t'............... devant le
guichet.
2. Il a 3 ans. Il .... 20 ans en l'an 2000.
3. Ne prends pas ton parapluie, il ne .... pas.
4. Il n'y a pas de neige, tu ne .... pas skier la semaine prochaine.
5. Il ne m'a pas appelé, je ne l'............... pas non plus.

II Complétez en choisissant le verbe « être » ou « savoir » au futur simple.

1. Il a bien travaillé ; il .... sûrement reçu à son examen.
2. Je leur ai montré le chemin ; ils .... y aller.
3. Il n'a pas appris sa leçon ; il ne .... pas faire ses exercices.
4. J'ai cassé la machine à écrire ; est-ce que tu .... la réparer ?
5. Venez dîner demain soir ; nous .... très contents de vous voir.

Pronoms possessifs. Complétez.

J'ai commencé mon travail.

Mireille	a	terminé	le sien.
Pierre et Jean	....	terminé	....
Nous	....	terminé	....
Elles	....	terminé	....
Vous	....	terminé	....

Futur immédiat. Trouver une suite logique, au futur immédiat, selon le modèle donné :

ex. : Il a pris son maillot de bain. Il va sûrement se baigner.
Il a acheté de la farine et des œufs. Il ....
Il a pris du papier, des enveloppes et des timbres. Il ....
Elle a demandé de la monnaie pour le téléphone. Elle ....
Elle a demandé un formulaire de télégramme. Elle ....
Il a emporté ses cours en vacances. Il ....
Elle a réservé une place dans l'avion de 12 h 30 pour New York. Elle ....

Les adverbes. A partir des adjectifs suivants, complétez les phrases en utilisant les adverbes en « -ment » correspondants : *Sûr, lent, énorme, vrai, direct.*

Il est 8 heures, ils sont .... chez eux.
Nous ne nous arrêterons pas, nous irons .... à l'aéroport.
Elle a .... travaillé cette semaine. (3 possibilités)
Il conduit très ....
Vous parlez .... bien le français.
Nous nous sommes .... amusés. (2 possibilités)

Comparatifs. Complétez :

L'avion est .... que l'automobile.
L'huile est .... que l'eau.
1 kg de plumes pèse .... qu'1 kg de fer.

Retrouvez les comparatifs particuliers :

Jean sera vite (+ bon) .... que moi en français.
Mon accent est mauvais mais le tien est .... (+ mauvais).

Superlatifs. Retrouver les tournures synonymes en utilisant les superlatifs contraires.

Ex. : Le plus propre — *proper neat* = le moins sale *dirty*
Le meilleur = *le moins bien...*
Le plus vieux = *le moins jeunes...*
Le plus long = *le moins...*
Le plus lent = ...
Le meilleur marché = ...

Verbes pronominaux. Complétez les phrases en utilisant les verbes qui s'imposent au passé composé :

Se reposer, s'amuser, se passer, se débrouiller, se rencontrer.

1. J'ai dormi 10 heures : je me .... bien ....
2. Ils ont eu un accident : l'accident .... dans un virage.
3. Ils ont joué tout l'après-midi : ils .... bien ....
4. Je ne la connais pas : nous ne .... jamais ....
5. Comment ont-ils fait ? Ils n'ont pas d'argent et ils .... pour acheter une voiture neuve.

Poèmes et chansons

Les montagnards

(folklore)

1.
Montagnes Pyrénées
Vous êtes mes amours
Cabanes fortunées
Vous me plairez toujours
Rien n'est si beau que ma patrie
Rien ne plaît tant à mon amie
O montagnards, O montagnards
Chantez en chœur, chantez en chœur
De mon pays, de mon pays
La paix et le bonheur.

Refrain
Halte-là Halte-là Halte-là
Les montagnards, les montagnards
Halte-là Halte-là Halte-là
Les montagnards sont là
Les montagnards, les montagnards
Les montagnards sont là

2.
Laisse-là tes montagnes !
Disait un étranger
Suis moi dans mes campagnes
Viens, ne sois plus berger !
Jamais ! Jamais quelle folie !
Je suis heureux de cette vie
J'ai ma ceinture, j'ai ma ceinture
Et mon béret, et mon béret
Mes chants joyeux, mes chants joyeux
Ma mie et mon châlet

(au refrain)

3.
Sur la cime argentée
De ces pics orageux
La nature domptée
Favorise nos jeux
Vers les glaciers, d'un plomb rapide
J'atteins souvent l'ours intrépide !
Et sur les monts, et sur les monts
Plus d'une fois, plus d'une fois
J'ai devancé, j'ai devancé
La course du chamois !

(au refrain)

4.
Déjà dans la vallée
Tout est silencieux
La montagne voilée
Se dérobe à nos yeux
On n'entend plus dans la nuit sombre
Que le torrent mugir dans l'ombre
O montagnards, O montagnards
Chantez plus, chantez plus bas
Thérèse dort, Thérèse dort
Ne la réveillons pas.

(au refrain)

2. 1. Départ pour l'Afrique

La scène se passe à l'aéroport de Roissy où M. Lefèvre, directeur d'une imprimerie, accompagne son associé, M. Besson, qui se rend à Bamako (Mali) pour la FO.LI.MA (Foire du Livre du Mali).

L'hôtesse : — Voici, monsieur : votre billet et votre carte d'embarquement. L'embarquement est déjà commencé, satellite 4.

M. Besson : — Merci, mademoiselle.
Ça y est : j'ai fait enregistrer ma valise.

M. Lefèvre : — Bon, eh bien, je te laisse, François. Je rentre au bureau. Bon voyage et bon travail. Mais... C'est Monsieur Diouf !

M. Diouf : — Monsieur Lefèvre ! Comment allez-vous ?

M. Lefèvre : — Ça va, et vous ?

M. Diouf : — Très bien, merci.

M. Lefèvre : — François, je te présente un vieil ami, Monsieur Diouf, de Dakar, directeur commercial des Nouvelles Éditions Dakaroises. Monsieur Diouf, voici François Besson, mon associé.

M. Besson : — Très heureux.

M. Diouf : — Enchanté. Vous prenez quel avion, messieurs ?

M. Lefèvre : — Moi, je ne pars pas. Je suis venu accompagner François Besson qui va à Bamako.

M. Diouf : — Tiens ! J'y vais, moi aussi. Je suppose que vous allez à la Foire du Livre ?

M. Besson : — Oui, je dois y rencontrer des éditeurs africains.

M. Diouf : — Vous avez des projets pour l'Afrique ?

M. Lefèvre : — Oui, nous avons l'intention d'y créer une petite succursale.

M. Diouf : — Bravo ! Je pense que c'est une très bonne idée. Je suis sûr que ça intéressera tous mes collègues.

M. Lefèvre : — Attendez, ce n'est pas encore fait. M. Besson va d'abord prendre des contacts, ensuite nous allons étudier la question et puis nous prendrons une décision.
Vous qui connaissez beaucoup de monde, vous pourrez peut-être guider un peu François Besson.

M. Diouf : — Comptez sur moi. Je serai à Bamako jusqu'à dimanche prochain. Nous pourrons nous voir.

M. Besson : — Avec plaisir. Moi, je resterai pendant toute la durée de la foire.

M. Diouf : Je vous ferai rencontrer des collègues africains. Nous pourrons organiser un déjeuner avec eux. Qu'est-ce que vous en pensez ?

M. Besson : — C'est une excellente idée.

(Haut-parleur) : « Vol Air Afrique 47 à destination d'Abidjan, embarquement immédiat. »

M. Diouf : — Je crois qu'il faut y aller maintenant. Nous allons être en retard. Notre vol dure un peu plus de cinq heures ; mais nous aurons le temps de parler. Au revoir, Monsieur Lefèvre. A bientôt, j'espère.

M. Lefèvre : — Au revoir, Monsieur Diouf. Salut, François, et bon voyage.

1 Pour réserver une place d'avion par téléphone.

L'employée : — Air Afrique, réservations, j'écoute.

Le client : — Bonjour, madame. Je voudrais une place pour Bamako, s'il vous plaît.

L'employée : — Quel jour désirez-vous partir ?

Le client : — Le lundi 10 février.

L'employée : — Vous avez un vol direct le lundi. Départ à 12 h 35 de Roissy 1, arrivée à Bamako à 17 h 10, heure locale.

Le client : — Je dois être à l'aéroport à quelle heure ?

L'employée : — Une heure avant le décollage.

A vous

Vous voulez partir à Mexico le mercredi 3 juin par Air France ou le jeudi 4 juin. (Sur les horaires, les jours sont indiqués en chiffres : 1 = lundi.)

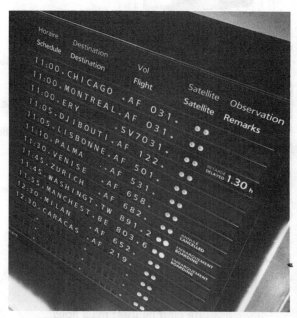

VILLES DESSERVIES R : Réservation	Code Rapport UTC	DEPART PARIS 🛧 = Aéroport			
		JOURS	VALIDITE du au	DEPART 🛧 ✕	ARRIVEE 🛧
MAURICE (île) Océan Indien Plaisance 29 km taxe 100 roupies P. Louis 5 rue J. Kennedy POB 60 ☎ 2 1286	MRU + 5Δ	1------ 1------ --3---- ----5-- -----6- ------7	13/12 3/1 14/2 28/2	22 20S P 22 20S P 19 55S P 20 40A P 19 00S P 20 10S P	16 55a 16 55a 16Δ10a 15Δ25a 15Δ30a 16Δ25a
♨ Hôtel MERIDIEN Dinarobin ☎ 6 1323 Telex 4444		Lignes cargo --3---- Δ - 1 h 00 a/c du 13/03.		16 45S	12Δ40a
MEXICO Mexique International 13 km car 12 pesos - taxe 300 pesos AF 76 Paseo de la Reforma ☎ 546 9140 R : 566 0066	MEX - 6	Concorde 1234567 1-3--67		11 00A R 12 10A X	13 40 19 05

Fauteuils-couchettes en 1re classe sur les 747 d'Air France

2 Pour « avoir » son avion.

Il est 11 h. Jacques part à Milan.

Lui/Elle : — Ton avion part dans combien de temps ?

Jacques : — Dans une heure et demie.

Lui/Elle : — A quelle heure est l'embarquement ?

Jacques : — A midi trente, porte n° 43. On a le temps, on est en avance.

A vous

Vous partez à Washington, il est 11 h 30.

3 Pour demander son avis à quelqu'un.

Pierre : — J'ai l'intention de vendre ma maison et d'en acheter une autre plus grande. Qu'est-ce que tu en penses ?

Son ami : — Ben, je ne sais pas...

Pierre : — Je peux aussi faire des travaux et agrandir la maison.

Son ami : — Ah oui, je crois que c'est une meilleure idée.

Pierre : — Alors tu pourras m'aider, j'espère.

Son ami : — Bien sûr. Compte sur moi.

A vous

Vous voulez recevoir Anne et Vincent.
Vous pouvez préparer un bon repas chez vous ou les inviter au restaurant. Vous demandez son avis à votre ami(e).

A VENDRE
75 Km de PARIS. EURE.
SUR. 3000 m² de Terrain
Maison 180 m² habitable
à Rénover.
Etude SEVIM s.a.r.l.
350.000 F.

THÈMES

● **L'aéroport :**

Un passager, une passagère.
Une compagnie aérienne (Air France, Air Afrique).
L'enregistrement des bagages (guichet n° ...).
L'embarquement des passagers (porte n° ...).
Un vol à destination de ....
          en provenance de ....

● **Les livres**

Une imprimerie   : les imprimeurs impriment les livres.
Une maison d'édition : les éditeurs publient des livres.
Une librairie   : les libraires vendent des livres.
                        (Les auteurs écrivent les livres!)
Un livre, un journal, une revue, un magazine, ...

ÉCHANGES

● **Demander un avis**

J'ai l'intention de ....   J'ai envie de ....   J'ai décidé de ....
Je voudrais ....   Je pourrais ....   J'aimerais ....

Qu'est-ce que tu en penses?   .   *Qu'est-ce que vous en pensez?*
À ton avis c'est une bonne idée?   *À votre avis c'est bien?...*

● **Réaction positive :** Je pense (crois, suis sûr, trouve) que...   c'est très bien.
                          Oui, à mon avis...   c'est une bonne idée.
                                                                      vous avez raison.
                                                                      ça va marcher.
● **Réaction neutre :**   Je ne sais pas. Je ne peux pas vous dire. Je n'en pense rien.
                          Je n'ai pas d'avis sur la question. Bof !
● **Réaction négative :** Je pense (crois, suis sûr) que...   ce n'est pas une bonne idée.
                          Non, à mon avis...   ça ne marchera pas.
                                                              vous avez tort.

DICO

● **Accompagner**
[akɔ̃paɲe] V. TR. Sens 1 — Aller avec — *Il l'accompagne à la gare.*
Sens 2 — Ajouter, joindre — *Un repas accompagné de vin rouge.*
Sens 3 — Soutenir le chant avec un instrument de musique. — *Il l'accompagne au piano.*

● **S'accompagner de :** V. PR. être accompagné, suivi de.

● **Accompagnateur, trice :** N. Celui/celle qui accompagne.

● **Accompagnement :** N. M. Action d'accompagner.

A vous

Quel est le sens de ACCOMPAGNER dans le texte?
Expliquez les abréviations : V. TR., N. M., V. PR.
Sur le modèle d'ACCOMPAGNER faites le « dico » de : EMBARQUER.

1 Les subordonnées complétives *(voir memento grammatical, 23)*
a) Les complétives sont introduites par la conjonction **que**.
b) On les trouve après les verbes : **croire, penser, supposer, être sûr, espérer, ...**

Proposition principale à l'indicatif présent		Proposition subordonnée complétive à l'indicatif.
	crois que	nous sommes en retard.
	pense que	c'est une bonne idée.
Je	trouve que	tu as eu tort.
	suppose que	vous allez à la Foire du Livre.
	suis sûr que	ça intéressera mes collègues.
J'	espère que	vous pourrez le guider...

c) Le verbe de la subordonnée complétive est presque toujours à l'indicatif lorsque le verbe de la principale est à la forme affirmative. Les formes interrogatives et négatives demandent souvent le subjonctif (voir Chapitre 3).

d) Remarquez les deux possibilités suivantes :
J'espère que vous pourrez le guider.
— Vous pourrez le guider, j'espère ? (Sans QUE.)

Je crois qu'il faut y aller.
— Il faut y aller, je crois. (Sans QUE.)

2 Faire + infinitif *(voir memento grammatical, 23.5)*
a) *Emploi passif :*   M. Besson fait enregistrer sa valise.
                        Il fait laver sa voiture.
b) *Emploi actif :*   L'hôtesse fait entrer les gens dans l'avion.
                        L'agent de police fait traverser les piétons.
c) *Emploi réfléchi :* Il se fait conduire à l'aéroport par son chauffeur.

3 D'abord, ensuite... *(voir memento grammatical, 26.3)*
a) Il fait sa toilette. b) Il prend son petit déjeuner et lit le journal. c) Il fume une cigarette.
a) — **D'abord,** il fait sa toilette.
b) — **Ensuite,** il prend son petit déjeuner et lit le journal.
c) — **Enfin/Et puis/Après,** il fume une cigarette.

– Exercices écrits

1. Le petit est malade. Complétez selon le modèle.

— *Comment va le petit ?*
— *Il va mieux. Il dort en ce moment.*
— *Est-ce qu'il a mangé ?*
— *Oui, je l'ai* **fait manger**.
— *Est-ce que le docteur est venu ?*
— *Non, je ne* ....
— *Est-ce qu'il a pris quelque chose ?*
— *Oui, je lui* .... *de l'aspirine.*

2. On a bien travaillé à l'école. Complétez, comme dans l'exercice précédent.

Le père :   — *Qu'est-ce que tu as fait à l'école aujourd'hui ?*
Le fils :   — *Au cours d'anglais, le professeur nous a* .... *lire. Et puis il nous a* .... *parler.*
Ensuite, il nous a appris une chanson et nous l'a .... *chanter. Enfin, il nous a* ....
écrire une lettre.

3. Jean et Rémy prennent le train. Transformez les phrases comme dans le modèle.

Jean :   — *On va rater notre train, je crois = Je crois qu'on va rater notre train.*
Rémy :   — *Mais non. Nous ne serons pas en retard, je suis sûr =* .... *J'ai appelé un taxi.*
Jean :   — *Il va venir vite, j'espère =* ....
Rémy :   — *Tiens, le voilà. On sera à l'heure, je suis sûr =* ....
Jean :   — *Nous n'aurons pas le temps d'acheter des journaux, je crois =* ....
Rémy :   — *Mais si ! Tu t'inquiètes pour rien, je trouve =* ....

4. J'ai besoin de vacances. Choisissez le verbe qui convient.

— *Je pense / Je suis sûr / J'espère / que je vais prendre quelques jours de vacances.*
— *Tu n'es pas malade, / je pense ? / j'espère ? / je suis sûr ?*
— *Non, mais / je crois / j'espère / je suis sûr / que je suis un peu fatigué en ce moment.*
— *Tu as vu le médecin ?*
— *Bien sûr, il m'a dit d'arrêter de travailler pendant une semaine.*
— *Je crois / Je suis sûr / J'espère / que je vais aller à la campagne.*
— *Une semaine à la campagne ? / Je crois / J'espère / Je suis sûr / que tu ne vas pas trop t'ennuyer !*

5. Une lettre d'Amérique.

Mon cher Yves,

C'est décidé, nous répondons à ton invitation : nous venons passer trois mois en France. Nous voulons louer la petite maison au fond de ton jardin. Je crois que tu as une deuxième voiture qui est très vieille. Est-ce qu'on pourra s'en servir ? Nous ne connaissons pas la France et nous comptons sur toi pour voir beaucoup de choses, rencontrer des gens. Peter voudrait connaître les vins et moi, je meurs d'envie de manger des escargots. Est-ce que tu pourras t'occuper un peu de nous ? Réponds-nous vite.

Amicalement,
Diana et Peter

Yves répond. Tout sera prêt en juillet : *il y aura une douche dans la petite maison, la voiture sera réparée. Il sera en vacances et pourra s'occuper d'eux. Il les emmènera en Bourgogne, pays du vin et de la bonne cuisine.*

Faites la lettre en employant :
Je suis sûr que .... *Je pense que* ....
J'espère que .... *Je vais faire (+ infinitif) — Je vous ferai (+ infinitif)* ....

● Une soirée.

Laurence est sortie hier soir avec Thierry. Aujourd'hui elle rencontre Jocelyne qui lui pose beaucoup de questions sur sa soirée.

Faites-les parler en employant : d'abord, ensuite, et puis, après, enfin, pendant.

● Faire et faire faire !

Que font-ils ?

● Un bon livre (! ?)

Regardez votre livre Sans Frontières 2.

— *Quel est le nom de l'éditeur ?*
— *Des auteurs ?*
— *De l'imprimeur ?*
— *Où l'avez-vous acheté ?*

• Tranche de vie.

Racontez votre journée d'aujourd'hui : ce que vous avez fait et ce que vous allez faire, en employant : d'abord, ensuite, et puis... avant, après, maintenant, tout à l'heure...

• Projets, avis, conseils.

a) *Vous voulez acheter une machine à laver la vaisselle. Vous demandez conseil à vos ami(e)s. L'un est pour, l'autre contre, le troisième n'a pas d'avis sur la question.*
b) *Vous avez l'intention d'acheter une voiture. Neuve ou d'occasion ? Vous en parlez à un(e) de vos ami(e)s. Il (elle) va vous aider à trouver une bonne occasion.*
c) *Vous avez très envie d'ouvrir un restaurant. Vous voulez vous associer avec des ami(e)s.*
Imaginez les discussions.

• Le test du célibataire

Mettez une croix dans la case qui vous correspond.

A. Le repassage
a) Je n'aime pas repasser, mais je sais le faire.
b) J'aime bien repasser, ça m'amuse.
c) Je déteste ça. Je fais repasser mes chemises dans une blanchisserie ou par une copine.

B. La peinture
a) Je suis très maladroit. Je mets de la peinture partout.
b) Quand je change d'appartement, je refais toujours les peintures.
c) Je m'adresse toujours à un peintre professionnel. C'est plus cher, mais c'est mieux fait.

C. L'électricité
a) J'ai très peur de l'électricité. Je n'y touche jamais. J'appelle un électricien.
b) Je sais faire les petits travaux d'électricité : je peux réparer une prise, installer un interrupteur sur un fil.
c) Chez moi, j'ai refait toute l'installation électrique.

D. Le ménage
a) Je passe l'aspirateur le dimanche.
b) Je n'ai pas le temps de faire mon ménage. Je paie une femme de ménage pour ça.
c) Je fais un peu de ménage tous les jours.

E. Le bricolage
a) Je bricole un peu. Je sais faire des étagères, mettre une cheville dans un mur, mais pas beaucoup plus.
b) Je ne suis pas du tout bricoleur. Je suis trop maladroit.
c) Je suis très fort en bricolage. Mes amis le savent bien : ils me font tout faire chez eux !

Calculez votre score

A. a) 3, b) 3, c) 1.   De 14 à 18 : vous savez presque tout faire.
B. a) 1, b) 3, c) 1.   Vous n'avez besoin de personne.
C. a) 1, b) 2, c) 3.   De 9 à 13 : vous pouvez vivre seul, mais difficilement.
D. a) 2, b) 1, c) 3.   De 6 à 8 : savez-vous que tout s'apprend ?
E. a) 2, b) 1, c) 3.   5 : vous êtes très maladroit ou très paresseux ?

— Ce test s'adresse aux hommes.
Est-ce que les réponses sont vraiment « masculines » ?
— Interrogez vos voisines :
Qu'est-ce qu'elles savent faire ? Qu'est-ce qu'elles font ?
Qu'est-ce qu'elles font faire ? Pourquoi ?
Est-ce qu'elles font de la peinture, de l'électricité ?... Comment ça se passe ?
— Il y a trois réponses par sujet. Pouvez-vous en trouver une quatrième ?

A Transport aérien

Liaisons aériennes

De Paris, les jets **U.T.A.** et **AIR AFRIQUE** desservent BAMAKO en correspondance avec les vols intérieurs reliant les villes principales.

Adresse U.T.A.

BAMAKO : **U.T.A.**, square Lumumba, B.P. 204, agence passages, tél. : 22.22.12/13 ; fret, tél. : 22.30.02. Câble : TELUTA.

U.T.A. est représentant commercial d'AIR FRANCE et agent général de : AIR ALPES, AIR MALAWI, BRITISH AIRWAYS, CAMEROON AIRLINES, AIR INTER, GULF AIR, QANTAS, ROYAL AIR MAROC.

Aéroport et transfert

L'aéroport international de « Bamako-Sénou » est situé à 15 km de la capitale malienne.

Transfert en taxi aéroport-ville ou vice-versa : FM **3 000**.

Lignes intérieures

De Bamako, la Compagnie **AIR MALI** assure des services réguliers vers GAO, GOUNDAM, KAYES, KENIEBA, MOPTI, NARA, NIORO, TOMBOUCTOU.

BAMAKO : **AIR MALI**, avenue de la Nation, B.P. 27. Tél. 22.35.36. Câble : AIR MALI, télex 568.

> A.
> — Comment peut-on se rendre de l'aéroport de Bamako au centre-ville ?
> — Vous voulez aller de Paris à Gao. Quelles compagnies aériennes vous y conduiront ?
> — Un grand fleuve traverse le Mali. Lequel ?
> — Où est située la ville de Kayes ?
>
> B Vrai ou faux ?
> On ne parle que le français au Mali.
> — Le Mali est un pays très peuplé.
> — Les gens vivent surtout dans les campagnes.
> — La partie nord du pays est très faiblement peuplée.

MALI ·

Vos hôtes

B

Mali

6 600 000 habitants vivent au Mali. La densité est faible : 3,8 habitants au km². Essentiellement campagnarde, la population est très inégalement répartie sur le territoire malien. Les quatre cinquièmes dans la partie occidentale du pays, un dixième dans les villes dont les plus importantes sont Bamako, la capitale (350 000 hab.) et Kayes (32 000 hab.). On y trouve vingt-trois ethnies : les plus importantes sont les Bambaras, les Malinkés, les Kaassonkés, les Sonraïs et les Dogons. Les musulmans sont 64 %, 34 % des Maliens sont animistes et 2 % chrétiens. Le français est la langue officielle, mais chaque ethnie a sa langue propre.

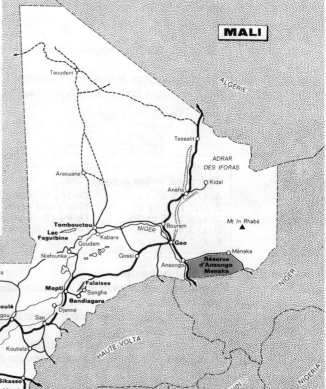

2. 2. Dans l'avion de Bamako

L'hôtesse : — Voulez-vous des rafraîchissements, messieurs ?

M. Diouf : — Qu'est-ce que vous avez ?

L'hôtesse : — De la bière, du whisky, des cocktails de jus de fruits...

M. Diouf : — Je vais prendre un jus de fruit.

L'hôtesse : — Lequel voulez-vous ? Celui-ci est sans alcool ; celui-là est au rhum.

M. Diouf : — Je vais prendre le premier.

L'hôtesse : — Et vous, monsieur ?

M. Besson : — Je voudrais un whisky, s'il vous plaît.

L'hôtesse : — Voilà.

M. Besson : — Vous ne buvez pas d'alcool, Monsieur Diouf ?

M. Diouf : — J'évite d'en boire, mais dans mon métier, ce n'est pas toujours facile.

M. Besson : — Il y a longtemps que vous êtes dans l'édition ?

M. Diouf : — Depuis quatre ans.

M. Besson : — Et avant, qu'est-ce que vous faisiez ?

M. Diouf : — Je travaillais dans un ministère. J'avais une vie plus calme. Tous les jours j'allais au bureau à 9 heures et j'en sortais à 5 heures. Maintenant, je travaille dix heures par jour, je reste souvent au bureau jusqu'à 8 ou 9 heures, et je passe le reste du temps dans des avions.

M. Besson : — Je suppose que cette vie vous plaît ?

M. Diouf : — Au début, j'aimais bien, mais maintenant, je trouve que ces voyages sont un peu fatigants. Ce sont surtout les changements de climat qui sont désagréables.

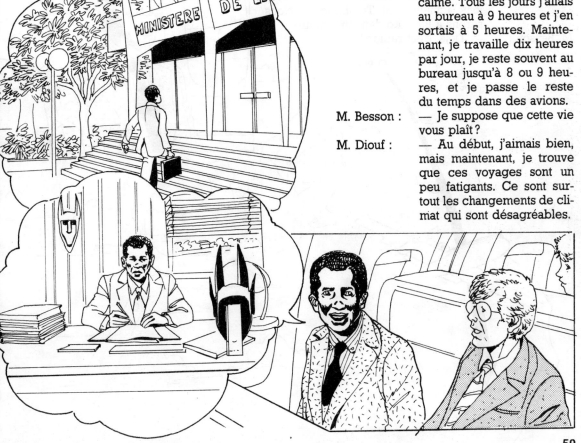

M. Besson :	— A propos, quelle sera la température à Bamako ?
M. Diouf :	— Entre 28 et 30°.
M. Besson :	— C'est beaucoup !
M. Diouf :	— Vous trouvez ?
M. Besson :	— Ah, oui ! Je suppose que vous êtes habitué à la chaleur, mais moi, je la supporte mal. Mais je pense que mon hôtel sera climatisé !
M. Diouf :	— Vous descendez à quel hôtel ?
M. Besson :	— A l'hôtel de l'Amitié.
M. Diouf :	— Alors, ne vous inquiétez pas. C'est un très bon hôtel, au bord du fleuve, avec une vue magnifique. Je suis sûr que vous y serez très bien. On vient vous chercher à l'aéroport ?
M. Besson :	— Non, je ne connais personne à Bamako. Je prendrai un taxi.
M. Diouf :	— Un conseil, à propos des taxis : en Afrique, il y a les vrais taxis et les faux taxis. Il faudra faire attention.
M. Besson :	— Pourquoi ? Les faux taxis sont dangereux ?
M. Diouf :	— Oui, pour votre portefeuille ! Ils n'ont pas de compteur.
M. Besson :	— Merci de me prévenir. Mais vous savez, des faux taxis, on en trouve partout.
M. Diouf :	— Oui, c'est vrai !
Le commandant de bord :	— Mesdames, messieurs, nous survolons actuellement Tombouctou. Nous serons à Bamako dans une heure.
M. Besson :	— Déjà, c'est rapide !

O PARIS

O TOMBOUCTOU

O BAMAKO

❶ Pour choisir.

Le passager : — *Je voudrais un parfum pour ma femme, s'il vous plaît. Entre 100 et 120 F.*

L'hôtesse : — *Il ne m'en reste pas beaucoup. Tenez, j'ai celui-ci qui fait 109 F et celui-là qui fait 140 F. Lequel voulez-vous ?*

Le passager : — *Je crois que je vais prendre le premier. L'autre est un peu trop cher.*

A vous

Vous voulez une veste de cuir entre 1 500 F et 2 000 F. Dans le magasin, il y en a deux : la première à 1 900 F, la seconde à 2 200 F. Vous prenez la deuxième, plus jolie.

❷ Pour aller à l'aéroport (ou venir de...) : en train, taxi ou car.

(Dans une agence d'Air France.)

Une dame : — *Comment fait-on pour aller à Roissy, s'il vous plaît ?*

L'employé : — *Vous avez des trains qui partent de la gare du Nord. Vous suivez la direction Roissy-Rail.*

La dame : — *Il y a souvent des trains ?*

L'employé : — *Toutes les quinze minutes. Et vous êtes à Roissy en 35 minutes.*

La dame : — *Ça ne va pas plus vite en taxi ?*

L'employé : — *Non ! Et c'est beaucoup plus cher. Vous pouvez aussi prendre un car Air France à la porte Maillot, vous serez à Roissy en une demi-heure. Faites bien attention : il y a deux aérogares : Roissy 1 et Roissy 2. Regardez bien sur votre billet.*

La dame : — *Merci de me prévenir.*

A vous

Vous voulez aller à Orly. **En train** par Orly-Rail, départ toutes les 15 minutes des stations de R.E.R. Pont Saint-Michel et Austerlitz. Durée : 30 minutes.
En car départ des Invalides toutes les 12 minutes. Durée du trajet : 30 minutes.
Attention : il y a Orly-sud et Orly-ouest.

– Vocabulaire

THÈMES

● L'avion

□ **L'équipage ou « personnel navigant »** : une hôtesse, un steward, un commandant de bord.

□ **Les consignes de sécurité :**

— « Vous êtes priés de mettre votre ceinture de sécurité et de ne plus fumer. »

— « Vous êtes priés de regagner votre place. »

□ **Le voyage** : le décollage, le vol (une heure, deux heures de vol), l'atterrissage.

ÉCHANGES

● Situer dans le temps (fréquence).

Vous prenez souvent l'avion ? (le train, le métro...)

Je prends
{
toujours, presque toujours...
très souvent, souvent...
quelquefois...
de temps en temps...
}

Je ne prends
{
pas souvent...
presque jamais...
jamais...
}

DICO

Descendre [dɛsɑ̃dr(ə)], **v. intr.** (se conjugue avec *être*), **1.** aller vers le bas . **2.** habiter en arrivant dans une ville. **3.** avoir pour grand-père (arrière-grand-père, etc.) — **v. trans. 1.** porter vers le bas. **2.** prendre un chemin qui conduit vers le bas.

A vous

Quel est le sens de « descendre » dans les exemples suivants :

a) Mireille descend l'escalier.
b) Je descends de l'avion.
c) Elle descend du roi de Prusse.
d) Il descend à l'hôtel.
e) On descend les bagages ?

Pouvez-vous expliquer le mot « prendre »
dans les exemples suivants :

a) Besson prend l'avion de Bamako.
b) Prenez la deuxième rue à droite.
c) On m'a pris mon portefeuille !
d) Attends ! Je prends mon sac !

– Grammaire

1 **L'imparfait** *(ou le présent du passé — voir memento grammatical, 15.2)*

□ **Emploi** : l'imparfait s'emploie surtout pour montrer un événement en train de se dérouler dans le passé.

□ **Formation** : il se forme sur le radical du présent de l'indicatif à la première personne du pluriel (nous). Les terminaisons de l'imparfait sont : -AIS, -AIS, -AIT, -IONS, -IEZ, -AIENT.

CHANTER	*FINIR*	*VENDRE*
1ᵉʳ groupe *(nous chantons)*	*2ᵉ groupe* *(nous finissons)*	*3ᵉ groupe* *(nous vendons)*
je *chantAIS*	je *finissAIS*	je *vendAIS*
tu *chantAIS*	tu *finissAIS*	tu *vendAIS*
il/elle/on *chantAIT*	il/elle/on *finissAIT*	il/elle/on *vendAIT*
nous *chantIONS*	nous *finissIONS*	nous *vendIONS*
vous *chantIEZ*	vous *finissIEZ*	vous *vendIEZ*
ils/elles *chantAIENT*	ils/elles *finissAIENT*	ils/elles *vendAIENT*

☐ **Verbes irréguliers** : la formation de leur imparfait est régulière.

Aller (nous allons) : j'allais
Faire (nous faisons) : je faisais
Avoir (nous avons) : j'avais
Devoir (nous devons) : je devais
Seul imparfait de formation irrégulière : **ÊTRE** (nous sommes) : **j'étais**.

Pouvoir (nous pouvons) : je pouvais
Savoir (nous savons) : je savais
Vouloir (nous voulons) : je voulais

2 Depuis, pendant... *(voir memento grammatical, 26.2)*
☐ Depuis quand travaillez-vous ici ? — Depuis le 2 janvier *(moment)*
Depuis combien de temps avez-vous commencé à travailler ? — Depuis 3 mois *(durée)*
☐ Il y a combien de temps que vous travaillez ici ? — Il y a 6 mois *(durée)*
Il y a longtemps que vous avez commencé à travailler ? — Il y a 1 heure *(durée)*
☐ Pendant combien de temps avez-vous travaillé ? — Pendant 3 mois *(durée)*
Pendant combien de temps travaillez-vous ? — Pendant 2 heures *(durée)*
Pendant combien de temps travaillerez-vous ? — Pendant 1 semaine *(durée)*
☐ Dans combien de temps travaillerez-vous ? — Dans 2 heures *(durée)*
☐ Jusqu'à quand travaillerez-vous ? — Jusqu'à 22 h 30. *(moment)*

3 LEQUEL, pronom interrogatif *(voir memento grammatical, 20.3)*

	masculin	féminin
singulier	lequel	laquelle
pluriel	lesquels	lesquelles

Voici les journaux du matin. **Lequel** voulez-vous ?
Il y a deux dames dans le bureau. **Laquelle** est la directrice ?
Vous avez des cigarettes américaines ? — Oui, **lesquelles** voulez-vous ?

4 Les pronoms démonstratifs *(voir memento grammatical, 10)*

	masculin	neutre	féminin
singulier	celui-ci celui-là	ceci cela ça	celle-ci celle-là
pluriel	ceux-ci ceux-là		celles-ci celles-là

— J'ai deux bouteilles de jus de fruits. Laquelle voulez-vous ?
— **Celle-ci.** C'est du jus d'ananas ?
— Non. Le jus d'ananas, c'est **celle-là.**

Remarques :
Ceci (cela, ça) = cette chose-ci (cette chose-là);
ça *est une forme familière pour* **cela**.

1. Le « bachot ». Posez des questions sur les mots soulignés.

Valérie a passé son bac <u>en 1980</u>. Quand .... ?
    Julie passera son bac <u>en 1987</u>. .... ?

Valérie a son bac <u>depuis 1980</u>. .... ?
    Elle passera son bac <u>dans 3 ans</u>. .... ?

<u>Il y a trois ans</u> qu'elle a son bac. .... ?
    Julie préparera son bac <u>jusqu'à juin</u>. .... ?

Elle a son bac <u>depuis plusieurs années</u> .... ?
    Julie préparera son bac <u>pendant 1 an</u>. .... ?

2. « Permis de conduire ». Présentez ce questionnaire à quelqu'un qui a son permis, et inscrivez les réponses.
(Pour certaines questions, il y a deux types de réponses possibles.)

1. Savez-vous conduire ? ....
2. Il y a combien de temps que vous savez conduire ? ....
3. Combien de leçons avez-vous prises ? ....
4. Pendant combien de temps avez-vous pris des leçons ? ....
5. Il y a combien de temps que vous n'avez pas conduit ? ....
6. Depuis quand, exactement ? ....
7. Avez-vous une voiture ? ....
8. (oui) Depuis combien de temps ? ....
9. (non) Dans combien de temps pensez-vous en avoir une ? ....

3. Portrait. Posez pour chaque phrase deux questions commençant par : QUAND, DEPUIS QUAND, IL Y A COMBIEN DE TEMPS, PENDANT COMBIEN DE TEMPS, DANS COMBIEN DE TEMPS, JUSQU'À QUAND.

1. Elle a travaillé dans un ministère.
2. Elle travaille dans une société d'import-export.
3. Elle fait du tennis.
4. Elle a fait de la danse.
5. Elle veut commencer le piano.
6. Elle veut continuer le tennis.
7. Elle a fait de grands voyages.
8. Elle ne voyage plus.

4. En savoir plus. Réagissez comme dans le modèle.

Je vais acheter une Renault.   — Ah oui ? **Laquelle ?**

1. Le papier à lettres est dans le tiroir du bureau. — .... ?
2. Je sors avec une des filles Lemercier. — .... ?
3. Il y a quelques bons restaurants par ici. — .... ?
4. J'ai invité quelques amies que tu connais. — .... ?
5. Il y a une symphonie de Mozart que j'adore. — .... ?

5. « J'ai beaucoup changé ». Regardez bien les deux photos et continuez la lettre.

Ma chère Brigitte,

Il y a 10 ans que nous ne nous sommes pas vus. J'ai beaucoup changé, tu sais. Dans ta lettre, tu m'as demandé une photo de moi. En voici deux. J'espère qu'elles vont t'amuser. Avant j'avais .... je portais ....
Maintenant ....

6. Une vieille lettre.

Vous trouvez une vieille lettre de votre père quand il était enfant. Il y parle de son emploi du temps au pensionnat Montbrison.

« Le matin, nous nous levons à 6 heures et demie. Après la toilette, nous descendons dans la salle d'étude. Nous travaillons beaucoup et nous avons peu de temps de liberté. Pendant les repas, nous n'avons pas le droit de parler. Le moment que je préfère, c'est le soir, après le dîner. Nous allons pendant une heure dans la salle de jeux. Mais à 9 heures nous sommes au lit. La vie n'est pas très gaie au pensionnat Montbrison pour des enfants de 12 ans. Moi, je l'appelle le pensionnat Ma Prison. »

Vous écrivez à quelqu'un pour lui parler de votre père et de sa vie dans ce pensionnat :
« Les élèves se levaient... »

7. « Souvenirs, souvenirs. »

Vous écrivez à un ami d'enfance. Parlez de votre vie et de vos souvenirs quand vous aviez quinze ans.

« Tu te rappelles ? Nous allions (école) .... A la sortie de l'école .... Le dimanche .... Nos copains et nos copines .... Nos vacances .... »

● **Avant... maintenant...**
Les choses ont bien changé.
Parlez de ces photos.

● Une « scientifique ».

Regardez le bulletin scolaire de Valérie Dutot. Comment travaillait-elle en 82 ? Mieux ou moins bien qu'en 83 ? Dans quelle matière était-elle la meilleure ?

	Français	Anglais	Maths	Physique-Chimie	Histoire-Géographie
1982	13/20	7/20	14/20	12/20	6/20
1983	9/20	9/20	14/20	16/20	6/20

● Comment faisait-on... quand il n'y avait pas...

— d'avions pour les longs voyages ?...
— de télévision (pour les loisirs) ?...
— de téléphone ?...
— de calculatrices électroniques ?...
On prenait le bateau. C'était plus long, mais très agréable. Etc.

● Quand j'étais jeune...

Donnez la parole à ce vieux monsieur.

● Raconte-moi !

Posez des questions à votre voisin(e). Faites-le (la) parler de sa jeunesse :
son acteur (ou actrice) préféré(e), le nom de son (sa) meilleur(e) ami(e).
Ses projets pour la vie ; qu'est-ce qui l'intéressait ? Où habitait-il (elle) ? Où passait-il (elle) ses vacances ? A quoi faire ? etc.

A

— Qui était Kankan Moussa ?
— Le Mali a eu d'autres noms. Lesquels ?
— En quelle année le Mali est-il devenu une république indépendante ?

B

Combien y a-t-il de saisons au Mali ?
En quelle saison fait-il le plus chaud ?
Qu'est-ce que l'Harmattan ?

Quels vêtements vous conseille-t-on d'emporter ?
En quelle saison un imperméable est-il nécessaire ?

Histoire

L'histoire du Mali débute vers la fin du III° siècle après J.-C. par la fondation de l'empire du Ghana qui atteignit son apogée aux X° et XI° siècles. A l'empire du Ghana succède celui du Mali, fondé au XI° siècle dans la vallée du haut Niger, entre Kangaba (Mali) et Siguiri (Guinée). Cet empire connut ses heures glorieuses sous le règne du héros légendaire Soundiata Keita et brilla de tout son éclat au XIV° siècle avec Kankan Moussa qui régnait de l'Atlantique à la boucle du Niger et de la forêt jusqu'aux environs de Ouargla, dans le sud algérien. De 1492 à 1591, l'empire s'étendit plus encore, allant de l'Atlantique au lac Tchad. La conquête française débute après 1850 et s'achève pendant la première guerre mondiale. Appelé Haut-Sénégal et Niger puis Soudan français, le Mali restera colonie française jusqu'en 1956. Le 28 septembre 1958, le Soudan se prononce pour l'entrée dans la Communauté. En 1959, Modibo Keïta est investi Président du premier gouvernement de la République Soudanaise. Après un échec de Fédération avec le Sénégal, la République Soudanaise proclame son indépendance, le 22 septembre 1960, sous l'appellation de République du Mali.

B Renseignements pratiques

Climat

On distingue au Mali trois saisons principales d'une durée variable suivant la latitude :
- saison des pluies ou hivernage, de juin à septembre-octobre ; au milieu de cette saison, on observe un rafraîchissement causé par la pluie ; moyenne de température en août à Bamako : 25 °C.
- saison fraîche et sèche d'octobre-novembre à février ; moyenne de température en février à Bamako : 25 °C.
- saison chaude et sèche de mars à juin, les chaleurs maxima sont alors atteintes d'autant plus tard qu'on se trouve plus haut en latitude ; moyenne de température en avril à Bamako : 35 °C.

Un vent sec et chaud venant du Nord-Est, l'Harmattan, souffle dès la fin de l'hiver.

La saison la plus agréable pour le tourisme se situe entre **novembre** et **mars.**

Conseils vestimentaires

Vêtements légers toute l'année, mais ne pas oublier quelques lainages (novembre à février), des chaussures légères en cuir ou en toile, un chapeau, une paire de lunettes à verres filtrants et un imperméable.

2. 3. Lettre du Mali

Bamako, dimanche soir

Ma chérie,
Il est presque minuit. Je viens de rentrer à l'hôtel, et j'ai envie de te raconter mon voyage et ma première soirée en Afrique.
Je suis arrivé à Bamako en fin d'après-midi après un voyage très agréable. A Roissy, Lefèvre m'a présenté à un ami sénégalais, M. Diouf, qui allait lui aussi à Bamako pour la Foire du Livre et nous avons voyagé ensemble. Pendant le vol, il m'a longuement parlé de l'Afrique et des Africains, de leur façon de vivre, du climat du Mali, du tourisme, de l'artisanat, etc. Quand je suis descendu de l'avion, je ne me suis pas senti trop dépaysé car je savais des tas de choses sur le Mali. Première surprise : j'avais très peur de la chaleur, mais je la trouve supportable. Autre surprise agréable : mon hôtel. Je m'attendais à quelque chose de confortable, et je me trouve dans un hôtel magnifique, avec piscine et tennis, des fleurs et des plantes vertes partout, et j'ai une grande chambre avec une belle vue sur la ville. J'ai passé une heure au bord de la piscine où les clients de l'hôtel se baignaient ou prenaient l'apéritif. Le coucher de soleil sur le fleuve Niger était merveilleux.
Vers 8 h, M. Diouf est venu très gentiment me chercher à l'hôtel. Il voulait me montrer Bamako, puis m'inviter au restaurant. Mais il faisait nuit quand nous sommes sortis de l'hôtel. Je n'ai donc pas bien vu la ville. Je t'en parlerai dans ma prochaine lettre.

Nous sommes allés dans un très bon restaurant où on servait une cuisine internationale mais aussi des plats typiquement africains. J'ai choisi un poulet au pili-pili, qui est une sauce au piment assez forte. C'était délicieux. Nous avons pris du vin de palme (qui se boit glacé). J'ai passé une soirée agréable. Mes premières impressions de l'Afrique sont donc très bonnes. Demain commence la Foire du Livre. J'espère que j'y ferai du bon travail. Je te téléphonerai bientôt. Je t'embrasse.

François.

P.S. Petit incident au restaurant : un client a bousculé le serveur au moment où il apportait le poulet. Résultat : mon costume beige a une belle tache de pili-pili. Le client était désolé. Il voulait absolument payer le nettoyage du costume. J'ai refusé, bien sûr, mais j'espère que la tache va partir. Sinon j'aurai un premier souvenir pimenté !

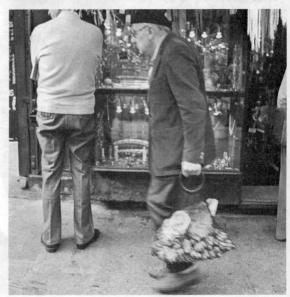

1 Pour faire une réclamation

(dans un hôtel).

Le client :   — Je voudrais faire une réclamation, s'il vous plaît.

L'employé :   — Oui ?

Le client :   — Je ne suis pas content de ma
chambre. Je voulais une chambre
avec un grand lit et vous me
donnez deux lits jumeaux !

L'employé :   — Oui, je sais, monsieur. Mais
dans votre lettre de réservation,
vous insistiez pour avoir la vue sur
la mer. J'ai encore des chambres
avec un grand lit, mais elles ne
sont pas face à la mer.

Le client :   — Ah, bon. Alors, je préfère garder la mienne.

L'employé :   — Très bien, monsieur.

A vous

Vous avez réservé une chambre avec deux lits
jumeaux et salle de bain. On vous a donné une
chambre avec grand lit et douche. On vous propose
alors une chambre à deux lits et lavabo. Vous préférez
la première.

2 Pour s'excuser

(dans un bar).

Une dame :   — Vous ne pouvez pas faire
attention ? Regardez, vous avez
renversé mon verre !

Un monsieur :   — Oh, pardon, madame. Je
suis vraiment désolé. Mais ce
n'est pas de ma faute, quelqu'un m'a bousculé. Excusez-
moi. Votre robe n'est pas
tachée ?

La dame :   — Non, non. Elle n'a rien.

Le monsieur :   — Excusez-moi encore.

La dame :   — Ce n'est pas grave.

A vous

Même scène à la porte d'un magasin : on vous
bouscule et vous bousculez un monsieur qui laisse
tomber son sac à provisions. Vous vous excusez. Il n'y
a rien de cassé.

THÈMES

• Le tourisme

Un voyage organisé, un circuit, une excursion,
un safari, un safari-photo...
Une réserve d'animaux, un parc national...
Un lion, une girafe, un éléphant, un singe, un crocodile,
une gazelle, une panthère, un hippopotame, un buffle...

• L'artisanat

La bijouterie (un collier, un bracelet, une bague, etc.).
La maroquinerie (une ceinture, des chaussures, un sac, etc.).
La sculpture sur bois (un masque, une statuette, etc.).
La sculpture sur ivoire (un objet, une statuette, etc.).
Le tissage (un tissu, une couverture, etc.).
La poterie (un plat, un vase, etc.).

ÉCHANGES

• Pour s'excuser

Oh, pardon. Excusez-moi.
Je ne l'ai pas fait exprès.
C'est (de) ma faute.
Je suis maladroit.
Je suis vraiment désolé.
Je vous présente toutes mes excuses.

• Pour excuser quelqu'un

Ce n'est pas grave.
Ce n'est rien.
Ce n'est pas (de) votre faute.
Je vous en prie.
Ça ne fait rien.
Il n'y a pas de mal.

• Pour écrire à un ami

— *Pour commencer :*   Cher ami, / Chère amie, / Chers (ères) amis (ies)
                          (Mon) cher Jean, / (Ma) chère Isabelle, (Mes) chers...
— *Pour terminer :*   Amicalement. / Tendrement. / Affectueusement. / Cordialement...
                          Avec toute ma tendresse / mon affection / mon amitié...
                          Amitiés. / Bons baisers. / « Grosses bises »...
                          Je t'embrasse très fort / tendrement / affectueusement.

DICO

☐ **Dépayser (V. tr.)**   — Désorienter, changer les habitudes.
                               Je suis dépaysé depuis que je suis en Afrique.
☐ **Dépaysé, ée (adj.)**   — Surpris par un changement de décor, de milieu, d'habitudes.
                               Je me sens dépaysé dans cette ville que je ne connais pas.
☐ **Dépaysement (n. m.)** — État d'une personne dépaysée.
                               En vacances, on recherche souvent le dépaysement.

A vous

De quel mot vient « dépayser » ?
Sur le modèle de « dépayser » composer une série à partir de « décourager ».
De quel mot vient « décourager » ?

– Grammaire

1 L'imparfait et le passé composé *(voir memento grammatical, 15)*
Dans le passé, — l'**imparfait** exprime une **durée.**
— le **passé composé** exprime un **moment** précis.
(L'imparfait sert de « cadre » à une « action ponctuelle » ou « action-point »
exprimée au passé composé.)

Je savais des tas de choses <u>quand</u> je suis descendu de l'avion.
<u>Pendant que</u> je dormais, on m'a pris mon portefeuille.
Il faisait nuit <u>au moment où</u> je suis sorti de l'hôtel.

2 La cause et la conséquence

           (conséquence)   *(cause)*
— **Pour insister sur la cause :** J'ai eu un accident <u>parce que</u> j'avais trop bu.
           Je ne me suis pas senti dépaysé <u>car</u> je connaissais l'Afrique.

                        (cause)   *(conséquence)*
— **Pour insister sur la conséquence :** Il faisait nuit, <u>donc</u> je n'ai pas bien vu la ville.
           J'étais fatigué, <u>alors</u> je me suis couché.

– Exercices écrits

1. Lits jumeaux
Réécrivez l'histoire suivante en mettant le temps qui convient, comme dans l'exemple
(● = action-point, □ = action-cadre) :

        □   ●
Pendant qu'il dort, le téléphone sonne. → *Pendant qu'il dormait, le téléphone a sonné.*

   ●   ●   □
Il se lève et marche sur le chien qui dort près du lit.
....

     ●   □
Quand il arrive à la porte, le téléphone sonne encore.
....

        □   ●
Pendant qu'il descend les escaliers, le téléphone s'arrête.
....

   ●   □
Il remonte se coucher car il a encore sommeil.
....

     ●   ●
Quand il arrive dans sa chambre, le chien dort dans son lit.
....

   ●
Alors, il se couche à la place du chien !

2. Eh oui, on change ! Répondez comme dans l'exemple.

Je suis sortie seule l'autre soir. — *Ah bon ? Mais tu ne sortais pas seule avant.*

Je suis allée dans une boîte. — ....

J'ai dansé toute la nuit. — ....

J'ai bu du whisky. — ....

Eh, oui. J'ai beaucoup changé, tu vois.

3. Une nouvelle vie. Mettez le verbe entre parenthèses à l'imparfait « action-cadre », ou au passé composé « action-point ».

Lui : — *Tu te souviens de Bruno Lagarde ? On (faire) sa connaissance chez les Pertuisot. Il (être) à côté de toi à table.*

Elle : — *Bruno Lagarde... attends... ah, oui, c'est ce garçon qui ne (rire) jamais, qui ne (parler) à personne, qui (avoir) l'air triste et qui (être) très mal habillé ?*

Lui : — *Exactement. Je (le rencontrer) cet après-midi.*

Elle : — *Il a toujours l'air aussi triste ?*

Lui : — *Pas du tout. Il (ne pas arrêter) de parler et de rire pendant un quart d'heure. Il (porter) un superbe blouson de cuir et une chemise de sport. Il (quitter) sa banque où il (travailler) depuis dix ans. Il va se marier et travailler avec sa femme.*

Elle : — *Qu'est-ce qu'elle fait ?*

Lui : — *Elle tient un magasin de vêtements pour hommes.*

4. Un rendez-vous manqué.

« Excuse-moi pour ce matin. Nous avions rendez-vous à 10 h.
Mais je vais t'expliquer. Hier soir des amis m'ont invité à dîner... »

Continuez en reliant chaque phrase de A à une phrase de B en utilisant DONC ou ALORS.
Vous devrez d'abord remettre les phrases de B dans l'ordre.

A
Quand je les ai quittés, il était 1 h du matin...
Je n'ai pas pu trouver de taxi...
J'habite à cinq kilomètres de chez mes amis...
J'avais très sommeil, j'étais très fatiguée...
Je me suis levée à 11 heures...

B
Je suis arrivée chez moi vers 2 h
J'ai raté notre rendez-vous
Il n'y avait plus de métro
Je suis rentrée chez moi à pied
J'ai dormi profondément

5. Voilà pourquoi ! Complétez en utilisant DONC (conséquence) ou CAR (cause) :

a) *Je n'ai pas fait les courses .... j'avais trop de travail. Il n'y a rien à manger, ... on va au restaurant.*

b) *On a besoin d'une voiture .... on doit aider un ami à déménager. La mienne est trop petite, on va .... prendre la tienne. Tu veux bien ?*

c) *Je suis restée chez moi .... j'attendais ton coup de téléphone. Je n'avais pas ton numéro, ... je n'ai pas pu t'appeler.*

● **Un constat d'accident.**

Regardez bien le croquis et les circonstances de l'accident. Lisez ensuite la déclaration du conducteur de la voiture B. Vous conduisiez la voiture A. Donnez votre version de l'accident : « Il faisait nuit...

VÉHICULE B :

12. circonstances

Mettre une croix (x) dans chacune des cases utiles pour préciser le croquis.

A		B
	1 en stationnement	1
	2 quittait un stationnement	2 ☒
	3 prenait un stationnement	3
	4 sortait d'un parking, d'un lieu privé, d'un chemin de terre	4
	5 s'engageait dans un parking, un lieu privé, un chemin de terre	5
	6 s'engageait sur une place à sens giratoire	6
	7 roulait sur une place à sens giratoire	7
	8 heurtait l'arrière de l'autre véhicule qui roulait dans le même sens et sur la même file	8
☒	9 roulait dans le même sens et sur une file différente	9
	10 changeait de file	10
	11 doublait	11
	12 virait à droite	12
	13 virait à gauche	13
	14 reculait	14
	15 empiétait sur la partie de chaussée réservée à la circulation en sens inverse	15
	16 venait de droite (dans un carrefour)	16
	17 n'avait pas observé un signal de priorité	17

13. croquis de l'accident

Préciser : 1. le tracé des voies - 2. la direction (par des flèches) des véhicules A, B - 3. leur position au moment du choc - 4. les signaux routiers - 5. le nom des rues (ou routes).

Il faisait nuit et il pleuvait. Je quittais un stationnement rue Lamark quand une voiture, qui amirait vite, a heurté l'avant gauche de mon véhicule et s'est arrêtée 30 m plus loin.

● **Un accident.**

Sur le même modèle racontez un accident que vous avez eu ou que vous avez vu.

● **J'en ai assez !**

Faites-la parler :

J'en ai assez ! Tu ne fais rien ! Pendant que tu dormais, j'ai fait déjeuner les enfants et je les...

• Une histoire étrange.

Il fait nuit. M. Ledoux est en train de dormir. La fenêtre de sa chambre est ouverte car il fait chaud. Un homme passe par la fenêtre, entre dans la chambre, la traverse. Il va dans la cuisine. Il prend un poulet dans le frigo, ouvre une bouteille de vin et mange. Il retourne dans la chambre et sort par la fenêtre. M. Ledoux se réveille. Il a soif. Il va boire un verre d'eau dans la cuisine. Il voit que le frigo est ouvert. Sur la table il voit un demi-poulet et une bouteille de vin ouverte. Il regarde partout. On ne lui a rien pris. Il téléphone à la police et raconte son histoire.
Imaginez le dialogue et cherchez une fin à l'histoire.
— « Allô ? Police ? Il m'est arrivé quelque chose d'étrange. Quelqu'un est entré chez moi pendant... »

• Grands hommes.
Qui étaient ces personnages ? Qu'ont-ils fait ?

• Comment vivaient-ils ?
— *Parlez de la manière de vivre des premiers habitants de votre pays.*
— *Parlez de la vie de vos grands-parents et comparez-la à la vôtre.*

• Être dépaysé.
Vous est-il déjà arrivé de vous sentir dépaysé ? Dites quand et pourquoi.
— *Votre premier voyage à l'étranger.*
— *Votre premier voyage dans la capitale de votre pays.*
— *La visite d'une région très moderne ou, au contraire, très arriérée.*
« Je me suis senti dépaysé le jour où... quand je suis allé à... Je n'étais pas habitué à... »

• Mille excuses.
Sur le modèle « Pour s'excuser » (dans un bar) vous vous excusez auprès de votre voisin(e)...
Vous lui avez marché sur le pied, renversé une bouteille d'encre sur son costume blanc (!!!), etc.
Votre voisin(e) accepte ou refuse vos excuses.

Hotel Sofitel L'Amitié Bamako

Mali

ADRESSE :	B.P.1720 - BAMAKO - République du Mali
TELEPHONE :	(223) 22.43.21/95
TELEX :	433
SITUATION :	En centre ville, à proximité du quartier des affaires, dominant le Niger, au cœur d'un parc privé de 4 ha.

A

Dans la région de Bamako, le touriste peut visiter la réserve de Fina (girafes, antilopes-cheval, ourébis, cobs, phacochères...), la forêt des Monts Mandingues et la Boucle du Baoulé constituées en Parc National où se trouve une faune riche et variée.

Parc du Baoulé

Le Parc du Baoulé est situé à 120 km au Nord-Ouest de Bamako ; on y accède par la route du Nord jusqu'à Kati, puis par la piste vers l'Ouest jusqu'à Madina. Retour possible par Kita.

Le Parc est ouvert du 1er décembre au 1er juin ; la meilleure période de visite s'étend de janvier à avril.

D'une superficie de 350 000 ha, le Parc du Baoulé et trois réserves contiguës ont été créés en 1954 en vue de protéger les représentants de la grande faune malienne : buffle, girafe, lion, hippotrague, bubale, nombreuses antilopes et gazelles.

Outre l'intérêt qu'elle présente, la visite de ce parc peut constituer une très agréable détente dans un cadre d'une grande beauté.

B

CHAMBRES :

Nombre total de chambres	186
Nombre total de lits	372
Superficie des chambres : 17 m²	
Chambres à 1 grand lit (1,40 m)	114
Chambres à 2 lits (0,90 m)	69
Chambre à 1 lit (0,90 m)	1
Suites	26
Appartements	7

CONFORT :

Climatisation
Salles de bains complètes avec w.c.
Radio avec programme musical
Téléphone
Courant électrique : 220 V/50 Hz

RESTAURANTS, BARS, DISCOTHEQUE :

"Le Dougouni" : restaurant gastronomique, cuisine française (80 couverts).
"L'Oasis" : restaurant au bord de la piscine (120 places).
"Tombouctou/Terrasse" : snack pizzeria (105 places).
"Tombouctou" : bar (40 places).
"L'Oasis" : snack-bar piscine.
"Le Faguibine" : bar avec ambiance musicale (80 places).
"Le Dogon" : discothèque au 15e étage avec vue panoramique (120 places).

A
Où se trouve la réserve de Fina ?
Pour aller de Kati à Madina, prend-on une route ou une piste ?
Quand peut-on visiter le Parc de Baoulé ?
Pourquoi a-t-on créé ce parc et trois réserves ?

B
Combien de personnes l'hôtel peut-il recevoir ?
Vous voulez boire un verre et écouter de la musique. Où devez-vous aller ?
Une conférence de 80 personnes a lieu à l'hôtel. Dans quel restaurant ces personnes pourront-elles prendre leur repas ?
Où se trouve la discothèque « Le Dogon » ?

2. 4. A la Foire du Livre

Le discours du ministre malien de la Culture se terminait quand François Besson est arrivé à la Foire du Livre. Il avait besoin d'un plan pour se diriger parmi les stands. Il s'est adressé à une hôtesse.

L'hôtesse : — Quels stands vous intéressent, monsieur ?

M. Besson : — Ils m'intéressent tous, mais je voudrais voir, en particulier, ceux des éditeurs africains.

L'hôtesse : — Alors, voici deux brochures : celle du ministère de la Culture, avec le programme des conférences, et celle de la Foire, avec un plan et les noms de tous les exposants.

M. Besson : — Merci... Le stand que je voudrais voir pour commencer, c'est celui des Éditions du Sénégal. Vous pouvez me l'indiquer ?

L'hôtesse : — Vous le voyez d'ici. C'est celui où il y a une équipe de la Télévision en ce moment. Je peux vous accompagner ?

M. Besson : — Je vous remercie, c'est très gentil. Mais je crois que je pourrai me débrouiller tout seul.

Grâce au plan, François Besson n'avait pas de mal à se diriger dans la Foire. Mais malheureusement tous les gens qu'il voulait voir étaient occupés ou avaient des rendez-vous.

A chaque stand c'était le même scénario :

« Est-ce que je peux vous être utile ? » demandait une secrétaire ou une hôtesse.

« Oui, disait M. Besson. Je voudrais voir M. Untel. »

Et on lui répondait : « Ah ! je regrette. Il était là il y a quelques instants mais il vient de partir. »

« Bon, je repasserai » disait M. Besson, et il se dirigeait vers un autre stand. Bien sûr, il valait mieux demander des rendez-vous pour un autre jour de la semaine.

Le voici au stand des Éditions Camerounaises.

— Bonjour, mademoiselle. Je suis un imprimeur français. Est-ce que je peux avoir un rendez-vous avec M. Édimo, s'il vous plaît ?

— Bien sûr. Attendez, je vais regarder dans son agenda. Pouvez-vous venir demain après-midi ? Je vois qu'il est libre vers 16 h.

— 16 h, c'est parfait pour moi.

— Vous êtes Monsieur... ?

— Besson — B.E.S.S.O.N. — de l'imprimerie Lefèvre et Cie.

— Entendu. C'est noté. A demain, Monsieur Besson.

— A demain, mademoiselle.

A la fin de la journée, M. Besson n'était pas mécontent car il avait des rendez-vous pour toute la semaine.

❶ Pour chercher quelqu'un ou quelque chose (et pour trouver !)

Lui : — Chérie, où sont les passeports ?

Elle : — Dans le bureau, dans un tiroir de gauche.

Lui : — Dans lequel ? Celui du haut ou celui du bas ?

Elle : — Dans celui où il y a le papier à lettres, je crois. Attends, je vais aller les chercher.

Lui : — Non, non, ne te dérange pas. Je peux me débrouiller tout seul.

A vous

En haut d'une armoire dans votre chambre, il y a deux valises (une blanche et une noire) qui contiennent des vieux vêtements. Vous recherchez un vieux pull-over. Il est dans la valise du dessus.

❷ Pour demander à voir quelqu'un.

L'étudiante : — Excusez-moi, je suis une étudiante étrangère et je voudrais voir M. le Professeur Cardon.

La secrétaire : — Désolée. Il était là il y a dix minutes mais il vient de partir.

L'étudiante : — Quand est-ce que je pourrai le voir ?

La secrétaire : — Il sera là demain. Il a un cours à 10 heures.

L'étudiante : — Bon. Alors, je repasserai demain. Merci beaucoup.

A vous

Vous avez vu une annonce pour un studio. Vous cherchez à voir le propriétaire pour visiter le studio. La concierge vous renseigne : il était là il y a un quart d'heure. Il doit revenir l'après-midi pour faire visiter à quelqu'un d'autre.

THÈMES

● **Manifestations publiques.**

— Une foire, un congrès, une réunion, un séminaire, un colloque, un meeting, une exposition...
— Les pavillons, les stands.
— Les organisateurs, le public, les professionnels, les spécialistes.
— Le public écoute un discours, visite la foire, assiste à une conférence, s'informe...
— Pour informer le public, on donne des catalogues, des publicités, des brochures, des dépliants, des prospectus...

ÉCHANGES

● **Les rendez-vous.**

— Monsieur X (Madame Y, Mademoiselle Z...), s.v.p. ?
— Je pourrais voir M. X ?
— Est-ce que Mme Y est là ?
— Je voudrais parler à Mlle Z...

— Oui, un moment, s'il vous plaît.
— C'est de la part de qui ?
— C'est moi !...
— Non, il (elle) n'est pas là.
— Il (Elle) vient de partir.
— Il (Elle) est absent(e) aujourd'hui.

DICO

Repasser [rəpase], v. intr., passer de nouveau dans un endroit : *il ne vous a pas trouvé chez vous, il repassera demain.* — v. trans., **1.** passer (traverser) de nouveau : *il a repassé la Seine après l'avoir traversée.* **2.** revoir quelque chose dans un livre pour le savoir mieux : *les élèves ont repassé leur leçon.* **3.** *repasser du linge,* le rendre bien plat avec un fer chaud : *cette chemise est bien repassée ; un fer à repasser* (voir fer).

A vous

Cherchez quelques verbes composés avec le préfixe RE-.
Analysez leurs différents sens.

1 Adjectifs et pronoms indéfinis.

a) **Pour indiquer une certaine quantité :** *quelque, quelques... quelques-uns, quelques-unes.*

Adjectif
J'ai quelques amies à Londres.

Pronom
Quelques-unes sont Françaises.

b) **Pour indiquer la totalité :** *tout, tous, toute(s).*

Adjectif
Tous les éditeurs étaient occupés.
Toutes les brochures m'intéressent.

Pronom
= Tous étaient occupés.
= Elles m'intéressent toutes.

c) **Pour indiquer l'identité :** *le (la, les) même(s).*

Adjectif
J'ai la même voiture que vous.
J'ai le même emploi du temps que l'an dernier.

Pronom
= Nos voitures sont les mêmes.
= Mon emploi du temps est le même.

d) **Pour indiquer la différence :** *l'(un) autre, les (d') autres.*

Adjectif
Ils ont pris la Citroën ?
— Non, ils ont pris l'autre voiture.

Pronom
Dans quelle voiture sont-ils ?
— Dans l'autre.

BIZARRE ! NOS VOITURES SONT LES MÊMES.

Remarques

Chaque, adjectif indéfini, invariable, est toujours suivi d'un nom singulier. Il signifie : tous les, toutes les.
Chaque éditeur a un stand. ***Tous les*** éditeurs ont un stand.

2 Les pronoms démonstratifs CELUI, CELLE, CEUX, CELLES *(suite)*
(voir memento grammatical, 10)

Ils sont suivis :

a) D'un adverbe : celui-ci, celles-là...
b) D'un complément introduit par **de** exprimant la possession : Celui **des** éditeurs africains...
exprimant le lieu : Celui **de** gauche.
c) D'une proposition relative introduite par **qui, que, où :** — celui **qui** est à droite,
— celui **que** je veux voir,
— celui **où** il y a la télévision.

— Exercices écrits

1. Une vie bien monotone... Complétez avec des adjectifs et des pronoms indéfinis.

.... matin, je me lève à 6 h 30. Je pars, je vais travailler, et je rentre .... soirs à 19 h. J'en ai assez! Faire .... temps .... chose. Prendre .... jours .... bus. Travailler dans .... bureau, parler aux .... collègues! Aller .... année en vacances au .... endroit! Comment font .... ? Moi, je vais .... vendre et partir dans une île du Pacifique. Je vais commencer .... vie!

2. Un bon conseil. Complétez en employant AUTRE ou MÊME et l'article.

— Tu as toujours .... voiture?

— Oui, et j'en suis très content. Je n'en veux pas .... Tu sais, j'en ai essayé plusieurs .... Mais c'est celle-ci la meilleure. Je te la conseille. Vraiment, achète .... Tu en seras content toi aussi.

3. Monsieur Sait-Tout. Complétez en employant : TOUT, TOUS, TOUTES.

— J'habite à Paris depuis vingt ans, je crois que je connais tout.

— Tout? Tu es sûr? Connais-tu l'Église Saint-Roch?

— Les églises, je les ai .... visitées.

— Et le musée Marmottan?

— Bien sûr, les musées, je les connais ....

— Et le Louvre? C'est grand, le Louvre. Est-ce que tu as .... vu?

— Ah, non. Pas .... Il y a trop de touristes au Louvre. Ils y vont ....!

Et puis, on ne peut pas .... voir! ....les salles ne sont pas ouvertes tous les jours.

— Donc, tu ne connais pas .... à Paris.

— Disons, presque ....

4. Une vie bien tranquille. Complétez en employant CHAQUE ou MÊME et l'article.

J'aime bien les petites villes d'Angleterre. Dans .... rue, on voit .... maisons. Et toutes les maisons ont .... petit jardin sur le devant. Le matin, le laitier passe avec son petit camion. Il s'arrête devant .... maison et pose une ou deux bouteilles de lait devant la porte d'entrée. .... week-end, on voit les gens faire tous .... chose : ils lavent leur voiture et s'occupent de leur jardin. .... matin et .... week-end, c'est .... scénario.

5. Elle n'arrive pas à se décider. Complétez en employant TOUT, TOUS, MÊME, AUTRE et l'article.

La dame :   — Vous n'avez rien de moins cher?

La vendeuse : — Non, madame. .... nos sacs coûtent entre 500 et 800 F. Dans .... magasins vous pourrez trouver moins cher, mais ici, nos sacs sont .... en cuir, vous savez. Ils sont très solides.

La dame :   — Vous n'avez vraiment rien ....?

La vendeuse : — Je crois que je vous ai .... montré.

La dame :   — Et ce sac noir, là-haut?

La vendeuse : — C'est .... que celui-ci, madame. Mais vous ne l'aimiez pas en marron.

La dame :   — Oui, mais dans une .... couleur je le trouve plus joli.

La vendeuse : — C'est un très bon article. J'ai .... Je m'en sers tous les jours depuis dix ans. Tenez. Regardez. Il a l'air neuf.

La dame :   — C'est vrai. Je crois que je vais le prendre.

6. Souvenirs d'Afrique.

Faites des phrases commençant par CELUI (CELLE, CEUX) + QUI (QUE, OÙ).

a) — A Bamako, je préfère l'hôtel de l'Amitié. J'y vais à chaque voyage. C'est le plus agréable de la ville. L'hôtel de l'Amitié, c'est celui que .... / celui qui .... / celui où ....

b) J'ai fait plusieurs safaris-photos au Kenya. Je préfère la réserve d'Amboseli. Elle est assez près de Nairobi. On y voit un grand nombre d'animaux.

La réserve d'Amboseli, c'est .... / .... / ....

7. Avant, j'étais mieux. Complétez en employant CELUI (CELLE, CEUX), QUI (QUE, OÙ...).

— Tu n'es pas content de ta promotion?

— Non. On m'a changé de bureau. Je suis au 3e étage maintenant, dans un bureau où il fait très chaud. Dans .... j'étais avant, il y avait un climatiseur.

— Mais maintenant tu as de nouveaux collègues!

— D'accord. Mais .... je préfère sont restés au 2e. .... 3e ne sont pas sympa.

— Et ta secrétaire? .... t'aimait bien.

— Elle est partie. Maintenant .... j'ai est une débutante!

— Tu es sûr que tu as eu une promotion?

• Une personne bien renseignée.

Vous demandez un renseignement
a) *à quelqu'un qui connaît bien tous les gens d'un groupe.*
Qui a une voiture... ? Qui vient d'Amérique... ? Qui parle espagnol... ? etc.
Quel(le) est celui (celle) qui... ?
Quels (quelles) sont ceux (celles) qui... ?
b) *à quelqu'un qui connaît bien les restaurants de la ville.*
Quel(s) est celui (sont ceux) qui (que, où)... ?
c) *à quelqu'un qui connaît bien les villes d'Europe.*
Quelle est celle (quelles sont celles) qui (que, où)... ?

• A la Foire de Paris

qui a lieu en avril-mai, on peut voir les stands des Artisans du Monde.
Parmi les pays des exposants figurant sur la liste ci-dessous, quels sont ceux...
...qui se trouvent en Asie ?
...que vous ne connaissez pas du tout ?
...où vous êtes déjà allé ?
...où vous avez envie d'aller ?

ARTISANS DU MONDE

Bâtiment 7 Niveau 3

Afghanistan - Argentine - Brésil - Canada - Chine - Colombie - Equateur - Espagne - Grande-Bretagne - Hong-Kong - Hongrie - Ile Maurice - Inde - Indonésie - Italie - Maroc - Mexique - Pakistan - Paraguay - Pérou - Philippines - Pologne - Roumanie - Sénégal - Sri Lanka (Ceylan) - Suède - Suisse - Syrie - Taïwan - Tchécoslovaquie - Thaïlande - Vietnam.

• Questionnaire

Remplissez ce questionnaire sur vos goûts et comparez vos réponses avec celles de votre voisin(e).

	Musique	Sport	Plat préféré
1			
2			
3			

Nous { avons / n'avons pas } *les mêmes goûts en musique. Nous* { aimons / n'aimons pas } ....

Continuez.

● Laquelle ?

Ce monsieur cherche à rencontrer Mme Leclerc.
Mais il y a deux Mme Leclerc qui travaillent dans la même société.

Imaginez le dialogue entre l'hôtesse et le monsieur (qui sait seulement que « sa » Mme Leclerc a 35 ans et qu'elle est journaliste).

● Êtes-vous maniaque ?

Si oui, quelles sont les choses que vous faites chaque jour à la même heure ? Quelles sont les choses que vous aimez ranger toujours à la même place ? etc.

● Hôtels africains

De ces deux hôtels, lequel est le mieux, à votre avis ? Lequel est le moins cher, à votre avis ? Pourquoi ?

1 Hôtel Ivoire

(Chaîne Intercontinental), Abidjan. Quartier résidentiel de Cocody. A 5 km de la ville, à 20 km de l'aéroport. 750 chambres climatisées avec salle de bains. L'hôtel domine la baie de Cocody. Jardins, cascades et fontaines, piscines, plage privée, tennis, golf, gymnase, sauna, patinoire à glace, bowling, centre de shopping, bar, restaurants, casino. Centre de congrès de 2 000 places.

2 Novotel Yaoundé

Le plus grand et le plus bel hôtel de Yaoundé à 950 m d'altitude. Il domine de ses 12 étages la ville entière. 223 chambres, 1 appartement. Toutes les chambres ont le confort le plus moderne. Bar. Night-club. Piscine. Restaurant de plein air. Tennis.

L' Afrique à Francfort

L'édition en Afrique noire constituait le thème central de la 32e Foire du livre. But de l'opération : faire connaître le livre africain et introduire ses éditeurs dans les grands circuits du commerce mondial de la littérature.

Car l'édition africaine connaît depuis quatre ou cinq ans un certain développement, plus vigoureux d'ailleurs chez les anglophones que chez les francophones. Mais un rééquilibre est en train de s'accomplir. Des maisons comme les Nouvelles Editions Africaines de Dakar, CEDA à Abidjan, CLE au Cameroun, commencent à s'affirmer sur des marchés en expansion. Phénomène caractéristique : alors que les éditions africaines se sont longtemps limitées à la production de livres scolaires ou techniques, parfois de poésie, elles se lancent de plus en plus dans l'épineux domaine du roman, ce qui reflète

bien un effort de création sans lequel il n'y aurait pas de littérature authentique.

Cependant, selon les organisateurs de la Foire de Francfort, 10 % seulement des publications africaines sont réalisées par les Africains eux-mêmes, les 90 % restants étant le fait d'éditeurs européens, généralement français et anglais, ou de multinationales. Manque d'expérience, faiblesse des moyens financiers et industriels, lacunes des réseaux de distribution, rareté des points de vente, tout cela se conjugue pour rendre la percée difficile. Et pourtant, peu à peu, elle se fait.

A Francfort, l'ensemble de

l'édition africaine avait été installée dans un vaste hall intelligemment décoré mais situé malheureusement un peu à l'écart des grands circuits de visite. Mieux eût valu sans doute que ce groupe soit mieux intégré à l'ensemble de l'exposition, quitte à occuper moins de place. Les contacts en auraient été facilités et l'impression désagréable d'être tenu quelque peu en lisière n'aurait pu prévaloir chez nombre de participants africains. Au surplus, un mouvement de protestation contre la participation de l'Afrique du Sud déboucha sur un boycott de 24 heures. Pendant toute la journée du mercredi 9 octobre, les stands africains demeurèrent vides. Heureusement, l'un compensant l'autre, d'excellents orchestres se succédèrent sur le podium aménagé au centre du hall. La Foire du livre devenait festival de jazz... □

A

Pouvez-vous citer trois noms d'éditeurs africains ?

Que publient ces maisons ?

Pourquoi 90 % des publications africaines sont-elles réalisées en Europe ?

Que s'est-il passé le 9 octobre à Francfort dans le hall africain ?

B

Où a lieu la 4e FO.LI.MA dans Bamako ?

Peut-on y aller le 13 décembre ?

Quels sont les pays qui participent à la FO.LI.-MA pour la première fois ?

Ouverture de la 4ème FOLIMA

Pour la quatrième année consécutive, la Foire du Livre (FOLIMA) a ouvert ses portes hier matin dans les jardins de la Maison des Jeunes.

Dix-sept organismes et pays participants sont présents à ce rendez-vous des bibliophiles dont la clôture est prévue pour le 12 décembre.

La caractéristique de la FOLIMA cette année encore est la présence à ses stands des pays sahariens voisins : Algérie, Libye, Niger et Mauritanie. Pour les deux derniers, il s'agit d'une primeure : c'est en effet la première fois qu'ils viennent à ce rendez-vous de décembre.

La Culture et la Science étant le patrimoine commun de l'humanité, selon le mot de M. Mani D'énépo, Directeur de Cabinet du Ministre des Sports, des Arts et de la Culture, il est essentiel de prendre des initiatives tendant à ouvrir nos portes à tous les courants culturels dont la diversité n'est, en définitive que facteur d'enrichissement.

Aux différents stands qui ont été érigés, une gamme variée de livres attend l'acheteur potentiel : manuels scolaires, ouvrages spécialisés ou de vulgarisation, romans, poésies, etc... Une occasion exceptionnelle pour les étudiants, les chercheurs, ou simplement les amoureux de bonnes feuilles de compléter utilement leurs bibliothèques.

La FOLIMA est ouverte tous les jours de 09 h à 22 heures.

2. 5. Projets d'avenir

Lettre de M. Édimo, directeur commercial des Nouvelles Éditions Camerounaises, à son chef de fabrication, M. Azenda.

BAMAKO LE 10-2-83

Cher ami,

Je viens d'apprendre à la FO.LI.MA. qu'une imprimerie française (l'imprimerie Lefèvre de Paris) désire installer une succursale en Afrique francophone, et j'ai rencontré M. Besson, l'associé de M. Lefèvre.

Cette maison a une excellente réputation et produit un travail de qualité. Tous ceux qui travaillent avec elle disent que c'est à l'heure actuelle une des meilleures imprimeries françaises.

Jusqu'à présent, nous avons travaillé avec des imprimeurs européens installés en Europe, ce qui présentait des avantages (qualité du travail, équipement moderne), mais aussi des inconvénients (coût élevé, délais souvent longs, problèmes de communication). J'ai longuement parlé de tout cela avec M. Besson. Il sera à Yaoundé du 17-02 au 20-02 et souhaite vous rencontrer. Ce que je lui ai conseillé, c'est de vous téléphoner et de prendre lui-même rendez-vous directement avec vous.

Croyez, cher ami, à l'expression de mes sentiments les meilleurs.

CLÉMENT ÉDIMO.

P.S. Je serai de retour le 22 ou le 23.

Télex de M. Besson à M. Lefèvre
ABIDJAN 10-02-83
Très bons contacts.
Ai rencontré pendant foire tous les éditeurs importants.
Presque tous intéressés.
Problème principal : devrons former nous-mêmes en France personnel pour entretien et dépannage.
Jusqu'à présent, réactions très favorables des ministères du Développement du Mali et de la Côte-d'Ivoire.
Prochains voyages : Cameroun, Sénégal.
Ai rendez-vous avec plusieurs banques et ministères.
Espère rentrer en France fin du mois.
Amitiés.
BESSON

Réponse de M. Lefèvre à M. Besson
PARIS, 10-02-83
Félicitations. Très bon travail.
Ai reçu télex de Diouf.
Il signale possibilités intéressantes aussi au Ghana et Togo.
Prolonger séjour 1re semaine de mars.
Réservons pour vous vols
Dakar-Accra, Accra-Lomé, et Lomé-Paris.
Amitiés.
LEFÈVRE

1 Pour transmettre ou traduire

(Dans un magasin, vous traduisez pour une amie qui ne parle pas français. Elle est en train d'essayer un pantalon gris.)

La vendeuse :   — *Alors, il lui plaît ce pantalon gris ?*

Vous :   — *Elle dit qu'il ne lui va pas.*

La vendeuse :   — *Il est trop grand ou trop petit ?*

Vous :   — *Elle dit qu'il est trop petit.*

La vendeuse :   — *J'en ai un plus grand, mais en bleu. Tenez... Alors, qu'est-ce qu'elle en pense ?*

Vous :   — *Elle dit qu'il lui va bien, mais elle n'aime pas la couleur.*

La vendeuse :   — *Dites-lui que je n'en ai pas d'autre mais que j'en attends la semaine prochaine.*

Vous :   — *Mon amie dit qu'elle repassera un autre jour.*

A vous

Vous êtes avec un ami étranger qui achète des chaussures. Il en a essayé des noires et des marron. Il préfère les noires, mais elles sont trop petites. Il veut essayer une paire plus grande. Il y en aura demain, dit le vendeur. Votre ami reviendra demain.

2 Pour donner des nouvelles de quelqu'un

(Les parents ont reçu un télégramme de leur fils. La mère en parle au père.)

Texte du télégramme : *PAS PU AVOIR APPART. 2 PIÈCES. DÉJA LOUÉ. AI TROUVÉ STUDIO. EMMÉNAGE MOIS PROCHAIN. ÉCRIRAI BIENTÔT. MICHEL.*

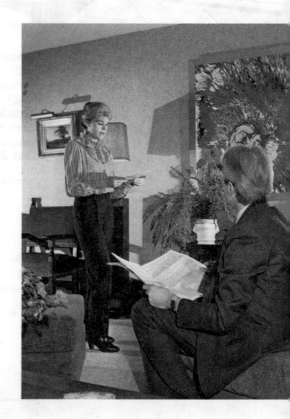

La mère :   — *On a reçu un télégramme de Michel.*

Le père :   — *Ah, oui ? Qu'est-ce qu'il dit ?*

La mère :   — *Il dit qu'il n'a pas pu avoir l'appartement de deux pièces.*

Le père :   — *Et pourquoi ?*

La mère :   — *Parce qu'il était déjà loué.*

Le père :   — *Qu'est-ce qu'il va faire ?*

La mère :   — *Il dit qu'il a trouvé un studio, qu'il emménagera le mois prochain et qu'il va nous écrire bientôt.*

A vous

Patricia a reçu un télégramme de Julien. Elle en parle à Sandra.

ARRIVÉ À ROME HIER. VISITÉ SAINT-PIERRE. IRAI À FLORENCE DEMAIN. M'AMUSE BIEN. RENTRERAI DANS 15 JOURS. JULIEN.

– Vocabulaire

THÈMES

● La correspondance
La lettre, le télégramme, le télex, le pneumatique, le paquet, le colis...
Par avion, exprès, recommandé, l'expéditeur, le destinataire.
La lettre, le papier à lettres, l'enveloppe, le timbre...
L'en-tête, l'objet, la formule de politesse, la signature.

ÉCHANGES

● Écrire à quelqu'un
☐ **Vous écrivez à quelqu'un que vous connaissez bien** (voir page 71).

☐ **Vous écrivez à une personne que vous connaissez peu.**
— *Pour commencer* : Cher Monsieur, Chère Madame / Mademoiselle,
 Cher ami, Chère amie,
— *Pour terminer* :

Veuillez croire,	cher(e)...,	à mes sentiments les meilleurs.
Croyez,	cher(e)...	à mon meilleur souvenir.

☐ **Vous écrivez à une personne que vous ne connaissez pas :**
— *Pour commencer* : Monsieur / Madame, / Mademoiselle,
— *Pour terminer* :

Veuillez agréer,	Monsieur, / Madame, / Mademoiselle	l'expression de mes sentiments distingués.
Recevez,	Monsieur, / Madame, / Mademoiselle,	mes sincères salutations.
Je vous prie d'agréer,	Madame,	mes respectueux hommages.

DICO

● Du verbe au nom

installer	→	installation (n.f.)	développer	→	développement
former	→	formation (n.f.)	entretenir	→	entretien
produire	→	production (n.f.)	dépanner	→	dépannage
équiper	→	équipement			

A vous ● Du nom au verbe
De quels verbes viennent les noms suivants : organisation, déplacement, réaction, rangement, soutien, décollage ?

1 Les pronoms composés avec -même *(voir memento grammatical, 9, 7)*

	Singulier		**Pluriel**	
1re pers.	(je)	moi-même	(nous)	nous-mêmes
2e pers.	(tu)	toi-même	(vous)	vous-mêmes
3e pers.	(il)	lui-même	(ils)	eux-mêmes
	(elle)	elle-même	(elles)	elles-mêmes
Attention !	(on) {	soi-même		
		nous-mêmes		

Nous devons les former **nous-mêmes**.
(= C'est nous qui devrons les former, ils ne seront formés par personne d'autre.)
Il téléphonera et prendra rendez-vous **lui-même**.
(= C'est lui qui prendra rendez-vous, et personne d'autre.)

2 Pronoms démonstratifs + pronoms relatifs

- *Rappel :*

Celui		qui...
Ceux	+	que...
Celle(s)		où...

(voir page 81)

- *Le pronom neutre : **ce** (ce que..., ce qui...).*
Nous avons travaillé avec des imprimeurs européens, ce qui présentait des avantages mais aussi des inconvénients. (**Ce** = travailler avec des imprimeurs européens.)
Ce que je lui ai conseillé, c'est de vous téléphoner. (**Ce** = vous téléphoner.)

3 Le discours indirect *(voir memento grammatical, 24)*

a) Emploi

Le discours indirect s'emploie lorsqu'on rapporte une information pour quelqu'un (une lettre qu'on a lue, une conversation téléphonique qu'on a eue) ou lorsqu'on répète une information pour quelqu'un qui ne l'a pas entendue ou comprise.

b) Formation

On passe du discours direct (Pierre dit : « J'ai faim. ») au discours indirect (Pierre dit qu'il a faim) en supprimant les deux points et les guillemets et en reliant entre elles les deux phrases au moyen de la conjonction de subordination QUE. On remarque que le pronom personnel peut changer.

Discours direct	Discours indirect
M. Besson dit : « **Nous** devrons former **nous-mêmes** le personnel. »	M. Besson dit **qu'ils** devront former **eux-mêmes** le personnel.
M. Besson dit : « **J'**ai rencontré tous les éditeurs. »	M. Besson dit **qu'il** a rencontré tous les éditeurs.
M. Edimo dit : « Cette maison a une excellente réputation. »	M. Edimo dit **que** cette maison a une excellente réputation.
M. Besson dit : « J'irai au Cameroun. »	M. Besson dit **qu'il** ira au Cameroun.

– Exercices écrits

1. La voiture d'occasion. Complétez comme dans l'exemple, en employant un des adjectifs ou noms suivants :
AGRÉABLE, AVANTAGE, INCONVÉNIENT, INTÉRESSANT, PRATIQUE, RAISONNABLE.

J'ai trouvé une voiture d'occasion. Elle coûte 5 000 F, ce qui est un prix intéressant.
Elle a fait 100 000 km, ce qui ....
Elle a une bonne radio, ce qui ....
Elle a un très grand coffre, ...
Les pneus sont neufs, ...
Mais elle a déjà eu trois accidents, ...

2. Je sais ce qu'il te faut. Transformez les phrases, comme dans l'exemple.

Il me faut un professeur de piano.
→ Ce qu'il me faut, c'est un professeur de piano.
— Je te conseille Mme Lichine.
→ Celle qu'il te faut, c'est Mme Lichine.
a) Il me faut un bon piano. → ....
— Je te conseille un Pleyel. → ....
Il me faut des disques de Beethoven. → ....
— Je te conseille les concertos pour piano et orchestre. → ....

b) Il me faut un autre associé. → ....
— Je te conseille ton cousin. → ....
Il me faut de nouveaux bureaux. → ....
— Je te conseille ceux de la rue Saint-Jacques. → ....
Il me faut une autre secrétaire. → ....
— Je te conseille Mme Vallier. → ....

3. La belle excuse ! Complétez en employant CELUI/CELLE/QUI/QUE/OÙ, **et** CE QUI/QUE.

Elle : — Tu rentres bien tard, chéri ! Le lundi tu rentres plus tôt.
Lui : — J'étais avec un collègue de bureau.
Elle : — Ah oui ? Lequel ?
Lui : — ...est arrivé il y a deux mois. .... nous avons rencontré l'autre soir au cinéma. On est allé prendre un pot dans un bar.
Elle : — Ah bon ! Lequel ?
Lui : — .... on sert de très bons jus de fruits. Tu sais, près de la poste. J'ai pris un délicieux jus d'ananas.
Elle : — Eh bien, je ne crois pas un mot de tout .... tu m'as dit.
Lui : — Et pourquoi donc ?
Elle : — D'abord, tu sens l'alcool, ... ne me plaît pas du tout. Ensuite, tu me dis que tu es allé dans ce bar, ... est faux.
Lui : — Ah bon ?
Elle : — Je le connais bien, ce bar. C'est .... est fermé le lundi. Tous les soirs tu cherches une nouvelle excuse pour rentrer tard. Eh bien, je vais te dire .... tu vas faire : ta valise !
Lui : — Mais où je vais aller ?
Elle : — Tu peux aller chez une de tes petites amies. Parmi toutes .... tu connais, il y en aura sûrement une qui te supportera.

4. Les projets de Lefèvre et Besson. Transformez les phrases comme dans le modèle.
*Nous allons **créer** cette imprimerie. Ça prendra un an. → La **création** de cette imprimerie prendra un an.*
Nous construirons un bâtiment. Ça durera quatre mois. → ....
Nous installerons nos machines. Ça prendra un mois. → ....
Nous formerons notre personnel. Ça prendra neuf mois. → ....

5. Une interview d'un chef d'entreprise. Transformez les phrases soulignées comme dans le modèle.
— Comment êtes-vous devenu patron de cette entreprise ?
*— Cette entreprise, c'est moi qui l'ai créée. → Je l'ai créée **moi-même**.*
— On ne vous a pas aidé ?
— Si, mes deux frères m'ont aidé ensuite. C'est nous qui avons tout financé. (Nous...).
Ici, nous travaillons tous à la carte.
— Expliquez-moi. Vous voulez dire que ce sont les employés qui organisent leur travail ? (les employés...)

— Exactement. Ce sont eux qui décident de leurs heures d'arrivée et de départ. (Ils...)
— Et la direction fait la même chose ?
— Bien sûr. C'est nous qui choisissons nos horaires. (Nous...)
— Et quand il y a des problèmes de personnel, comment faites-vous ? Vous en parlez à vos frères ?
— Non, c'est moi qui prends les décisions. (je...)
— Et jusqu'à présent, tout marche bien ?
— Oui, espérons que ça va continuer.

• **On va tout savoir!** *Complétez les légendes.*

• **Que disent-ils?**

• **Écoute bien et répète.**

Il est 18 heures. Mme Colineau téléphone chez elle. C'est sa fille Sylvie qui répond.
« Allô? C'est toi, Sylvie? ...Ici c'est Maman. Ton frère et ta sœur sont là? ...Dans leur chambre? Appelle-les. Écoute bien ce que je vais te dire et répète-leur. Compris? Alors voilà : ce soir je rentrerai plus tard. (**Sylvie dit** : « Maman dit que ce soir elle rentrera plus tard. ») J'ai eu beaucoup de travail au bureau. (**Jouez le rôle de Sylvie. Continuez.**) ...Je n'ai pas pu faire les courses. ...Je n'aurai pas le temps de préparer le dîner. ...Papa va venir me chercher en voiture. ...On rentrera vers 9 h. ...On compte sur vous pour préparer le repas. ...Alors voilà ce que vous allez faire : (**Imaginez la fin**)... »

- **« Discours rapporté ».**

Répondez aux questions.

Que dit-il à la dame ? Il dit que...

Que dit l'employé de la S.N.C.F. au voyageur ?   *Que leur dit-il ?*

- **Les « ambassadeurs muets »**

Un(e) étudiant(e) se tient debout face au groupe. Il (Elle) chuchote et mime une phrase. (Chuchoter, c'est parler le plus bas possible.) Les autres essayent de deviner ce qu'il (ou elle) dit. Le premier qui a trouvé dira : « Il (elle) dit que... » *A son tour, il chuchotera une phrase que les autres essayeront de deviner.*

A
1. Que faut-il prévoir pour le soir dans le Sahara ?
2. Quatre personnes partent sur les pistes pour cinq jours. Quelles réserves d'eau doivent-elles prévoir ?
3. Vous êtes en voiture, vous suivez une trace. Est-ce prudent ?
4. À quoi peut servir un guide local ?

B
1. Combien de fois le Mali est-il plus grand que la France ?
2. À votre avis, pourquoi le Mali a-t-il une aussi faible population ?
3. Avec quels pays le Mali a-t-il des frontières communes ?
4. Dites où se situe chacun de ces pays par rapport au Mali.
Ex. : La Guinée est au sud-ouest du Mali.
5. Quelles sont les capitales de ces pays ?

Ⓐ

CONSIGNES DE SÉCURITÉ POUR LA CIRCULATION SUR LES PISTES SAHARIENNES

Équipement personnel
- Matériel de bivouac (lit de camp ou matelas mousse, sac de couchage en vrai duvet, etc.).
- Vêtements légers pour la journée, très chauds pour la nuit (il peut geler l'hiver).
- Pharmacie. Consulter un médecin avant le départ.
- Réserves d'eau, très variables selon la saison : on boit entre 2 et 6 litres par jour selon la température. Il faut compter 2 jours de sécurité sur les très grands axes et jusqu'à 5 jours sur les pistes peu fréquentées.

Précautions indispensables
Avant de prendre la route, il faut savoir que
- Il est toujours plus prudent de voyager à plusieurs voitures, même si ce n'est pas obligatoire sur certaines pistes.
- Il faut toujours signaler son départ et son arrivée aux étapes aux autorités administratives qui assurent la sécurité (douane, police, gendarmerie ou armée selon les cas).
- Dans certaines régions, il est prudent de prendre un guide local qui connaît la piste.
- Il ne faut jamais quitter la piste ou en tout cas ne jamais la perdre de vue, même si le revêtement paraît meilleur à côté. En effet, le désert est plein de traces (elles ne s'effacent pas) qui coupent les pistes ou les suivent un moment. Elles ont été faites par des prospecteurs ou des militaires et peuvent facilement vous égarer.

Ⓑ

Superficie	1 240 000 km²
Population	6 300 000 habitants
Densité	5 au km²
Capitale	Bamako

Distances de Bamako aux capitales des pays voisins:

	par route	en orthodromie
OUAGADOUGOU	903 km	708 km
ABIDJAN	1 227 km	928 km
DAKAR	1 250 km	1 040 km
NIAMEY	1 627 km	1 100 km

Bilan 2

Faire + infinitif. I Répondez aux questions en utilisant les verbes proposés.

. Pourquoi allez-vous chez un garagiste ? (réparer la voiture ; vérifier l'huile ; laver la voiture)
. Pourquoi allez-vous chez le coiffeur ? (couper les cheveux)
. Pourquoi allez-vous chez le photographe ? (développer os photos)
. Pourquoi devez-vous être à l'aéroport une heure avant le épart ? (enregistrer les bagages)

Complétez en utilisant les verbes suivants précédés e faire : *Marcher, goûter, réparer, visiter, rire, travailler, ouper, apporter.*

ui : — Aujourd'hui, j'................ l'usine à un client allemand.
. voulait tout voir. Il s'................ le plan de l'usine et il
'................ toute la journée. Mais il était très drôle et il
'................ beaucoup .... Et toi, qu'est-ce que tu as fait ?
lle : — Avant d'aller travailler, j'................ la voiture ;
nsuite, je suis allée au bureau ; puis chez le coiffeur. Et
nfin, je suis rentrée : j'................ les enfants et je les ....
ui : — Tiens, mais c'est vrai !
lle : — Quoi ?
ui : — Tu .... les cheveux ! Ça te va bien, tu sais.
lle : — Merci.

Expressions du temps. Complétez en choisissant des xpressions parmi celles qui suivent :
D'abord, ensuite, enfin, avant, après, jusqu'à.

On se lève à 7 heures et .... le petit déjeuner on va
.... courir tous ensemble pendant 45 mn. .... le
etit déjeuner, on va jouer au tennis .... 11 heures. A
1 heures, on prend une douche et .... on déjeune.
'après-midi, ... on fait ce qu'on veut ....
5 heures.

Les subordonnées complétives. I Complétez en utilisant les verbes suivants et en les conjuguant au temps qui convient (imparfait, passé composé, futur, présent) :
Se rencontrer, être, s'ennuyer, adorer, passer, se revoir.

— Tiens, salut, Philippe. Je te présente mon frère Patrick.
— Salut. Je crois que nous .... déjà ....
— Oui, chez Nicole, je suppose.
— Il y a longtemps. Je pense que c'................ à Noël l'année ernière.
— Vous allez voir « Rio Bravo » ? Je crois que c'................ un très bon film.
— J'espère que Nicole ne .... pas, elle l'a déjà vu.
— Tu sais bien que j'................ les westerns et je trouve que Jean Martin .... formidable dans ce film.
— Je suis sûr que vous .... un très bon moment. Au evoir, j'espère qu'on .... bientôt.

I Complétez comme dans le modèle :

ex. : J'ai appelé chez lui, il n'y a personne. (croire/ne pas être là) → Je crois qu'il n'est pas là.
1. Tu vas partir pour 6 mois ? (espérer/écrire) ....
2. Il arrive toujours en retard. (trouver/exagérer) ....
3. Je lui ai donné un plan. (penser/se débrouiller facilement)
4. Elle a beaucoup aimé votre projet ? (supposer/téléphoner)
5. Il a fait ses bagages. (être sûr/oublier quelque chose)

Imparfait. Complétez en utilisant à l'imparfait les verbes suivants : *Être, aller, s'ennuyer, sortir, travailler, connaître, avoir, voyager.*

Avant, M. Diouf .... fonctionnaire. Il .... dans un ministère. Il .... à son bureau tous les jours à 9 heures et en .... tous les soirs à 17 heures. Il .... tout le monde mais il .... un peu. Il ne .... jamais. Il .... une vie très calme.

Expression de la durée. Posez les questions portant sur les mots soulignés.

Il est installé ici depuis 4 ans.
Il vit à Paris depuis 1963.
Il va rester ici jusqu'en juillet.
Il est arrivé il y a deux heures.
Ils sont arrivés en 1975.

Pronoms démonstratifs. I Complétez avec les pronoms démonstratifs suivants : *Celui-là, celui qui, celui que, celui de.*

(Pendant un cocktail)
— Je cherche Frédéric. Tu ne l'as pas vu ?
— .... fait beaucoup de tennis ?
— Non, ... c'est Jean-Marc, l'associé d'un de mes frères.
— Lequel ? .... travaille dans la publicité ?
— Oui, ... tu as rencontré chez moi l'été dernier. Ah, voilà Bertrand, le mari de Colette.
— Et .... Juliette, comment s'appelle-t-il ?
— Il s'appelle Bernard, mais je crois qu'il n'est pas là ce soir.

II Remplacez les mots soulignés en utilisant un pronom démonstratif.

1. Prends ton journal et le journal de ton père.
2. Notre chambre, c'est la chambre ou il y a deux fenêtres.
3. Tu vois ces deux hommes là-bas ? Eh bien, mon père c'est l'homme qui porte un blouson de cuir.
4. Les disques que je préfère, ce sont les disques que tu m'as donnés.
5. Les meilleures oranges sont les oranges qui viennent d'Afrique du Nord.

Imparfait / Passé composé. I Complétez en mettant les verbes qui suivent au temps qui convient :
emmener, rencontrer, s'attendre à, croire, être, devoir.

Hier soir, j'................ Pasquier au restaurant, où j'................ Bernard. Je ne m'................ pas à le voir là, je .... qu'il .... encore au Mexique où il .... passer ses vacances.

II Même exercice avec les verbes :
rencontrer, aller, voyager, parler, être, avoir peur, présenter, pouvoir, rentrer.

A Roissy, j'................ M. Besson qui .... lui aussi à la FO.LI.MA. Nous .... ensemble et pendant le voyage, je lui .... beaucoup .... de l'Afrique. Il .... très intéressé mais il .... de ne pas pouvoir supporter la chaleur. Heureusement à Bamako, son hôtel .... climatisé. Pendant la foire, je lui .... toutes les personnes qui .... l'intéresser et quand il .... à Paris, je crois qu'il .... content de son voyage en Afrique.

III Même exercice avec les verbes :
passer, pleuvoir, être, devoir, rentrer.

— Vous .... de bonnes vacances ?
— Non, il .... tous les jours et les gens .... très désagréables. Nous .... rester jusqu'à la fin du mois, mais nous .... au bout de 15 jours.

Ce qui - ce que. Complétez les phrases en utilisant *ce qui, ce que.* Soulignez, quand c'est possible, la proposition remplacée par *ce qui* ou *ce que.*

1. : .... nous souhaitons, c'est installer une imprimerie en Afrique.
2. .... me plaît dans ce projet, c'est qu'il est nouveau.
3. Je ne comprends rien à .... vous m'avez dit.
4. .... il veut, c'est être directeur.

But - cause - conséquence.

I Répondez aux questions :
— Pourquoi Monsieur Besson est-il allé au Mali ?
— Pourquoi était-il très content de son hôtel ?
— Pourquoi M. Diouf est-il venu chercher M. Besson à l'hôtel ?
— Pourquoi M. Besson avait-il besoin d'un plan de la foire du livre ?
— Pourquoi était-il content à la fin de la journée passée à la foire ?
— Pourquoi était-il content de son voyage en Afrique ?

II Complétez en utilisant *donc* ou *parce que.*
1. Je ne lui ai jamais parlé .... il ne me plaît pas.
2. Il ne savait pas qu'elle devait rentrer : .... il ne s'attendait pas à la voir.
3. Je suis tombé .... on m'a bousculé.
4. Nous vivons en Afrique depuis longtemps .... nous sommes habitués à la chaleur.
5. Je serai là toute la journée .... tu peux compter sur moi pour t'aider.
6. Ils achètent peu .... le coût des produits est élevé.
7. Je n'ai pas pu prendre rendez-vous avec lui .... il était très occupé.

Adjectifs et pronoms indéfinis.
Complétez le texte en utilisant et en accordant les mots suivants : *tout, même, quelque, autre.*
Le matin, j'arrivais à l'exposition vers 10 heures et j'y restais .... la journée. Il y avait les .... stands que l'année dernière, mais aussi .... nouveaux stands très intéressants. .... les exposants étaient très occupés. Ils parlaient avec des clients, ou ils avaient des rendez-vous dans d'.................... stands. Enfin, j'ai réussi à rencontrer .... les gens que je voulais voir et à avoir des prix intéressants.

Poèmes et chansons

... VERTES et rouges, je vous salue,
    bannières, gorges du vent ancien,
Mali, Guinée, Ghana
et je vous vois, hommes,
point maladroits sous ce soleil nouveau !
Écoutez :
    de mon île lointaine
    de mon île veilleuse
je vous dis Hoo !
Et vos voix me répondent
et ce qu'elles disent signifie :
« Il y fait clair. » Et c'est vrai :
même à travers orage et nuit
pour nous il y fait clair.
D'ici je vois Kiwu vers Tanganyika descendre
par l'escalier d'argent de la Ruzizi
(c'est la grande fille à chaque pas
baignant la nuit d'un frisson de cheveux)

d'ici, je vois noués
Bénoué , Logone et Tchad;
liés, Sénégal et Niger.
Rugir, silence et nuit rugir, d'ici j'entends
rugir le Nyaragongo...
Je vois l'Afrique multiple et une
verticale dans la tumultueuse péripétie
avec ses bourrelets, ses nodules ,
un peu à part, mais à portée
du siècle, comme un cœur de réserve.
Et je redis : Hoo mère !
    et je lève ma force
    inclinant ma face.
    Oh ma terre !
que je l'émiette doucement entre pouce et index
que je m'en frotte la poitrine, le bras,
le bras gauche,
que je m'en caresse le bras droit.

AIMÉ CÉSAIRE
extrait du poème   du recueil « *Ferrements* »
« *Pour saluer le Tiers-Monde* »   Éditions du Seuil.

Femme noire

Femme nue, femme noire
Vêtue de ta couleur qui est vie, de ta forme qui est beauté !
J'ai grandi à ton ombre; la douceur de tes mains bandait mes yeux.
Et voilà qu'au cœur de l'Été et de Midi, je te découvre Terre promise,
    du haut d'un haut col calciné
Et ta beauté me foudroie en plein cœur, comme l'éclair d'un aigle.

Femme nue, femme obscure
Fruit mûr à la chair ferme, sombres extases du vin noir, bouche qui fais
    lyrique ma bouche
Savane aux horizons purs, savane qui frémis aux caresses ferventes du
    Vent d'Est
Tamtam sculpté, tamtam tendu qui grondes sous les doigts du Vain-
    queur
Ta voix grave de contre-alto est le chant spirituel de l'Aimée.

L.-S. SENGHOR,
Chants d'ombre, éd. du Seuil.

3.1. Une Française au Québec

Dans notre série « LES FRAN- ÇAISES A L'ÉTRANGER ».
Cette semaine : Interview d'An- ne-Marie Lacouture, 37 ans, ori- ginaire de Mâcon, veuve depuis 7 ans, mère de deux jumeaux de 9 ans, installée à Montréal depuis 14 ans.

Question : *Anne-Marie, vous êtes venue au Québec il y a 14 ans et vous n'en êtes jamais repartie. Dites-nous pourquoi vous avez décidé de vivre ici.*
A.-M. : Je venais de terminer mes études de biologie à Lyon quand j'ai eu la possibilité de partir à Montréal faire un stage de deux mois dans un labora- toire. J'ai rencontré André cet été-là. Nous nous sommes plu tout de suite (1). J'avais 23 ans, lui 25. Il venait d'obtenir son diplôme d'ingénieur des Travaux publics. C'était un grand costaud barbu qui riait tout le temps et qui adorait la nature. Il m'a promenée partout et m'a fait aimer le Québec et les Québé- cois. A la fin de mon stage, André m'a demandé si je voulais rester à Montréal. Il m'a dit que je pouvais habiter chez lui et qu'avec mes diplômes je trouve- rais facilement du travail. Je n'a- vais pas du tout envie de rentrer en France : j'ai accepté. Dix jours après, j'habitais chez An- dré et j'avais un emploi (2) dans un laboratoire pharmaceutique.

Question : *Comment vos parents ont-ils pris la chose ?*
A.-M. : Ils croyaient que je ren- trerais au bout de quelques mois. Je leur donnais souvent des nou- velles, et un jour, c'est mon faire-part de mariage qu'ils ont reçu. Je ne savais pas comment ils allaient réagir. Ils m'ont télé- phoné tout de suite pour me féliciter. Malgré la distance et les frais, ils sont venus à Mon- tréal pour mon mariage. Ils sont restés une semaine et ils ont dû repartir.

Au Québec on dirait :
(1) « On est tombé en amour ».
(2) « J'avais une job ».

Question : *Parlez-nous des premiers mois de votre mariage. Ça ne doit pas être facile de commencer une vie à deux dans ces conditions ?*

A.-M. : C'est vrai ! Nous avons eu des débuts difficiles, André et moi. Nous ne gagnions pas beaucoup d'argent et nous vivions dans un petit appartement. Nous voulions des enfants mais nous avons attendu d'être mieux installés pour en avoir. Les jumeaux sont nés cinq ans après notre mariage. C'est à ce moment-là qu'André a eu une proposition très intéressante pour aller travailler sur le chantier de la Baie James. Nous savions que les conditions de travail y étaient très dures : 60 heures de travail par semaine, avec des températures de − 40° en hiver. Mais André disait que, grâce à l'argent qu'il allait gagner, je pourrais m'arrêter de travailler pour élever les jumeaux. Finalement, après de longues discussions, nous avons décidé qu'il ne partirait que pour deux ans.

Il est donc parti pour le Nord, à 1 400 km de Montréal. Il avait un billet d'avion gratuit toutes les huit semaines pour venir passer une semaine avec sa famille. Pendant dix-huit mois, il m'a téléphoné tous les soirs. Et puis un jour, un de ses collègues m'a appelée. André venait d'avoir un accident sur le chantier. On l'a transporté d'urgence à l'hôpital par avion. Mais il est mort pendant le voyage.

1 Pour donner de ses nouvelles.

(Anne-Marie téléphone à ses parents) :

Anne-Marie : — Allô ? Papa ? Ici, c'est Anne-Marie.

Le père : — Bonjour. Je suis bien content de t'entendre. D'où appelles-tu ?

Anne-Marie : — D'un bureau de poste à Montréal.

Le père : — Ça va ? Tu es contente de ton stage ?

Anne-Marie : — Oui, tout se passe bien.

Le père : — Tu ne t'ennuies pas trop ?

Anne-Marie : — Pas du tout. J'ai rencontré des gens très sympa.

Le père : — Et où habites-tu ?

Anne-Marie : — Je loge dans un petit hôtel pas cher.

Le père : — Et tu as fait un peu de tourisme ?

Anne-Marie : — Oui, j'ai visité les Laurentides et je suis allée aux États-Unis.

Le père : — Tu rentres quand ?

Anne-Marie : — Je pense que je rentrerai vers la fin du mois. Et maman va bien ?

Le père : — Oui, tout le monde va bien. On pense beaucoup à toi, tu sais.

Anne-Marie : — Moi aussi. Bon, je te quitte. A bientôt. Je vous écrirai.

Le père : — A bientôt. Et merci d'avoir appelé.

A vous :

Jean-Claude et sa sœur Alice sont à Londres. Ils suivent un cours de langue. Ils ont trouvé des gens qui louent des chambres pas cher. Ils ont des amis. Ils ont visité Oxford et Cambridge et sont allés au Pays de Galles. Ils pensent rentrer dans dix jours. (Vous êtes Jean-Claude ou Alice et vous appelez vos parents.)

2 Pour annoncer une grande nouvelle.

● Bertrand, 42 a. 1,85 m. Architecte. Veuf, 2 enfants 4 et 8 a. cherche F. 30-40 a. en vue mariage.
● Nicole, 35 a. 1,70 m. Prof de lettres, sportive, divorcée, cherche H. 40-45 a. Bonne situation. Enfants acceptés.

Bertrand annonce à son ami Philippe qu'il va se marier avec Nicole.

Bertrand : — J'ai une grande nouvelle à t'annoncer : je vais me remarier.

Philippe : — Ah ! Bravo ! Félicitations ! Comment l'as-tu rencontrée ?

Bertrand : — Par une petite annonce.

Philippe : — Comment est-elle ?

Bertrand : — Elle a 35 ans, elle est grande, brune, sportive.

Philippe : — Qu'est-ce qu'elle fait dans la vie ?

Bertrand : — Elle est professeur de lettres.

Philippe : — Elle n'a jamais été mariée ?

Bertrand : — Si, elle est divorcée.

Philippe : — Et tu crois que vous allez bien vous entendre ? Tu as deux enfants !

Bertrand : — Ça ne la dérange pas. Elle aime les enfants.

Philippe : — Alors, bonne chance et tous mes vœux de bonheur.

A vous :

Nicole fait part à son amie Lucie de son prochain mariage avec Bertrand.

– Vocabulaire

THÈMES

● Un mariage :

— le marié, la mariée : les mariés.
Pierre Blanchard. Corinne Lebrun.
— les parents, les beaux-parents.
— le gendre, la belle-fille.
Pierre est le mari de Corinne.
Il est le gendre de M. et Mme Lebrun.
Corinne est la belle-fille de M. et Mme Blanchard.
M. et Mme Blanchard sont les beaux-parents de Corinne (son beau-père, sa belle-mère).

La cérémonie : un mariage civil, un mariage religieux.
La réception (un « lunch », un « cocktail »). Les invités. Les cadeaux de mariage.
Le voyage de noces (la « lune de miel »).

● Un diplôme.

On fait des études de ⎫
On suit des cours de ⎬ droit, mathématiques, etc.

On se présente à un examen, à un concours.
On réussit (ou on échoue) à un examen, à un concours.
On obtient un diplôme (**d**'ingénieur, **de** biologiste, etc.)

On est diplômé ⎰ **d**'une Grande École.
⎱ **en** droit, **en** lettres, etc.

● Un stage.

Un(e) stagiaire.
Être en stage.
Faire ⎫
Participer à ⎬ un stage de...
Suivre ⎭

ÉCHANGES

● Pour demander de raconter

Qu'est-ce qui s'est passé ?
Comment ça s'est passé ?
Dites-moi (dis-moi) où... ? quand... ?
comment... ? pourquoi... ?
Parlez-moi de...
Racontez-moi comment...
Et alors ?
Et après ?
Et ensuite ?

● Pour raconter

D'abord... Ensuite... Après...
C'est comme ça que...
C'est à ce moment-là que...
C'est pour ça que...
Je vais vous parler de...
Je vais vous raconter comment...
Je vais vous expliquer...
Voilà ce qui s'est passé...
Voilà comment ça s'est passé...

DICO

faire-part : (n. m. invariable) (de « faire » et « part ») Lettre ou carte annonçant une naissance, un mariage, un décès, que l'on envoie pour avertir des parents, des amis, des connaissances.

A vous :

Recherchez des mots composés avec le verbe « laisser ».

– Grammaire

1 Le conditionnel. *(voir memento grammatical, 18.)*
☐ **Formation** : le conditionnel se forme à partir du radical du futur + les terminaisons de l'imparfait : **-ais, -ais, -ait, -ions, -iez, -aient.**

	Futur	Conditionnel		Futur	Conditionnel
(être)	je serAI	je serAIS	(aller)	nous irONS	nous irIONS
(avoir)	tu aurAS	tu aurAIS	(pouvoir)	vous pourrEZ	vous pourrIEZ
(falloir)	il faudrA	il faudrAIT	(vouloir)	ils/elles voudrONT	ils/elles voudrAIENT

☐ **Emploi** : on emploie en particulier le conditionnel pour remplacer le futur dans les complétives lorsque le verbe principal est au passé (passé composé ou imparfait).
(Voir ci-dessous : Discours indirect, et Concordance des temps.)

(verbe principal au présent)
Il me **dit** que je trouver**ai** du travail.
Ils **croient** que je rentrer**ai**.

(verbe principal au passé)
Il m'**a dit** que je trouver**ais** du travail.
Ils **croyaient** que je rentrer**ais**.

② **Le discours indirect.** *(voir memento grammatical, 24.)*

Discours direct	Discours indirect	
A. Interrogation : (Est-ce que) tu seras chez toi ? Qu'est-ce que tu feras ? Qu'est-ce qui te fait rire ?	Il me demande (ou) Je ne sais pas	si je serai chez moi. ce que je ferai. ce qui me fait rire.
B. Impératif : Viens avec moi. Ne fais pas de bruit.	Il me demande (ou) Il me dit	de venir avec lui. de ne pas faire de bruit.
C. Déclaration, réponse : Je me sens fatigué.	Il dit (ou) Il répond	qu'il se sent fatigué.

Remarquez les changements de pronom dans certains cas :

discours direct → discours indirect : tu → je / te → me / moi → lui / je → il.

③ **La concordance des temps.** *(voir memento grammatical, 18.3 et 24.1.)*

Discours direct	Discours indirect

« Tu veux rester à Montréal ? »	Il lui demande si elle veut rester à Montréal.
	            (présent) (présent)
	Il lui a demandé si elle voulait rester à Montréal.
	            (passé comp.) (imparfait)

« Tu trouveras du travail. »	Il lui dit qu'elle trouvera du travail. (présent) (futur) Il lui a dit qu'elle trouverait du travail. (passé comp.) (conditionnel)

④ **Pour exprimer la restriction : ne... que** *(voir memento grammatical, 21).*
ex. : Nous avons décidé qu'il **ne** partirait **que** pour deux ans.
(= qu'il **ne** partirait **pas plus de** deux ans.)

⑤ **Pour exprimer des relations.** *(voir memento grammatical, 27.)*
☐ **Le moyen :** grâce à, avec.
ex. : **Grâce à** l'argent qu'il allait gagner, je pourrais m'arrêter de travailler.
Avec mes diplômes, je trouverais facilement du travail.
☐ **L'opposition :** malgré, mais.
ex. : **Malgré** la distance et les frais, ils sont venus à mon mariage.
Nous voulions des enfants **mais** nous avons attendu...
☐ **Le but :** pour.
ex. : Ils m'ont téléphoné **pour** me féliciter.

– Exercices écrits

1. Une employée quitte son patron.

Elle raconte à un ami ce qui s'est passé :

« Il m'a dit que j'avais tort de partir, que je ne savais pas ce que je faisais, que je le regretterais. J'ai répondu que j'en avais assez de travailler chez lui, qu'il prenait les gens pour des chiens, et que je trouverais facilement un emploi mieux payé et plus intéressant. »

Retrouvez les paroles qu'ils ont dites ce jour-là. Écrivez le dialogue :

Le patron :   — Vous avez tort de partir, vous...

Elle :   — J'en ai assez...

2. Vacances à Chamonix.

Mettez le verbe entre parenthèses au temps qui convient.

Depuis cinq ans, je (passer) mes vacances de Noël à Chamonix. Je me rappelle mes débuts à ski : je (tomber) tout le temps et j'(avoir) très peur. Puis, j'(apprendre) avec d'excellents moniteurs. Deux ans après, ça (aller) beaucoup mieux. Maintenant, je (descendre) les pistes les plus difficiles. Depuis l'année dernière, je (se sentir) une vraie championne.

3. Trois histoires.

a) **Il y a cinq ans** que je travaille dans cette compagnie. **Les premiers jours,** j'ai eu du mal à m'habituer. Mais **au bout de quelques semaines,** je connaissais tout le monde. **Au début,** je ne gagnais que 5 000 F par mois. Mais **en trois ans,** je suis devenu directeur commercial, et **maintenant,** je gagne très bien ma vie.

Sur ce modèle, complétez les deux histoires suivantes :

b) J'ai passé deux mois en Grande-Bretagne pour apprendre l'anglais. Au début .... Au bout de quelques jours .... A la fin de mon séjour ....

c) Il y a trois mois que je suis en stage dans ce laboratoire. Les premiers jours .... Tous les soirs .... Au bout de trois semaines .... Maintenant ....

4. Identités. Relisez le texte et rédigez le curriculum vitae d'Anne-Marie :

Nom .... Prénom .... Âge .... Nationalité .... Lieu de naissance ....
Situation de famille .... Études .... Expérience professionnelle ....

Sur le même modèle rédigez votre curriculum vitae.

5. Elle a réussi ! Bravo !

Nicole va passer un examen. Elle a très peur d'échouer.

Élisabeth : — Je suis sûre que tu vas réussir à ton examen.

Nicole :   — Moi, je crois que je n'y arriverai pas.

Élisabeth : — Je pense que tu seras dans les dix premiers. J'espère que tout ira bien et que nous boirons le champagne dans quinze jours.

Quinze jours après, elles sont en train de boire le champagne et se rappellent leur discussion :

Élisabeth : — J'étais sûre que tu allais réussir...

Nicole :   — Et moi je croyais...

Continuez...

6. Malgré ou Grâce à ? Complétez ces deux histoires en employant « malgré » ou « grâce à » :

a) — .... le prix, il s'est acheté cette voiture de sport.

— Comment a-t-il fait ?

— C'est .... l'argent de ses parents.

— Évidemment, ... des parents riches, on peut tout faire !

— D'accord, mais je peux te dire que .... cela il est resté très simple.

b) — Ce vieux monsieur a l'air très jeune. Comment fait-il ?

— C'est .... sport. Sais-tu que .... son âge il fait encore du vélo tous les jours ?

— Tous les jours ?

— Oui, je l'ai encore vu ce matin. Il sorta .... la pluie. Il dit que c'est .... cela qu'il n'est jamais malade.

• Il y a un problème

Commentez les dessins suivants en employant NE... QUE, comme dans le modèle :

• Offre d'emploi

Qu'est-ce qu'ils se sont dit ?

Vous avez accompagné un ami qui cherchait un travail pour l'été. Vous avez assisté à la conversation qu'il a eue avec l'employeur. Voici ce qu'a dit l'employeur : « Comment vous appelez-vous ? Quel âge avez-vous ? Savez-vous conduire ? Que faites-vous cet été ? Êtes-vous costaud ? J'ai un travail pour vous. C'est un travail fatigant. J'ai une entreprise de déménagement. Vous pourrez gagner 300 F par jour. »

Vous racontez la scène à un autre ami : « Il lui a demandé... il lui a dit... etc. »
Finalement, votre ami n'a pas accepté le travail, malgré le salaire. **Dites pourquoi.**

• Rappels

Posez-vous entre vous des questions sur Anne-Marie :
Quand est-elle partie au Canada ? Qu'est-ce qu'elle allait y faire ? Quel âge avait-elle ? Etc.

• Une décision difficile

André vient d'apprendre qu'il y a du travail pour lui à la Baie James. Il rentre chez lui et en parle à Anne-Marie. **Imaginez leur discussion.**

• Métiers

Connaissez-vous des métiers où les conditions de travail sont particulièrement difficiles ? Lesquels ? Expliquez pourquoi.

● Savez-vous compter?

Anne-Marie a 37 ans. Elle est veuve depuis 7 ans. Les jumeaux ont 9 ans. Ils sont nés 5 ans après le mariage d'Anne-Marie et André.
1. Quel âge avaient les jumeaux à la mort de leur père?
2. Quel âge avait Anne-Marie à la naissance des jumeaux?
3. A quel âge Anne-Marie s'est-elle mariée?

● Une rencontre extraordinaire.

Un nouvel ami, un nouvel amour, une personne extraordinaire...
Comment est-ce que ça s'est passé? Comment vos amis (ou vos parents) ont-ils pris la chose?
Quelle a été la suite? Ou la fin? **Racontez et dialoguez avec votre voisin(e).**

● Un mariage.

Racontez comment se passe un mariage traditionnel dans votre pays.

● Devinettes.

— Comment deux garçons qui ne sont pas frères peuvent-ils avoir la même sœur?
— Un homme a été marié avec la sœur de sa veuve. Comment cela a-t-il été possible?

● S.V.P.

Pour obtenir des renseignements, on peut, à Paris, téléphoner au service S.V.P. (= s'il vous plaît 787.11.11). **Jouez à S.V.P. avec votre voisin(e).**
Posez une question commençant par « Je voudrais savoir... » **ou** « Pouvez-vous me dire... ».
Lorsque votre voisin(e) trouve la bonne réponse, c'est à son tour de poser les questions. Le gagnant est celui qui a posé le plus de questions sans réponse.

— Je voudrais savoir si le lac Titicaca se trouve au Mexique.
— Pouvez-vous me dire s'il y a des glaciers en Afrique...? etc.

A
LE CANADA EN QUELQUES CHIFFRES

• Population : 23 000 000 d'habitants (autant que la Belgique + le Luxembourg + les Pays-Bas).
• Superficie : 9 959 000 km² (États-Unis : 9 347 680 km², U.R.S.S. : 22 403 000 km², France : 551 255 km²).
• Entre Montréal (à l'est) et Vancouver (à l'ouest), 4 800 km à vol d'oiseau, 8 700 km par la route. (Paris-Montréal : 6 400 km.)
• 89 % du territoire canadien n'a pas de population permanente.
• Le Québec (l'une des 10 provinces qui composent le Canada) a une population de 6 302 300 habitants pour une superficie de 1 648 269 km² (= France + Italie + Espagne + R.F.A. + R.D.A. + Belgique + Suisse).

ES CHANTIERS DE LA BAIE JAMES

ctuellement, le Québec construit près du rivage de la Baie
mes un immense complexe hydro-électrique de quatre chan-
rs : LG1, LG2, LG3, LG4.

Son but : produire en 1985 70 milliards de kWh.
Des travaux échelonnés entre 1971 et 1985.
Entre 10 000 et 18 000 travailleurs selon la saison.
A LG2, le chantier le plus avancé, 5 000 travailleurs logés,
urris, transportés et surtout chauffés.
1 kg de viande par personne et par jour pour lutter contre le
oid (15° en juillet, − 23° en janvier, − 40° au cœur de l'hiver,
ec un record à −85°).
12 000 œufs cassés tous les matins pour 5 000 petits déjeu-
rs.
60 h de travail par semaine à raison de 10 h par jour.
Des salaires multipliés par deux.
1 billet d'avion gratuit toutes les 8 semaines.
$ 300 par tête et par mois dépensés en coups de téléphone aux
rents et amis.

A
• Combien de fois le Canada est-il plus grand que la France ? et le Québec ?
• Quel pourcentage du Canada a une population permanente ?

B
• A quelle date les travaux seront-ils terminés ?
• Que peut-on dire des conditions de travail à la Baie James ?
• Pourquoi les travailleurs dépensent-ils autant d'argent en téléphone ?

3. 2. Une nouvelle vie

Question : *Vous vous êtes donc retrouvée veuve avec deux enfants. Et sans travail, je suppose ?*

Anne-Marie : Oui, j'étais sans travail et je n'avais pas droit à une pension parce qu'André n'avait pas travaillé assez longtemps. Je n'avais pour vivre que nos économies et l'argent que mes parents m'envoyaient de France. Je savais que j'aurais du mal à retrouver un emploi à cause du chômage dans la profession de biologiste. J'ai dû me recycler et repartir presque à zéro. Comme beaucoup de gens au Canada, j'ai suivi des cours du soir. Je suis retournée à l'université faire un stage d'informatique. Maintenant, j'ai une bonne situation, je gagne 450 dollars canadiens par semaine. Je n'ai pas de loyer à payer car je suis propriétaire de l'appartement où nous habitons. André avait une assurance-vie. C'est grâce à l'argent que j'ai touché plus tard par l'assurance que j'ai pu acheter cet appartement.

Question : *Vous êtes bien installée ?*

A.-M. : Oui, c'est un appartement de cinq pièces dans un grand immeuble de la Côte Ste-Catherine. Les jumeaux ont chacun leur chambre, et nous avons une chambre d'amis, une « chambre de visite » comme on dit ici. Au sous-sol de l'immeuble se trouvent une laverie, une piscine, un sauna et un garage chauffé, ce qui est bien pratique en hiver. Nous avons aussi un chalet, un « camp d'été », au bord du lac Nominingue, à 150 km de Montréal, que nous avions acheté deux ans avant la mort d'André.

Question : *Donc, on peut dire que vous n'avez pas de problèmes matériels. Et dans les moments difficiles, vous n'avez jamais été découragée ? Vous n'avez jamais voulu rentrer en France ?*

A.-M. : Bien sûr, j'y ai pensé, j'en ai souvent eu envie. Mais en France, je ne connaissais plus personne, à part mes parents. A Montréal, j'avais des amis sur qui je pouvais compter. Ma vie était ici, je le savais. Et je ne me suis jamais sentie seule. Dans les moments les plus difficiles, mes amis m'ont beaucoup aidée. Par exemple, lorsque je faisais mon stage d'informatique, j'avais trouvé une voisine qui gardait les enfants pendant la journée et les trois soirs par semaine où j'allais à l'université. Malheureusement, elle a déménagé six mois après. Mais mes amis étaient là et ils ont été formidables : ils travaillaient, comme moi, mais ils se sont débrouillés entre eux pour prendre les jumeaux chez eux, ce qui m'a permis de suivre mon stage jusqu'au bout. Vous savez, quand un Québécois vous donne son amitié, vous pouvez vraiment compter sur lui.

◼ Pour « répondre » à une offre d'emploi.

● Grand laboratoire pharmaceutique recherche biologistes et biochimistes libres immédiatement. Expérience professionnelle souhaitée. Bilingue fr.-angl. Tél. : 271.88.17.

Anne-Marie téléphone :

A.-M. : — *Allô, le service du personnel ? Bonjour, monsieur.*
— *Bonjour, madame.*
A.-M. : — *Je téléphone pour l'annonce.*
— *Vous êtes biologiste ou biochimiste ?*
A.-M. : — *Je suis biologiste. J'ai 28 ans. Je suis bilingue.*
— *Quels diplômes avez-vous ?*
A.-M. : — *Je suis diplômée de biologie de l'université de Lyon.*
— *Vous avez une expérience professionnelle ?*
A.-M. : — *Oui, j'ai travaillé cinq ans chez Biomax.*
— *Très bien. Est-ce que vous êtes libre tout de suite ?*
A.-M. : — *Oui, monsieur.*
— *Pouvez-vous venir à mon bureau demain matin ?*
A.-M. : — *Certainement.*
— *Parfait. Rappelez-moi votre nom, s'il vous plaît ?*
A.-M. : — *Mme Anne-Marie Lacouture.*

A vous :

● EMPLOI : « Faites une carrière d'informaticien avec nous... ».
Patrick Duchêne, informaticien, 26 ans, diplômé de l'université de Lille, a fait son service militaire. Il n'a encore jamais travaillé. Il est libre. Il téléphone.

◻ Pour parler de son travail (son « boulot »).

AU PAIR. Cherche JF au pair pour s'occuper de Sébastien, 4 ans, quand je travaille. Soirées et week-ends libres. 900 F par mois, nourrie, logée. Tél. : 324.57.57.

Pascale a répondu à cette annonce. Elle en parle à Séverine.

Pascale : — *Ça y est, j'ai trouvé un boulot.*
Séverine : — *Qu'est-ce que tu vas faire ?*
Pascale : — *Je vais travailler au pair.*
Séverine : — *Ce ne sera pas trop dur ?*
Pascale : — *Non, je dois garder un petit garçon quand sa mère travaille.*
Séverine : — *Il a quel âge ?*
Pascale : — *4 ans.*
Séverine : — *Tu vas travailler tout le temps ?*
Pascale : — *Non, je serai libre les soirées et les week-ends.*
Séverine : — *Et tu vas gagner combien ?*
Pascale : — *900 F par mois. Et je serai nourrie et logée. Ce n'est pas beaucoup, mais ça m'aidera bien.*

A vous :

● CHERCHE baby-sitter, garçon ou fille, pour garder Virginie 3 ans et Florent 6 ans de 19 h à 24 h les deux soirs par semaine où je travaille tard (mercredi et jeudi). 75 F la soirée. Tél. : 534.77.92.

Vous racontez à un ami comment vous avez trouvé ce boulot de baby-sitter. Il vous demande ce que vous aurez à faire.

THÈMES

● L'habitat :

— une maison, une villa, un pavillon (dans les banlieues des grandes villes), un chalet (à la montagne), un immeuble, une maison de campagne, une résidence secondaire...
— la cave, le sous-sol, le rez-de-chaussée, les étages, le grenier...
— le jardin, le garage, les dépendances...

ÉCHANGES

● Pour imaginer ou prévoir la suite d'un événement :

J'imagine que... On peut dire que...
Je suppose que... On peut deviner que...
Je pense donc que... On peut en conclure que...

DICO

sous-sol (n. m.) de « sous » et « sol », partie d'une construction aménagée au-dessous du rez-de-chaussée. Étage souterrain. Pl. des sous-sols.

A vous :

Cherchez d'autres mots composés avec la préposition SOUS. A quelle catégorie grammaticale se rattache la deuxième partie du mot composé ?

– Grammaire

1 Le plus-que-parfait. *(voir memento grammatical, 15,3.)*
☐ **Formation :** il se forme à l'aide de l'auxiliaire AVOIR à l'imparfait + le participe passé du verbe.
On emploie l'auxiliaire ÊTRE pour les verbes pronominaux et les verbes suivants :
— partir, arriver, monter, descendre, aller, venir, entrer, sortir, passer par, tomber, naître...

☐ **Emploi :** il sert à exprimer un fait qui a eu lieu **avant** un autre fait passé.

plus-que-parfait	*imparfait (ou passé composé)*	*présent*

Je n'avais pas (ou je n'ai pas eu) droit à une pension...
... parce qu'André n'avait pas travaillé assez longtemps.

achat	2 ans	mort d'André	*présent*

Nous l'avions acheté deux ans avant la mort d'André.

rencontre d'une voisine	6 mois	Déménagement	*présent*

J'avais trouvé une voisine. Mais 6 mois après elle a déménagé.

2 OÙ, pronom relatif.
☐ exprime le lieu :
Je suis propriétaire de **l'appartement où** nous vivons.
☐ exprime aussi le temps :
Une voisine gardait les enfants les trois **soirs** par semaine **où** j'allais à l'université.

3 LE, EN et Y, pronoms, peuvent représenter autre chose que des noms.
(voir memento grammatical, 9,6.)
Ils peuvent représenter :
☐ *soit une idée contenue dans le groupe verbal :*
Vous n'avez jamais voulu rentrer en France ?
— J'**y** ai pensé. (y = à rentrer en France)
— J'**en** ai eu envie. (en = de rentrer en France)
— Je l'**ai** envisagé. (l' = rentrer en France)
☐ *soit une proposition entière :*
Ma vie était ici je **le** savais. (savoir qqch.).
            j'**en** étais sûre. (être sûr de qqch.).
            j'**y** pensais tout le temps. (penser à qqch.).

4 Expression de la comparaison et de la manière : COMME (conjonction)
(voir memento grammatical, 27,5).
Trois constructions :
a) **Comme** + **pronom** (Ils travaillaient, comme moi.)
b) **Comme** + **nom.** (Comme beaucoup de gens au Canada, j'ai suivi des cours.)
c) **Comme** + **proposition.** (Une chambre de visite, comme on dit ici.)

5 Expression de la cause : CAR, PARCE QUE, A CAUSE DE. *(voir memento grammatical, 27,2).*
Car et **parce que** introduisent une proposition.
A cause de introduit un nom.
a) Je n'ai pas de loyer à payer **car** je suis propriétaire.
b) Je n'avais pas droit à une pension **parce qu'**André n'avait pas travaillé assez longtemps.
c) Je savais que j'aurais du mal à retrouver un emploi **à cause** du chômage.

– Exercices écrits

1. Ils sont enfin propriétaires.

Ils sont mariés depuis dix ans. Ils ont fait des économies, alors ils peuvent s'acheter cet appartement. Il n'est pas très cher car c'est un appartement ancien. Ils ont longtemps rêvé d'être propriétaires. Enfin, l'appartement est à eux. Ils ont bien vu qu'il y a beaucoup de travaux à faire, mais ça ne leur fait pas peur car ils peuvent faire beaucoup de choses eux-mêmes.

Cette histoire se passait en 1975. Réécrivez-la maintenant, en changeant le temps des verbes :
Ils étaient mariés depuis dix ans. Ils avaient fait...

2. Les premières années au Québec.

Répondez aux questions suivantes par des phrases complètes :
1. *Avant de venir au Québec, Anne-Marie avait-elle fait des études ?*
2. *Quand elle s'est mariée, depuis combien de temps avait-elle quitté la France ?*
3. *Pourquoi était-elle sans travail à la mort de son mari ?*
4. *Pourquoi n'avait-elle pas droit à une pension ?*
5. *Pourquoi a-t-elle dû se recycler ?*
6. *Est-ce que c'est l'argent de l'assurance-vie qui lui a permis d'acheter un chalet ?*
7. *Au début de son stage de recyclage, comment s'était-elle arrangée pour faire garder ses enfants ?*

3. Une lettre.

La mère d'Anne-Marie écrit à une amie et lui raconte la vie de sa fille depuis son arrivée au Canada. Elle y parle du stage, du mariage, de la naissance des jumeaux, de l'accident d'André et des sept ans qui ont suivi.

4. La vie de tous les jours.

Transformez les phrases suivantes en employant le pronom relatif OÙ, comme dans l'exemple.
Je travaille dans un bureau qui se trouve dans le centre ville.
→ *Le bureau **où** je travaille se trouve dans le centre ville.*
Certains soirs, je rentre tard : je prends ma voiture. → *Les soirs...*
Je déjeune dans un restaurant qui a un menu à 35 F. → *Le restaurant...*
Certains jours, ma femme a besoin de la voiture : je prends le bus. → *Les soirs...*
Nous habitons une maison qui appartient à mes beaux-parents. → *La maison...*
Nous allons à la campagne certains week-ends : les enfants ne viennent pas avec nous. → *Les week-ends...*
Certains soirs, ils invitent leurs copains : nous allons au cinéma, ma femme et moi. → *Les soirs...*

5. Qui a tué Betty Simpson ? Dites ce que remplacent EN, LE et Y.

Le commissaire : — *Une femme, Betty Simpson, a été trouvée morte derrière votre maison, jeudi soir. Vous le savez ? (le = qu'une femme a été trouvée morte).*
Le suspect : — *Oui, j'en ai entendu parler. (en = ...)*
Le commissaire : — *Où étiez-vous jeudi soir à 23 h ?*
Le suspect : — *Dans une boîte de nuit. Au « Tombouctou ».*
Le commissaire : — *Je n'en suis pas sûr ! (en = ...)*
Le suspect : — *J'étais avec des amis. Téléphonez-leur. Ils vous le diront. (le = ...)*
Le commissaire : — *Vous pensez à tout ! Ne vous inquiétez pas : je vais le faire. (le faire = ...) Vous allez souvent au « Tombouctou » ?*
Le suspect : — *Toutes les semaines.*
Le commissaire : — *Je vais vous apprendre une chose : le « Tombouctou » est fermé le jeudi soir ! Vous n'y avez pas pensé ! (y = ...)*
Le suspect : — *Ce n'est pas moi qui l'ai tuée !*
Le commissaire : — *C'est vous qui le dites ! (le = ...) Bon. Reprenons. Où étiez-vous jeudi soir ?...*

6. Ils avaient tous une bonne raison.

(Complétez les phrases comme dans le modèle.)
Ils se sont mariés au Canada. Leurs amis français n'ont pas pu venir.
L'un parce qu'il faisait trop froid. (L'un à cause de ....)
L'autre à cause de la distance. (L'autre parce que ....)
Le troisième parce que ça lui faisait dépenser trop d'argent. (Le troisième à cause ....)
Le quatrième à cause de son travail. (Le quatrième parce que ....)

● **Expressions imagées.**

A qui s'applique chacune des expressions suivantes ?
— *fort comme un Turc.*
— *maigre comme un clou.*
— *rapide comme l'éclair.*
— *bête comme un âne.*

● **Pablo.**

« Il s'appelle Pablo. Il a 31 ans. Il est chilien et vit à Paris depuis bientôt 7 ans. Quand Pablo est descendu de l'avion à Roissy en 1976, il ne parlait pas un mot de français. Il avait entendu parler, comme beaucoup d'étudiants de Santiago, du quartier latin. Pour lui, les images de Paris, c'était « Les Mots » de Sartre et les yeux de Catherine Deneuve. Le cinéma français, c'était Godard et Truffaut. C'est tout ce qu'il connaissait de la France. »

Posez toutes les questions possibles sur ce texte.

● **Rappelle-toi.**

Posez des questions commençant par « quand ». Votre voisin y répond par une expression contenant « où » : le jour où, le soir où, l'année où, l'été où...
— *Quand avez-vous décidé d'apprendre le français ?*
— *Quand avez-vous eu votre première bicyclette ?*
— *Quand avez-vous fait votre premier voyage en avion ?*
« Moi, c'est l'année où je suis entré en faculté »...
« Moi, c'est l'été où je travaillais dans un magasin »...

● **Mémoires.**

Racontez...
Quel est votre meilleur souvenir ?
Quel a été le plus beau jour de votre vie ?
Vous avez eu dans votre vie des moments difficiles où des amis vous ont aidé(e) ?

● « L'amnésique ».

Reprenez l'interview d'Anne-Marie depuis le début et racontez un événement en faisant une erreur de chronologie. Votre voisin(e) corrige votre erreur.

ex. : — *Quand Anne-Marie a rencontré André, il était encore étudiant.*
— *C'est faux ! Il venait d'obtenir son diplôme d'ingénieur.*
— *Après la mort d'André, elle est allée à l'université donner des cours de biologie...*

● **Les joies du baby-sitting.**

a) Vous rentrez chez vous ; votre baby-sitter dort dans un fauteuil et votre enfant regarde la télévision. Que dites-vous ?
ex. : *Mais enfin, monsieur (mademoiselle), vous croyez que c'est normal ? C'est pour ça que je vous paie ?...* **(Continuez)...**
b) Vous venez de faire votre première soirée de baby-sitting. L'enfant a été très désagréable. Les parents rentrent. Que leur dites-vous ?
ex. : *Ça ne s'est pas très bien passé. Il (elle) ne voulait pas dormir. Alors, j'ai dû...* **(Continuez)...**
c) Imaginez maintenant le point de vue de l'enfant. Quand ses parents sortent et font venir un(e) baby-sitter, ...
...*il n'est pas content parce que...*
...*il est très heureux parce que...*

● « En étrange pays... »

Parlez de la première fois que vous êtes allé(e) dans un pays étranger ou dans une région ou une ville que vous ne connaissiez pas. Dites ce qui s'est passé, où vous habitiez, comment vous étiez installé(e), si à un moment vous avez été découragé(e), si vous avez voulu rentrer chez vous...

Ⓐ

Motorhomes

Au CANADA ou aux U.S.A., "roulez avec votre maison" c'est, en Amérique, l'équivalent en France de la caravane hormis qu'en motorhome, la maniabilité est plus grande. Toutefois, il faut savoir que ce genre de véhicule est lent - sauf pour les petits modèles - très sensible au vent, avec une vitesse maximale assez basse et une consommation en carburant plutôt élevée. Par contre, les avantages sont réels, une économie pour les familles, repas préparés dans la kitchenette - le confort, pas de fatigue pour faire et défaire son campement et ses bagages - nombreux terrains aménagés avec piscine, bars, restaurants, solarium, douche, terrains de sports et tous les branchements électriques que réclame votre véhicule (payants).

Ⓑ

LOCATION DE CHALETS

SITUATION
Situés à proximité d'une ville ou d'un village, et généralement près d'un lac ou d'une rivière, les chalets possèdent 2, 3 ou 4 pièces. Le confort est très suffisant. Non loin de là, on y retrouve les commerçants habituels tels l'épicerie, le centre d'achats, le pharmacien, le centre hospitalier, etc.

FOURNITURES
Les couvertures, le linge de toilette, les ustensiles, la vaisselle, les casseroles, etc. sont sur place.

REPAS
Les repas ne sont pas inclus. Vous préparez vous même-vos repas.

ACCUEIL
En règle générale, c'est le propriétaire lui-même qui vous accueille à son chalet. Il vous indiquera toutes les commodités.

LOCATION
7 nuits minimum et en général du samedi au samedi. Vous devez quitter le chalet au plus tard à 10 h le matin de votre départ.

L'emplacement de votre lieu de séjour vous sera précisé au moment de la confirmation de votre réservation.

PRIX POUR UNE SEMAINE
Chalet + voiture

le chalet occupé par 2 pers.	**3060 F**
le chalet occupé par 3/4 pers.	**3280 F**
le chalet occupé par 5/6 pers.	**3695 F**

Ce prix comprend :
- la location d'un chalet pour une semaine
- les ustensiles et accessoires
- la location de voiture, base 1 semaine 1500 km inclus

Ⓒ

JANVIER 1983

Cours aux Adultes

Programme d'intégration au marché du travail

EN TECHNIQUES DE SECRETARIAT

HORAIRE: DU LUNDI AU JEUDI DE 9h30 A 12h30

- ● ENSEIGNEMENT EN GROUPES RESTREINTS
- ● SERVICE DE PLACEMENT
- ● PROGRAMME D'UN AN OU PLUS

- ● Début des cours 24 janvier
- ● Aussi disponibles: cours réguliers et cours de traitement de textes.

Pour s'inscrire ou obtenir plus de renseignements, communiquer avec le

A
- Qu'est-ce qu'un motorhome ?
- Quels en sont, à votre avis, les avantages et les inconvénients ?

B
- Quels sont les avantages de la formule chalet + voiture ?
- Est-ce une solution économique ?
- Que se passe-t-il à votre arrivée ?

C
- Quelles est la durée de ces cours ?
- Quand les cours ont-ils lieu ?
- Combien d'heures de cours sont données par semaine ?
- Les personnes qui ont suivi ces cours peuvent-elles trouver un emploi ?

3. 3. Un jour bien ordinaire

Question : *Comment vit-on au Québec ? Vous êtes, géographiquement, très proches des États-Unis...*

Anne-Marie : Oui, mais bien que les États-Unis soient à deux pas d'ici, nous ne vivons pas « à l'américaine ». La vie quotidienne ressemble assez à celle que j'ai connue en France.

Une journée type chez nous commence à 7 heures du matin pour moi, un peu plus tard pour les jumeaux. Il vaut mieux que je sois la première dans la salle de bain ! Pendant qu'ils font leur toilette, je prépare le petit déjeuner : jus de fruits, céréales, café, toasts. Ensuite, on s'en va. L'école des jumeaux n'est qu'à deux « blocs » de chez nous : ils y vont à pied. Moi, je travaille assez loin : il faut que je prenne un autobus puis le métro. Je ne me sers de mon auto (1) que lorsqu'il faut que j'aille faire des achats après le travail. A midi, les jumeaux déjeunent à la cantine de l'école, moi dans une cafétéria proche du laboratoire. J'ai très peu de temps pour déjeuner car ici on fait la journée continue. Les jeudis et les vendredis sont les « late closing days ». Ces jours-là, la plupart des magasins restent ouverts jusqu'à 10 heures du soir et les banques ferment vers 7 heures pour que les gens puissent toucher leur chèque hebdomadaire. Il faut savoir qu'au Canada un grand nombre de salariés sont payés chaque semaine.

Après l'école, les enfants jouent avec leurs copains (2) dans la rue ou dans le sous-sol de l'immeuble.

Question : *Ils rentrent à la maison avant vous ?*

Anne-Marie : Oui, ils ont leur clé, ils sont assez grands.

Au Québec on dirait :
(1) « mon char » (devient moins usité qu'automobile).
(2) « leurs chums ».

Quand j'arrive, je leur fais faire leurs devoirs. Puis on soupe (en France, on dîne, au Québec, on soupe). Ensuite, je les laisse regarder un peu la T.V. (ici on ne dit pas télé), mais je veux absolument qu'ils soient au lit à 9 heures.

Question : *Et comment supportez-vous le long hiver canadien ?*
Anne-Marie : L'hiver, à Montréal, malgré le froid très vif, la neige et les tempêtes (le « blizzard »), on peut faire beaucoup de choses sans mettre le nez dehors : on sort de son garage, on se gare en ville dans un parking (3) souterrain, on fait ses courses (4), on va à la banque, au restaurant, au théâtre, au cinéma (5), tout cela dans les centres d'achat souterrains du centre ville.

Mais je dois dire que j'ai eu du mal à m'habituer au froid, à la nuit qui commence à 4 heures et demie de l'après-midi, à la neige qui recouvre Montréal pendant douze ou treize semaines, à cet hiver que j'ai souvent trouvé interminable.

Au Québec on dirait :
(3) « un terrain de stationnement ».
(4) « faire son magasinage ».
(5) « aux vues ».

1 Pour réserver des places.

— Est-ce qu'il vous reste encore des places pour « Carmen », s'il vous plaît ?
— Oui, j'ai encore des places d'orchestre et des places au deuxième balcon.
— Les places sont à quel prix ?
— 120 F à l'orchestre, 65 F au balcon.
— On n'est pas trop loin, au balcon ?
— Non, c'est un petit théâtre, vous savez. Combien voulez-vous de places ?
— Deux balcons.
— J'ai deux places de côté, vous n'y serez pas mal.
— Ah non, je préfère être de face.
— Je peux vous mettre de face mais vous ne serez pas ensemble.
— Et à l'orchestre ?
— A l'orchestre, je peux vous mettre où vous voulez.
— Alors, je vais prendre deux orchestres. Ce sera plus cher, mais on sera mieux.

A vous :

Vous êtes deux, vous voulez aller voir *Le Bourgeois gentilhomme*. On vous propose deux places ensemble à l'orchestre à 130 F et deux places séparées au deuxième balcon à 70 F. Vous prenez les places à 70 F.

2 Pour changer de l'argent.

— Où est-ce que je peux changer de l'argent, s'il vous plaît ?
— Au guichet 4.
— Bonjour, je voudrais changer de l'argent, s'il vous plaît.
— Ce sont des billets ou des traveller's chèques ?
— Des traveller's. En dollars.
— Combien voulez-vous changer ?
— $150.
— Votre passeport, s'il vous plaît... Merci. Il faut signer vos chèques.
— Quel est le cours du dollar ?
— 6,90 F. Voilà... ça fait 1 035 F.
— Merci bien.

A vous :

Vous voulez acheter 1000 Deutsche Marks en billets. Le cours du D.M. est à 2,90 F pour 1 D.M.

THÈMES

● **La toilette.**

Faire sa toilette (prendre une douche, un bain).
Un gant / Une serviette / Une trousse de toilette.
Se laver, se brosser les dents (avec une brosse à dents et du dentifrice).
Se laver les cheveux (avec du shampooing), se coiffer (avec un peigne ou une brosse).
Se maquiller (avec des produits de beauté).
(Les toilettes = les w.-c.)

ÉCHANGES

● **Conseiller, suggérer :**

Je vous conseille de...   Il est important que (ou de)...
Je vous suggère de...   Il est utile que (ou de)...
Il faut que vous...   Il est préférable que (ou de)...
Il vaut mieux que...   Il est souhaitable que (ou de)...

● **Permettre, interdire :**

Je vous permets de...   Je ne vous permets pas de...
Vous pouvez...   Je vous interdis de...
Je vous autorise à...   Je ne vous autorise pas à...
Je vous laisse...   Je ne vous laisserai pas...

DICO

☐ **inoubliable** (adj.) de « in » et « oublier ». Qu'on ne peut oublier.
☐ **insupportable** (adj.) de « in » et « supporter ». Qu'on ne peut supporter.

A vous :
Cherchez des adjectifs formés de la même manière (préfixe IN + radical + suffixe ABLE) à partir des verbes suivants : accepter, manger, terminer, transporter, vendre.

☐ **quotidien, ienne** (adj.) Qui a lieu chaque jour (la toilette quotidienne).
(n. m.) Journal qui paraît tous les jours. Quelques quotidiens français : *Le Monde, France-Soir, Le Provençal, La Dépêche du Midi, Le Progrès.*
☐ **hebdomadaire** (adj.) Qui a lieu chaque semaine (le repos hebdomadaire).
(n. m.) Revue qui paraît chaque semaine. Quelques hebdomadaires français : *Le Nouvel Observateur, Paris-Match, Elle, L'Expansion, Télérama, Témoignage Chrétien.*

A vous :
Recherchez le sens des mots suivants : mensuel, trimestriel, semestriel, annuel.

– Grammaire

❶ Expression des rapports logiques :
— *l'opposition* : malgré, mais, bien que...
— *la cause* : car, parce que, à cause de...
— *le but* : pour, pour que...
— *le temps* : quand, lorsque, pendant que...

❷ SANS, préposition, peut être suivi :
— d'un nom ou d'un pronom. (Un cocktail de fruit sans **alcool**. Partez sans **moi**.)
— d'un infinitif. (On peut faire beaucoup de choses sans **mettre** le nez dehors.)

❸ Le subjonctif. *(Voir memento grammatical, 14,2.)*
☐ **Formation**

	1ᵉʳ groupe	2ᵉ groupe	3ᵉ groupe
Il faut	que je mange que tu manges qu'il/elle/on mange que nous mangions que vous mangiez qu'ils/elles mangent	que je finisse que tu finisses qu'il/elle/on finisse que nous finissions que vous finissiez qu'ils/elles finissent	que je vienne que tu viennes qu'il/elle/on vienne que nous venions que vous veniez qu'ils/elles viennent

Remarques
Tous les verbes sauf ÊTRE et AVOIR se terminent par : **-e, -es, -e, -ions, -iez, -ent.**

Quelques verbes irréguliers :

Être : *que je sois*   *que nous soyons*   ***Avoir*** : *que j'aie*   *que nous ayons*
     que tu sois   *que vous soyez*   *que tu aies*   *que vous ayez*
     qu'il/elle/on soit   *qu'ils/elles soient*   *qu'il/elle/on ait*   *qu'ils/elles aient*

Aller	*Faire*	*Pouvoir*	*Savoir*	*Vouloir*
j'aille	*je fasse*	*je puisse*	*je sache*	*je veuille*
nous allions	*nous fassions*	*nous puissions*	*nous sachions*	*nous voulions*

☐ **Emploi :**
Le subjonctif s'emploie en particulier :
a) *après certains verbes :*
— accepter, désirer, souhaiter, vouloir...
— adorer, aimer, détester, préférer, regretter...
ex. : Je veux qu'ils soient au lit à 9 h. Je n'accepte pas que vous soyez en retard. Je regrette que nous ne puissions pas venir. Ils aiment bien que je leur fasse des gâteaux.
b) *après des tournures impersonnelles :* il faut que, il vaut mieux que, il est important (utile, nécessaire) que... ex. : Il n'est pas utile que je prenne ma voiture.
c) *après BIEN QUE et POUR QUE :*
ex. : **Bien que** le Québec soit à côté des États-Unis, nous ne vivons pas « à l'américaine ».
Les banques ferment vers 19 h **pour que** les gens puissent toucher leur chèque hebdomadaire.

Remarques
Indicatif ou subjonctif ?
Dans les « Petites Annonces » (voir exercice n° 6) on trouve le subjonctif dans des subordonnées relatives.
ex. : Cherche appart. 4 pièces. 100 m² minimum.
Cette personne cherche un appartement qui **ait** *quatre pièces et* **fasse** *100 m² minimum. (Cet appartement existe-t-il ? C'est un fait « hypothétique ». On emploie le subjonctif.)*
« La police recherche un homme qui a disparu. » (Emploi de l'indicatif ; cette personne existe. C'est un fait réel.)

1. Un futur champion.

Pour devenir un grand champion, il faut être toujours en forme. Pour être en forme, il faut bien dormir. Pour bien dormir, il faut se coucher tôt. Pour se coucher tôt, il ne faut pas penser à s'amuser.
— Est-ce que Kid Robinson sera un jour un grand champion ?
— Oui, mais pour qu'il devienne un grand champion, il faudra qu'il soit toujours en forme. Pour qu'il...
Continuez...

2. Les bons conseils. Donnez les réponses en vous servant des éléments entre parenthèses et en employant « Il vaut mieux que ».

J'ai envie d'aller à Florence cet été.   *— Il vaut mieux que vous **alliez** à Rome.*
Pourquoi ?   *— C'est beaucoup plus intéressant.*
Dans ce cas je vais y passer une semaine.   *— Il vaut mieux... (15 jours, beaucoup de choses à voir).*
Je vais peut-être prendre l'avion.   *— Il vaut mieux... (le train est bien moins cher).*
J'ai l'intention de louer une voiture là-bas.   *— Il vaut mieux... (une vespa, c'est plus pratique).*
Je veux absolument visiter Ostie.   *— Il vaut mieux... (la villa d'Hadrien, c'est plus beau).*

3. Un long voyage. Complétez comme dans le modèle.

Le patron :   *— Loulou, tu sais parler anglais ? Alors, tu vas faire un long voyage.*
Loulou :   *— Il faut que je **fasse** un long voyage ? Pour aller où ?*
Le patron :   *— Tu vas aller à Chicago.*
Loulou :   *— Il faut que... ? Pour quoi faire ?*
Le patron :   *— Tu vas voir le chef de la maffia.*
Loulou :   *— Il faut que... ? Et qu'est-ce que je vais lui dire ?*
Le patron :   *— Tu vas lui demander des délais de paiement.*
Loulou :   *— Il faut que... ? Il ne va pas être content !*
Le patron :   *— Tu lui diras que nous avons de gros problèmes en ce moment.*
Loulou :   *— Il faut que... ? Il ne va pas me croire. Patron ! Vous ne pouvez pas me faire ça ! Il va me tuer !*
Le patron :   *— Ne t'inquiète pas, Loulou. Nous nous occuperons de ta veuve.*

4. Il faut prendre une décision.

1. Mettez le verbe en parenthèses à la forme qui convient.
2. Remplacez JE par NOUS.
a) Faut-il que j'(accepter) cette proposition ? Bien que je ne (connaître) pas ce travail, il me semble intéressant. Le patron veut que je lui (donner) ma réponse demain. Mais il faut que je (réfléchir). Je ne suis pas seul dans cette affaire. Il vaut mieux que je (réunir) l'équipe et que je leur (parler) de cette proposition.
b) Faut-il que nous... **Continuez...**

5. Il y a des conditions. Transformez comme dans le modèle.

Pour prendre le métro, il faut avoir un ticket.
→ On ne peut pas prendre le métro sans avoir de ticket.
Pour conduire une voiture, il faut avoir une assurance. → On ne peut pas... Pour être chauffeur de taxi, il faut bien connaître la ville. → ... Pour être pharmacien, il faut avoir un diplôme. → ... Pour prendre le TGV, il faut avoir réservé sa place. → ... Pour faire la piste noire, il faut être bon skieur. → ...

6. Petites annonces.

Dans certains magazines, on trouve des petites annonces comme celles-ci :

RP. JF 34 a. Ét. sup. célib. Jolie bl. yx. verts rencont. H 30-45 a. lib. b. sit. pour sort. voy.	75. F. 44 a., phys. agréa. renc. H. 40/50 a. lib. int. symp. pr rel. amic. sorties lois. Écrire journal, réf. 943 9L.	75. Bel H. 37 a., cél., grd charme, cad., cult., sport, hum., renc. JF jol., gaie, fémin., tél. photo souh. Écrire journal, réf. 943 8R.	75. JF 38 a. ens. div. ch. compagnon 40/50 a. b. phys. cult. excel. milieu dist. Écrire journal, réf. 943 8C.

Essayez de trouver la signification des abréviations puis commentez-les comme dans le modèle :

C'est une jeune femme de 34 ans qui habite la région parisienne. Elle est célibataire. C'est une jolie blonde aux yeux verts qui a fait des études supérieures. Elle désire rencontrer un homme qui ait entre 30 et 45 ans, qui soit libre, qui ait une bonne situation, pour sortir et voyager ensemble.

Vous emploierez : Il / Elle est...   Il / Elle   cherche   une femme / un homme   qui   soit... / fasse... / ait... / aime...

● Le rendez-vous impossible.

Continuez les phrases de Jacques et de Maurice.

Maurice : — Allô ? Jacques ? Ici Maurice. Est-ce qu'on peut se voir ce soir ?

Jacques : — Désolé. Je ne suis pas libre. Il faut que je...

Maurice : — Et demain ?

Jacques : — Encore impossible car il faut que... Mais après-demain, je suis libre.

Maurice : — Pour moi ce n'est pas possible ce jour-là. Il faut que...
Je regrette que tu...

Jacques : — Moi aussi. Alors il vaut mieux que... Je souhaite qu'on...

● Laissez faire !

Que disent-ils ? Complétez les légendes.

● Les séjours linguistiques, pour ou contre ?

Un monsieur et sa femme ont une fille qui apprend le français. La mère voudrait que leur fille aille faire un séjour en France. Le père n'est pas d'accord. **Imaginez leur discussion. Vous emploierez :** il est important que, il est utile que, il est nécessaire que, il faut que, il vaut mieux que...

Le père : — Moi, je pense qu'on peut très bien apprendre le français sans aller en France !

La mère : — Moi, je ne suis pas d'accord. Il est important que...

● Et pendant ce temps-là...

Trouvez une légende pour chaque situation en utilisant PENDANT QUE.

● La presse.

Quels sont les principaux quotidiens de votre pays ?
Quels sont les quotidiens français que vous connaissez ?
Lisez-vous des hebdomadaires français ? Lesquels ?
Quel jour paraissent-ils ?

● Chaque semaine, c'est la même chose !

Parlez de vos obligations hebdomadaires, en employant : *il faut que... il vaut mieux que...*

ex. : *Le lundi, il faut que j'aille à la banque. Il vaut mieux que j'y aille entre midi et 2 h : il y a moins de monde aux guichets.*
Parlez de votre travail, des courses à faire, des repas, etc.

● Le week-end type chez vous.

Racontez :
Que font la plupart des gens de votre pays pendant le week-end ?
Et vous que faites-vous ?

● Les bons conseils.

Votre voisin(e) veut passer l'hiver (ou l'été) dans votre pays ou dans votre région. Vous lui donnez des conseils :
Je te conseille de... Il vaut mieux que tu... Je te suggère de... Il est utile de... Il faut que...

Ⓐ

L'automne

C'est un **vrai don de la nature.** Une magnifique réussite du Canada, avec ses myriades de feuilles de toutes couleurs, c'est un spectacle gratuit dont tout le monde raffole et qui se renouvelle année après année.

Si on n'a jamais vu ce spectacle, on ne peut comprendre ce que veulent dire nos « couleurs éclatantes ». Ce qui s'appelle pourpre et or est pâle à côté de nos feuillages d'érables canadiens.

Venez voir ce que l'automne offre de plus beau et de meilleur. C'est la saison où villes et villages du Canada sont le plus animés, avec toutes ces foires, ces fêtes et ces marchés regorgeant des dons de la terre. Dans les villes, c'est le début de la nouvelle saison théâtrale et mondaine. C'est aussi le temps de la spectaculaire migration de milliers d'oies et autres oiseaux sauvages.

Ⓑ

Marches enneigées

Eh oui! C'est déjà l'hiver! Nous devons ressortir la souffleuse à neige (pour plus de renseignements sur ce sujet, voir *Le consommateur canadien* du mois d'octobre 1981) que nous avons dû ranger, il n'y a pas si longtemps, pour faire place à la tondeuse à gazon.

Même si cette souffleuse est très utile pour nettoyer votre entrée de garage, il vous faudra quand même une bonne pelle pour nettoyer les marches extérieures, déblayer les roues de la voiture et les espaces exigüs que votre souffleuse ne peut pas atteindre.

Il existe de nombreuses sortes de pelles: de qualité, de formes et de poids différents et faites de différents matériaux. Par exemple, une compagnie du Québec offre cinq qualités de pelles à neige en acier, quatre qualités de pelle à neige en aluminium, deux grattoirs à neige en acier et trois en aluminium.

Ⓒ

L'HIVER

extrait de « Comment vivent les Québécois »
Civilisat. Hachette, 1979 (p. 37)

« Si un Québécois vous dit qu'il déteste l'hiver, ne le croyez pas. En hiver, les Québécois s'amusent, surtout lorsqu'une tempête de neige vient bouleverser les activités normales : les enfants ne vont pas à l'école, les bureaux et les magasins ferment leurs portes; chacun peste contre la température tout en souhaitant secrètement que la tempête dure longtemps. »

A
- De quel spectacle le texte parle-t-il ?
- Que se passe-t-il l'automne au Canada dans les villes et les villages ?

B
- De quels instruments parle cet article ?
- Pourquoi la pelle est-elle un instrument important pour les Canadiens ?

C
- Que se passe-t-il quand il y a une tempête de neige ?
- Pourquoi est-ce que les gens « souhaitent que la tempête dure longtemps » ?

3. 4. Sports et loisirs

Question : *A quoi occupe-t-on ses loisirs au Québec ?*

Anne-Marie : Ici, on travaille rarement plus de trente-deux ou trente-cinq heures par semaine, ce qui laisse beaucoup de temps libre. Les activités de fin de semaine (on ne dit pas « weekend ») dépendent de la saison. Ne croyez pas que l'hiver empêche les gens de sortir de chez eux. Pas du tout. Les enfants passent leur temps à faire du patin à glace, à jouer au hockey. On va aussi faire du ski en famille dans les Laurentides. Il fait nuit très tôt mais les pistes sont éclairées. Le kilowatt ne coûte pas cher au Canada ! On fait des promenades en raquettes, du ski de fond, de la motoneige.

Question : *Les Québécois ne sont pas tous sportifs, je suppose ?*

A.-M. : Non, il y a aussi ceux qui restent chez eux, se reposent, lisent. Il y a ceux qui regardent la TV. On la regarde beaucoup au Québec ; elle fonctionne de 7 heures du matin à 2 heures le lendemain matin. Si on ne parle que le français, on peut choisir parmi soixante films par semaine. Mais si on parle aussi l'anglais, le choix est deux fois plus grand.

A la belle saison, on fait du camping, des promenades à bicyclette (*), on va se baigner dans les lacs et les rivières. Beaucoup de gens vont à la chasse et à la pêche ; ce sont les sports les plus pratiqués. Il y a environ 900 000 lacs au Québec !

Au Québec on dirait :
(*) « en bicycle ».

124

Question : *Et vous, comment passez-vous vos vacances ?*

A.-M. : Les jumeaux aiment bien que nous allions au « camp ». Ils pêchent et se baignent toute la journée. Moi, j'adore me promener à vélo, lire et ne rien faire. Mais il est rare que je sois seule avec les enfants car des amis passent souvent nous voir et restent avec nous un jour ou deux. Le chalet n'est pas grand : il n'a que deux pièces, mais il y a des lits partout. Et lorsqu'on est trop nombreux, il y a toujours quelqu'un qui a une tente de camping dans le coffre de sa voiture. Il faut voir nos petits déjeuners ! Tout le monde travaille : l'un s'occupe du café, le second fait cuire des œufs au bacon, le troisième fait des toasts, les enfants mettent le couvert. Et on passe la journée à s'amuser comme des fous. Il faut dire que les Québécois aiment beaucoup se réunir, danser, rire, chanter, bien boire et bien manger. Ils sont capables de faire de longs trajets en voiture pour aller à une fête. Par exemple, ils n'ont pas peur de faire l'aller-retour Montréal-Québec dans la soirée — 480 km — pour aller « souper » chez des amis.

Si vous restez au Québec assez longtemps, vous verrez qu'on ne laisse jamais passer une occasion de s'amuser.

◻1 Pour donner son avis (sur un film ou un spectacle).

Solange : — *Tu as regardé « La Femme blonde » hier soir à la télé ?*
Moi, je dois dire que ça m'a bien plu.

Maxime : — *Moi non. J'ai trouvé ça sans intérêt.*

Solange : — *Je trouve que tu es bien difficile.*

Maxime : — *Mais qu'est-ce que tu as aimé dans ce film ?*

Solange : — *Les acteurs jouaient bien, l'histoire était amusante. Ce n'était pas un film extraordinaire, d'accord, mais je ne me suis pas ennuyée une seconde.*

A vous :

Faites dire à Solange et Maxime exactement le contraire :

sans intérêt / très intéressant
bien difficile / bien indulgent
extraordinaire / mauvais

« LA FEMME BLONDE »
un film de Didier de La Lande
avec
Josy THORU
et
J.-C. RICHARD

◻2 Pour inviter (et répondre à une invitation).

Michèle : — *Nous allons au chalet ce week-end. Nous avons invité des tas d'amis. Est-ce que vous voulez venir ?*

Alex : — *Non, je ne peux pas, je suis désolé. C'est gentil de m'inviter mais je suis en train de repeindre mon appartement. Il vaut mieux que je le finisse ce week-end.*

Michèle : — *Dommage que tu ne puisses pas venir ! Et toi, Francis ?*

Francis : — *Moi, je suis libre. Je viendrai volontiers. Qu'est-ce qu'il faut que j'apporte ?*

Michèle : — *Mais rien. Nous avons tout ce qu'il nous faut. Ah, si ! Apporte des disques, nous danserons.*

Francis : — *D'accord. Merci encore. Ça me fait bien plaisir.*

A vous :

Il y a un méchoui chez Lucien, dimanche. Il invite Annie et Violaine. Annie passe des examens en ce moment, elle refuse. Violaine viendra. Elle fera un gâteau au chocolat.

– Vocabulaire

THÈMES

● Sport.

Faire du sport, pratiquer un sport.
Un sportif, une sportive.
Être sportif, avoir l'air sportif.
Des vêtements, des chaussures de sport.
Un terrain de sport, un stade,
des installations sportives, un club sportif.
Quelques sports pratiqués en France :
le cyclisme, le football, le rugby, le tennis...

ÉCHANGES

● Pour situer un fait

a) par rapport à aujourd'hui :
avant-hier, hier, **aujourd'hui,** demain, après-demain ;
b) par rapport à un jour passé :
l'avant-veille, la veille, **ce jour-là,** le lendemain, le surlendemain.

● Pour apprécier

Je suis ravi que (ou de)...
Je suis content que (ou de)...
Je suis heureux que (ou de)...

Pour regretter

Je suis désolé que (ou de)...
Je regrette que (ou de)...
Je trouve dommage que (ou de)...

DICO

● « Faire », verbe à tout faire.

FAIRE + *un nom* exprime souvent un autre verbe plus précis :

A vous :

Trouvez des verbes plus précis pour : faire de la peinture, faire du patin, faire du bricolage, faire du dessin, faire du repassage.

● Sports.

☐ cyclisme (de *cycle*)
☐ patinage (de *patiner*)
☐ football (de *foot* « pied » et *ball* « balle », mot d'origine anglaise)

A vous :

Cherchez des noms de sports formés avec les suffixes « -isme » et « -age ». De quels mots viennent-ils ?
Cherchez des noms de sports d'origine anglaise. De quels mots anglais viennent-ils ? Comment se prononcent-ils en français ?

1 Pour exprimer la condition et la supposition. (Les phrases « hypothétiques ».)
(voir memento grammatical, 18.)
Ces phrases sont introduites par la conjonction SI.
Elles expriment une condition, une supposition ou une hypothèse.
ex. : Si on parle le français, on peut choisir parmi 60 films.
        (PRÉSENT)   (PRÉSENT)
Si vous restez au Québec, vous verrez qu'on ne laisse passer aucune occasion de s'amuser.
      (PRÉSENT)   (FUTUR)
La subordonnée introduite par SI peut être placée avant ou après la principale :
ex. : S'il fait beau, nous sortirons / Nous sortirons s'il fait beau.

2 Le subjonctif [suite] *(voir memento grammatical, 14,2).*
Il s'emploie aussi
a) *après des tournures impersonnelles :*
Il est rare / il n'est pas rare, il est souhaitable...
ex. : Il est rare que je sois chez moi l'après-midi.
b) *après le verbe* ÊTRE + *un adjectif exprimant l'émotion ou le sentiment :*
être content, heureux, triste, désolé.
ex. : Je suis très contente qu'on vienne nous voir.

Remarques

Le subjonctif ne s'emploie que si le verbe de la principale et le verbe de la subordonnée ne sont pas à la même personne.
ex. : Je ne veux pas regarder la télévision.
     Je ne veux pas que vous regardiez la télévision.

3 Avoir peur, avoir envie : trois constructions.
a) avoir peur de + nom   J'ai très peur du verglas.
   avoir envie de + nom   J'ai envie d'une glace.
b) avoir peur de + infinitif   Ils n'ont pas peur de faire 480 km.
   avoir envie de + infinitif   Je n'ai pas envie de sortir ce soir.
c) avoir peur que + subjonctif   J'ai peur que tu sois en retard.
   avoir envie que + subjonctif   J'ai envie que tu me joues du piano.

1. Je voudrais quelques renseignements, s'il vous plaît.
Répondez comme dans le modèle.
— *Pour entrer en faculté, est-ce qu'il faut avoir son bac?*
— *Ah oui!* **On ne peut pas** *entrer en faculté* **si** *on n'a pas son bac.*

— *Pour devenir fonctionnaire, est-ce qu'il faut être français?*
— *Pour entrer aux États-Unis, est-ce qu'il faut avoir un visa?*
— *Pour camper dans un champ, est-ce qu'il faut une autorisation?*
— *Pour prendre ses repas au restaurant universitaire, est-ce qu'il faut une carte d'étudiant?*
— *Pour être steward, est-ce qu'il faut savoir l'anglais?*

2. J'ai réponse à tout!
Répondez comme dans le modèle.
— *Vous téléphonez à un ami. Dans quel cas laissez-vous un message?*
— *Je laisse un message s'il n'est pas là.*

— *Vous êtes au restaurant. Dans quel cas payez-vous par chèque?*
— *Vous sortez de chez vous. Dans quel cas prenez-vous un parapluie?*
— *Vous devez aller à l'aéroport. Dans quel cas prenez-vous un taxi?*
— *Vous assistez à un accident. Dans quel cas appelez-vous une ambulance?*
— *Une femme perd son mari dans un accident. Dans quel cas a-t-elle droit à une pension?*

3. Des promesses conditionnelles. Complétez les phrases comme vous le voulez.
Si tu passes ton bac, je t'achèterai une moto.
Si tu veux aller en fac, ...
Si tu veux habiter dans un studio, ...
Si tu obtiens une licence, ...
Si tu veux aller à l'étranger, ...
Si tu as besoin d'argent, ...
Mais pour cela, il faut que tu travailles!

4. Relisez le texte et dites ce qui se passe si... Complétez les phrases.
Si on aime la pêche, ... S'il n'y a plus de place dans le chalet d'Anne-Marie, ... S'il y a une fête, ... Si on aime le cinéma, ... Si des amis viennent passer un ou deux jours chez Anne-Marie, ...

5. Vous et les autres. Réagissez comme dans les deux modèles, en employant : ÊTRE CONTENT, ÊTRE HEUREUX, ÊTRE DÉSOLÉ, REGRETTER.
Je suis invité à cette soirée.   → *Je suis content d'être invité à cette soirée.*
Mais je ne peux pas y aller!   → *Mais je suis désolé de ne pas pouvoir y aller.*
Mon frère a trouvé du travail.   → *Je suis heureux qu'il ait trouvé du travail.*
Mais il est obligé de partir en province.   → *Mais je regrette qu'il soit obligé de partir.*

1. Ils vont se marier. →   *5. Elle a eu un accident de voiture. →*
2. Mais leurs parents ne sont pas d'accord. →   *6. Mais elle n'a pas été blessée. →*
3. Je vais en Californie cet été. →   *7. J'ai passé de très bonnes vacances. →*
4. Mais je ne peux pas t'emmener avec moi. →   *8. Mais j'ai dépensé toutes mes économies. →*

6. L'interview de Laura Vinyl. (Complétez les phrases entre parenthèses.)
Le journaliste :   — *Laura Vinyl, vous avez accepté cette interview. J'en suis très heureux. (Je suis très heureux que...)*
Laura Vinyl :   — *Mais pas du tout! Vous m'avez invitée à votre micro. C'est moi qui suis heureuse. (C'est moi qui suis heureuse que...)*
Le journaliste :   — *Je dis cela car vous parlez rarement à la presse. (Il est rare...)*
Laura Vinyl :   — *C'est vrai. Mes deux derniers films n'ont pas été bien accueillis et je n'ai pas donné d'interview, je n'en avais pas envie. (Je n'avais pas envie...)*
Le journaliste :   — *Oui, votre dernier film, surtout, n'a pas été très apprécié, je le regrette. (Je regrette que...) Moi, je l'ai aimé.*
Laura Vinyl :   — *J'en suis heureuse. (Je suis heureuse que...)*
Le journaliste :   — *Et votre prochain film? Comment sera-t-il?*
Laura Vinyl :   — *Ah! Vous me posez une question qui me plaît. J'en suis contente. (Je suis contente que...) Mais je ne peux pas en parler encore, je le regrette. (Je regrette de...)*
Le journaliste :   — *Alors c'est tout ce que vous avez à me dire?*
Laura Vinyl :   — *Oui, je ne peux rien vous dire d'autre. Je suis désolée. (Je suis désolée de...)*
Le journaliste :   — *Et moi donc!*

– Prise de parole

● Vous trouverez facilement.

Vous habitez au 10, rue de Vienne, entrée D.

Expliquez à des amis comment venir chez vous.

— *Si vous venez en voiture depuis le centre ville par l'avenue Foch, il faut que* ....

— *Si vous arrivez par le boulevard de la République, il faut que* ....

— *Si vous venez en bus,* ....

— *Si vous venez en métro,* ....

● Comment réagissez-vous ?

Êtes-vous content, heureux, désolé ? Dites-le, comme dans le modèle :

Un ami est chez vous, en vacances. Il reçoit un télégramme.

— *Il apprend qu'il doit partir tout de suite.*

Vous direz : « *Je suis désolé (je regrette) que tu sois obligé de partir tout de suite.* »

— *Il doit partir car on lui propose un travail.*

Vous direz : « *Je suis content (heureux) qu'on te propose un travail.* »

a) *Des amis vous invitent à passer une semaine dans leur chalet à la montagne. Mais c'est en février, et vous avez trop de travail à ce moment-là.*

b) *Votre ami(e) est d'accord pour partir en vacances avec vous. La veille du départ, il (elle) se casse un bras !*

c) *Vous deviez aller au théâtre avec un(e) ami(e). Il (elle) vous téléphone pour vous dire qu'il n'y a plus de places. Le lendemain, vous lisez dans le journal que la pièce était très mauvaise.*

d) *Un ami vous a trouvé un appartement mais le loyer est trop élevé.*

● « Rétrospective ».

Dites ce qui vous a fait plaisir cette année.

Je suis heureux (content) d'avoir fait des progrès en français.

Je suis heureux (content) que .... *ait eu le prix Nobel de* ....

Dites aussi ce que vous regrettez.

Je regrette que (de)... ....   *Je suis heureux que (de)...* ....

• « Du pain et des jeux ».

Parlez des activités, des loisirs, des distractions et des sports dans votre pays.
En hiver, on... L'été, on... Il y a ceux qui...
Présentez-les à votre voisin(e) : « Si tu viens en hiver, on fera... on ira... ».

• Rare, pas rare ?

Comparez la vie en France et la vie chez vous. Et dites ce qui est rare chez vous et ne l'est pas en France, ou ce qui n'est pas rare chez vous et l'est en France.
ex. : Le mauvais temps (neige, verglas, tempêtes, inondations). Les fêtes populaires. Les événements sportifs, culturels, politiques, sociaux (grèves, manifestations, bagarres...) etc.

• Mieux ? Moins bien ?

Comparez les qualités et les défauts, les avantages et les inconvénients de la vie dans votre pays et de la vie en France. Employez :
Quand je suis chez moi, je suis content que (ou de)... je regrette que (ou de)...
Quand je suis en France, je suis heureux que (ou de...) je trouve dommage que (ou de)...

• Un poème.

Essayez de compléter ce poème d'Alain Bosquet.
« Si tu es triste, la rose se refermera et sera noire comme charbon.
Si tu es triste, le nuage s'ouvrira sur dix mille corbeaux.
Si tu es triste, ta chambre...
Si tu es triste, l'arbre...
Si tu es triste, ... »

LE CARNAVAL DE QUÉBEC

A

extrait du Guide Bleu « Au Québec », page 118.

« Cette festivité a lieu pendant dix jours en février. Le Bonhomme Carnaval, un immense bonhomme de neige, est le roi de la fête. Entouré d'un cent de jolies filles, choisies parmi les plus belles de la ville, il parcourt son domaine et participe à toutes les activités : bals, tournois de patinage, matches de hockey, inauguration du palais en blocs de glace, de sculptures de neige durcie, défilés, concerts populaires, courses de canot dans le fleuve à demi gelé, parmi une foule costumée, toujours prête à rire, danser, applaudir et boire. Si vous voulez participer à ce Carnaval, retenez à l'avance votre chambre d'hôtel, sinon il sera difficile de vous loger. »

A
- Qu'est-il prudent de faire si l'on veut assister à ce Carnaval ?
- Que va-t-il se passer pendant dix jours ?

B
L'hiver, on peut pêcher à travers la glace, le long du Saint-Laurent. Mais il fait très froid. Alors ?... on loue pour la journée ou la soirée une de ces cabanes de bois.
- A qui s'adresse cette publicité ?
- Que propose-t-elle ?

C
- Pourquoi est-ce que Bonhomme Carnaval risque de ne pas être reçu sur la glace ?
- Quand et où Bonhomme Carnaval est-il attendu ?
- Et s'il gèle très fort, que se passera-t-il ?

B

POURVOYEUR DE PÊCHE
AUX PETITS POISSONS DES CHENAUX

CENTRE DE PÊCHE LÉPINE LTÉE TEL. 325-2854 325-2614

CENTRE DE PÊCHE LÉPINE TEL. 325-2854 325-2614

CHALETS À LOUER
CHAUFFÉS AU BOIS ET À L'HUILE
TOUT EST COMPRIS
LIGNES • APPÂTS
TOILETTES CHAUFFÉES
STATIONNEMENT, ETC.
RESTAURANT AU TOIT ROUGE À DEUX PAS
— OUVERT 24 HEURES
CONCOURS DE PÊCHE
AVEC PLUSIEURS PRIX ET TROPHÉES
SERVICE DE RÉSERVATION 24 HEURES
1-418-325-2614

BUREAU NO 24 PAR LA DESCENTE NO 3
CHEMIN CENTRAL EST
C.P. 304, STE-ANNE-DE-LA-PÉRADE, G0X 2J0

C

Sans gel, Bonhomme Carnaval arrivera au stationnement de la marina

« Au lieu de recevoir Bonhomme sur la glace, c'est au stationnement que les gens pourront le saluer, demain... si la température continue d'être aussi douce à Québec.

C'est la précision que donnent les autorités du Carnaval de Québec 1983 aux milliers de personnes intéressées à accueillir Bonhomme, demain à 13 h 30. En principe, l'arrivée de Bonhomme doit se faire sur la glace de la rivière Saint-Charles, en face de la marina de Saint-Roch. Mais si il ne gèle pas carrément, au cours du week-end, les règles de sécurité feront que c'est sur le stationnement de la marina qu'aura lieu l'événement.

« On ne peut quand même pas prendre la chance de rassembler de 4 000 à 5 000 personnes à un endroit précis sur la glace de la Saint-Charles pendant un aussi long moment », explique le relationniste du Carnaval, précisant qu'avec le peu de journées froides des derniers jours, la glace n'avait pas l'épaisseur souhaitée pour toute sécurité.

3. 5. Etre québécoise

Question : *Après quatorze ans passés ici, comment êtes-vous considérée par vos amis ? Comme une Québécoise ou comme une Française ?*

Anne-Marie : Pour eux, je reste encore « la Française » qui n'a pas perdu son accent. D'ailleurs, ils pensent qu'un jour je rentrerai dans mon pays.

Question : *Et si vous retourniez vivre en France, est-ce que vous auriez du mal à vous réhabituer ?*

A.-M. : Pour moi la question ne se pose pas. Et je peux vous donner plusieurs raisons. D'abord, mes enfants sont canadiens. Ensuite, tous mes amis sont ici et j'ai une vie très agréable. Et puis, j'aime bien les Québécois : ce sont des gens vraiment gentils (1). Ici, on vous tutoie facilement. Vous demandez votre chemin ? On propose de vous accompagner. Dans les rues, je me sens en sécurité, même le soir. Je n'étais pas habituée à cela en France. Enfin, matériellement, je suis bien installée. J'ai un bel appartement, et j'ai un métier qui m'intéresse. En France, je n'aurais sûrement pas la même situation. Bien sûr, tout n'est pas parfait. Par exemple, si j'étais un homme, j'aurais un meilleur poste et un salaire supérieur. Au Québec, comme ailleurs, les hommes et les femmes ne sont pas à égalité dans la vie professionnelle. Mais les Québécoises luttent et la situation des femmes s'améliore peu à peu.

Au Québec on dirait :
(1) « ils sont donc fins ».

Question : *En résumé, vous avez réussi votre intégration dans ce pays.*

A.-M. : Disons que j'ai eu plus de chance que d'autres Français qui ont eu du mal à s'intégrer ou qui n'y sont jamais arrivés. Je dois dire que je n'ai jamais été vraiment une immigrée : je suis venue ici en touriste, ou presque, et six mois après j'étais mariée à un Québécois. Je n'ai donc pas eu les problèmes des immigrés qui doivent lutter pour s'installer, apprendre le français, chercher un travail, un logement, se faire des amis. Dès mon arrivée, j'ai tout de suite fait partie de la « gang (1) à André », son groupe d'amis. Je n'ai pas été la « maudite Française », celle qui regarde les Québécois d'un air critique, celle qui croit tout savoir parce qu'elle vient de la vieille Europe. C'est pour ça qu'on m'a acceptée.

Mais je ne pense pas qu'on puisse s'intégrer tout à fait. On garde toujours une certaine nostalgie du pays d'où l'on vient et le sentiment que ses racines sont ailleurs.

Au Québec on dirait :
(1) se prononce « gagne ».

1 Pour aider quelqu'un dans la rue.

— *Pardon, monsieur. Vous ne savez pas où je peux trouver une pharmacie ?*

— *Nous sommes dimanche. Les pharmacies sont fermées, mais il y en a toujours une de garde.*

— *Et comment sait-on quelle est la pharmacie de garde ?*

— *C'est écrit dans le journal. Attendez, je vais regarder dans le mien. Voilà... Bloc-notes... Pharmacie de garde... Il y en a une boulevard Victor-Hugo.*

— *C'est loin d'ici ?*

— *C'est à cinq minutes à pied. Je vais vous accompagner.*

— *Non, non, je ne veux pas vous déranger. Dites-moi par où il faut passer.*

— *C'est sur mon chemin. Ça ne me dérange pas du tout.*

— *Vous êtes bien aimable.*

A vous :

Votre voiture tombe en panne un dimanche soir en « pleine campagne ». On vous aide à trouver un garage ouvert qui est à dix minutes en voiture. On propose de vous accompagner.

2 Pour apprécier (ou critiquer) un nouveau mode de vie.

A. — *Alors, vous vous plaisez ici ?*

B. — *Oui, beaucoup.*

A. — *Comment trouvez-vous les gens ?*

B. — *Très sympathiques.*

A. — *Ça me fait plaisir. Et côté logement ?*

B. — *Ça va, je suis bien logée.*

A. — *Bien. Je suis content pour vous.*

B. — *Il n'y a qu'un problème : mon travail. De ce côté-là, ça va moins bien.*

A. — *Ah bon ? Qu'est-ce qui se passe ?*

B. — *Je n'ai trouvé qu'un travail temporaire et pas très intéressant.*

A. — *Ah ! Je suis désolé pour vous !*

B. — *Il va falloir que je cherche autre chose. J'espère que tout ira bien.*

A. — *Moi aussi, je vous le souhaite.*

A vous :

Vous venez de vous installer dans un pays étranger. Vous avez un travail passionnant, mais vous ne connaissez personne et vous avez un logement qui ne vous plaît pas.

THÈMES

• L'accent :
Avoir un bon accent.
Parler sans accent. Ne pas avoir d'accent.
Avoir l'accent du Nord, du Midi.
Avoir un accent étranger.

• Le travail :
□ *le salaire :*
Toucher un salaire.
Avoir un bon salaire, un salaire élevé.
Gagner un salaire de misère.
Demander
Obtenir } une augmentation de salaire.
Un salaire mensuel, annuel.
□ *Un poste.*
Avoir un bon poste, un poste de responsabilité.
Garder son poste.
Perdre son poste.

ÉCHANGES

□ Pour faire des hypothèses :

Si j'avais...	je ferais...
Si j'étais...	je pourrais...
Si je pouvais...	j'aimerais...
Au cas où...	je voudrais...
A supposer que... (+ subj.)	je souhaiterais...

BULLETIN DE PAYE

Du : 1/11/n   au : 30/11/n   Payé le : 30/11/n

NOM : LATOUR Pierre

Adresse : 127, avenue de la Renaissance - TOURS

Cat. Prof^{le} : Cadre   M^{le} S.S. : 1 4 9 0 8 7 5 2 4 9 1 0 4

Emploi : Chef Comptable   Sal. mini. cat. :

Salaire fixe ou journées		90 00 00
Heures normales h à		
Heures sup^{res} % h à		
Heures sup^{res} % h à		

SALAIRE BRUT.....		90 00, 00

Salaire de base	Retenues	
90 00	Mal. 5,5 %s/Brut.	
	Mal. %s/Plaf.	
65 90	Vieillesse. 4,70	
90 00	Fonds chômage 0,84	
65 90	Retraite comp^{re} ..	
90 00	Cadres 2,06 % 1,76	
90 00	Ass. veuvage 0,10%	

SALAIRE NET......		
Indemnités { Transport		
TOTAL...............		
Acomptes {		
NET A PAYER......		

CREDIT d'heures :	Cumul crédit h. :	8 h. à prendre avant le :	8 h. prises le :	SOLDE crédit h. :

N° Sirene

Cotisations versées à :

Cachet de l'Employeur
ETS CHANLOUP

DICO

réhabituer (v. tr.) de « re » et « habituer ». Habituer de nouveau, faire reprendre une habitude. (v. pronom) Reprendre une habitude.
rentrer (v. intr.) de « re » et « entrer ». Entrer de nouveau, retourner dans un lieu d'où on est sorti.
(v. tr.) Mettre ou remettre à l'intérieur.
retourner (v. intr.) de « re » et « tourner ». Aller de nouveau dans un lieu où on est déjà allé. Revenir à l'endroit d'où l'on est parti.
(v. tr.) Tourner de nouveau. Tourner de manière à mettre dessus ce qui était dessous. *Retourner une carte.*

A vous :
Vérifiez dans le dictionnaire si les verbes suivants peuvent prendre le préfixe « re » avec le sens de « de nouveau », et si avec ce préfixe, ils ont aussi un autre sens : accompagner, chercher, considérer, demander, garder, installer, intégrer, se marier, penser, poser.

1 **Le subjonctif (suite).** *(voir memento grammatical, 14,2).*
A la forme affirmative, **croire, penser, être sûr, imaginer** sont suivis de l'indicatif.
A la forme négative, ils sont suivis du subjonctif. Ils expriment le doute.

Je		crois pense suis sûr...	qu'on	peut s'intégrer facilement.
	ne	crois pas pense pas suis pas sûr...		puisse s'intégrer facilement.

2 **L'expression de l'hypothèse (suite)** *(voir mémento grammatical, 18)*
avec la principale au conditionnel.

— *Le conditionnel indique une action éventuelle soumise à condition.*
☐ Il peut avoir une valeur de futur incertain :
Si vous retourniez vivre en France, est-ce que vous auriez du mal à vous réhabituer ?
☐ Il peut aussi servir à évoquer quelque chose d'irréel :
Si j'étais un homme, j'aurais un meilleur poste.

— *La condition est exprimée par une proposition subordonnée introduite par **si** dont le verbe est à l'imparfait. Cette proposition peut être absente mais elle reste sous-entendue :*
En France, je n'aurais sûrement pas la même situation.
(= **Si** je retournais vivre en France...)

3 **Expression du temps : préposition + QUE**

Dès mon arrivée → Dès que je suis arrivé.
Depuis mon arrivée → Depuis que je suis arrivé.
Avant mon départ → Avant que je sois parti.
Après mon départ → 1. Après que je suis parti. (indicatif)
Après mon départ → 2. Après que je sois parti. (subjonctif incorrect mais utilisé)

1. Le beau parleur. Mettez les verbes entre parenthèses à la forme qui convient.

— *Que penses-tu de Robert Martin, notre nouveau collègue ? Moi, je trouve que c'(être) un homme intelligent.*

— *Moi, je ne pense pas qu'il le (être). Mais il dit qu'il l'(être) et tout le monde le croit. S'il (être) intelligent, il (faire) moins le « clown ».*

— *Moi, je le trouve très amusant. Il connaît des tas d'histoires.*

— *Il est vrai qu'il (parler) beaucoup. Mais je ne suis pas sûr qu'il (savoir) toujours de quoi il parle. Et je ne crois pas qu'il (dire) toujours des choses très intéressantes.*

2. Le portrait chinois.

Ce jeu consiste à faire trouver le nom d'un personnage célèbre à l'aide d'une série de phrases hypothétiques comme celles-ci :

Si c'était un pays, ce serait l'Inde ou l'Angleterre.
Si c'était un animal, ce serait une vache.
Si c'était une fleur, ce serait une rose.
Si c'était un livre, ce serait l'histoire de la non-violence.
Si c'était un mauvais moment, ce serait la prison.
Solution : GANDHI.

Écrivez un ou deux portraits chinois.

3. Ce n'est pas mon « type ».

Sylvie n'est pas d'accord avec Patricia. **Complétez ses phrases.**

Patricia : — *Tu as vu ce beau garçon ? Je pense qu'il est italien.*
Sylvie : — *Moi je ne pense pas qu'il soit italien.*
Patricia : — *Je trouve qu'il fait jeune.*
Sylvie : — *Moi je ne...*
Patricia : — *Je ne crois pas qu'il ait plus de trente ans.*
Sylvie : — *Et moi je crois...*
Patricia : — *Il a un beau costume. Je trouve qu'il est très élégant.*
Sylvie : — *Moi je ne...*
Patricia : — *J'ai l'impression qu'il nous a vues !*
Sylvie : — *Moi je n'ai...*
Patricia : — *Regarde sa voiture. Tu crois qu'elle est à lui ?*
Sylvie : — *Non, je ne... Tu vois bien !*
(*C'était un chauffeur qui attendait son patron.*)

4. Que faudrait-il faire ?

Si vous vouliez apprendre la photographie, que faudrait-il faire ?
— *Il faudrait que je...*
Si vous vouliez acheter une voiture d'occasion... ?
Si vous vouliez trouver un baby-sitter... ?
Si vous vouliez faire le tour du monde... ?
Continuez...

5. Un poème de Jacques Prévert.
Mettez les verbes à la forme qui convient.

Si j'avais une sœur,
Je t'(aimer) mieux que ma sœur.
Si j'avais tout l'or du monde,
Je le (jeter) à tes pieds.
Si j'avais un harem,
Tu (être) ma favorite.

● **Les uns pensent au futur, les autres rêvent.**

Dites ce qu'ils feront si...
Dites ce qu'ils feraient si...

● **On peut rêver...**

A votre avis, que répondrait chacun des personnages suivants à la question :
« Que feriez-vous si vous gagniez à la Loterie nationale ? »

Et vous, que feriez-vous ?

● **Rêvons encore un peu...**

Dialoguez avec votre voisin(e).
— *Si vous aviez davantage de temps libre, que feriez-vous ?*
— *Si vous étiez plus jeune, ... ?*
— *Si vous étiez plus vieux, ... ?*
— *Si vous aviez une énorme somme d'argent à dépenser en 24 heures, ... ?*
— *Si vous n'aviez plus que 24 heures à vivre, ... ?*
— *Si vous pouviez recommencer vos études, ... ?*
— *Si une fée vous permettait de réaliser trois vœux ?*
Continuez...

● Débats.

a) *Les travailleurs étrangers.*

Y a-t-il des travailleurs étrangers chez vous ?
Essaient-ils de s'intégrer ou vivent-ils entre eux ?
Pensez-vous qu'on peut arriver à s'intégrer tout à fait ?
Que faut-il pour cela ?

Discutez entre vous en employant :

Je crois que...   *Je ne crois pas que...*
Je pense que...   *Je ne pense pas que...*
J'ai l'impression que...   *Je n'ai pas l'impression que...*

b) *L'égalité de l'homme et de la femme dans la vie professionnelle.*
Quelle est la situation chez vous ? (postes, salaires, responsabilités).

c) *La mobilité professionnelle (Répondez par des phrases contenant SI.)*
A quelle(s) condition(s) accepteriez-vous de changer de métier ?
Comment pourriez-vous faire pour améliorer votre situation ?
(se recycler, apprendre une autre langue, accepter de déménager, aller travailler à l'étranger).

● Avoir un bon accent.

Peut-on perdre tout à fait son accent ?
Peut-on changer d'accent ?
Vaut-il mieux ne pas avoir d'accent étranger ou est-ce indifférent ?
Donnez votre avis.

● « Douce France » ?

Vous apprenez le français depuis plusieurs mois. Est-ce que vous êtes content de cet apprentissage ? **Racontez comment ça s'est passé.** *Et si c'était à refaire ?*
Si vous vous installiez en France, que feriez-vous ? Où préféreriez-vous habiter ? Pourquoi ? A votre avis, est-ce que vous auriez du mal à vous habituer à la vie française ?

« AU QUÉBEC »

« Les Français immigrés sont environ 35 000 au Québec. Ils travaillent dans le commerce, surtout l'import-export, la restauration, les salons de coiffure, l'enseignement. (...) Les Québécois reprochent souvent à leurs cousins français de commencer leurs phrases par « Nous, en France, ... ». Même s'il a épousé une Québécoise, le Français immigré espère toujours mettre assez de dollars de côté pour finir ses jours là où il est né. Il profite généralement de la possibilité qu'il a, après 3 ans de séjour, d'obtenir la citoyenneté canadienne. La possession d'un passeport canadien ne lui retire ni son accent, ni ses réflexes « made in France ». »

DES NOMS « BIEN DE CHEZ EUX »

Beauchamp	Desprès	Lafleur	Lebeau
Beauchemin	Desrosiers	Lafontaine	Ledoux
Beauregard	Desruisseaux	Laforest	Lesage
Beauchesne	Dubois	Laframboise	Letendre
Bellemare	Duval	Lagrange	Lheureux
Bellerive	Labonté	Lahaie	Vertefeuille
Boisvert	Labranche	Lajoie	
Deschênes	Lachance	Laliberté	
Deshaies	Lacharité	Larivière	
Desjardins	Ladouceur	Laverdure	

Acadie: Nom donné en 1605 par le Sieur de Monts et Samuel de Champlain, tous deux gentilshommes de Saintonge, aux territoires du Canada atlantique, correspondant actuellement aux provinces maritimes du Nouveau-Brunswick, de Nouvelle-Ecosse et de l'Ile du Prince Edouard.

Déportés par les Anglais en 1755 («le Grand Dérangement»), les colons acadiens se retrouvent pour la plupart en Louisiane où ils forment le peuplement cajun. D'autres reviennent en France, en Poitou, ou bien réussissent à retourner en Acadie. Antonine Maillet a raconté leur odyssée dans «Pélagie la Charette», prix Goncourt 1980.

La question ainsi posée fait des Acadiens un peuple en diaspora des deux côtés de l'Atlantique, luttant pour sa propre culture de langue française.

Prenez l'tour du Québec
Tourisme Québec

A
- D'après ce texte, pourquoi les Français émigrent-ils au Canada ?
- L'immigré français a-t-il en général l'intention de rester au Canada toute sa vie ?
- Que peut faire un immigré après trois ans de séjour ?

B
- Tous ces noms ont-ils une signification ?
- Classer ces noms en deux catégories
  a) ceux qui évoquent la nature
  b) les autres. Comment peut-on les qualifier ?

C
- De quoi parle le livre « Pélagie la Charrette » ?
- Quelle langue parlent les Acadiens ?
- Avez-vous déjà entendu parler de la musique cajun ?
- Voyez-vous un rapport entre les mots « cajun » et « acadien » ?

Bilan 3

Le futur dans le passé. I Passez du style direct au style indirect en effectuant les changements de temps et de personnes nécessaires.

Pierre a téléphoné à Nadine qui raconte la conversation à Juliette.
— « Je te promets que je viendrai ce soir, mais je t'appellerai pour te dire à quelle heure j'arriverai. Est-ce que Juliette sera là ? Je prendrai sûrement ma voiture et je la raccompagnerai à la fin de la soirée. »
→ Pierre m'a promis...

II Complétez en conjuguant le verbe proposé à l'indicatif ou au conditionnel.

Croire :   Je .... que vous trouveriez facilement du travail.
Aller :   Nous avons décidé que nous .... passer quelques jours à la montagne.
Rentrer : Ses parents croyaient qu'elle .... au bout de quelques mois.
Être sûr : J'........................... qu'il me répondrait par retour du courrier.
Écrire :   Elle m'........................... qu'elle viendrait passer les vacances de Noël à Paris.

Articulation logique. Choisissez la locution prépositive qui convient.

1. Il a obtenu cet emploi	grâce à / à cause de	ses diplômes.
2. Elle n'a pas obtenu cet emploi	grâce à / à cause de	son âge.
3. J'ai accepté cette proposition	grâce à / malgré	un salaire assez bas.
4. J'ai trouvé un appartement	grâce à / malgré	mes amis.

Plus-que-parfait. Complétez avec les verbes entre parenthèses.

1. Quand je l'ai rencontré, je ne l'ai pas reconnu : je ne l'........................... pas .... depuis 15 ans. (revoir)
2. Je lui ai répété ce que je lui .... hier. (dire)
3. Je lui ai fait récrire la lettre qu'il .... à son grand-père. (écrire)
4. Nous n'avons pas pu dîner dans ce restaurant car nous n'........................... pas .... de table. (réserver)
5. Elle a revendu l'appartement qu'elle .... il y a 2 ans car il était trop petit. (acheter)

En, y, le. I Complétez en utilisant les pronoms « en, y » ou « le ».

— Tu lui as dit que je ne serais pas là demain ?
— Non, je n'........................... ai pas pensé mais il doit .... savoir car demain c'est samedi.
— Est-ce qu'il t'a dit pourquoi il voulait me voir ?
— Oui, il me .... a dit : il voudrait que tu t'occupes de son association.
— Il me .... a demandé plusieurs fois mais je ne veux pas m'........................... occuper.
— Pourtant, il aimerait beaucoup travailler avec toi.
— Ça, je .... crois : je ferais tout le travail !
— Tu crois vraiment qu'il te laisserait tout faire ?
— Ah oui, je l'........................... crois capable !

II Rayez les réponses qui ne conviennent pas.

1. A : — Je n'y ai pas fait attention !
    B : — A quoi n'as-tu pas fait attention ?
    A : — A... / ce qu'il a dit. / son télégramme. / le prévenir.
2. A : — Je ne le savais pas !
    B : — Qu'est-ce que tu ne savais pas ?
    A : — ... / ce qu'il faisait. / son nom. / conduire.
3. A : — Elle ne s'y attendait pas !
    B : — A quoi ne s'attendait-elle pas ?
    A : — A... / ce qu'il ne fasse rien. / cette lettre. / recevoir une lettre.
4. A : — Il m'en a parlé.
    B : — De quoi t'a-t-il parlé ?
    A : — De... / ce qu'il avait fait. / son travail. / chercher du travail.
5. A : — Je n'en ai pas envie !
    B : — De quoi n'as-tu pas envie ?
    A : — De... / ce qu'elle m'a donné. / sa proposition. / travailler.
6. A : — Elle me l'a dit.
    B : — Que t'a-t-elle dit ?
    A : — ... / ce qu'elle avait fait. / son nom. / lui téléphoner demain.

« Où » : pronom relatif. Récrivez les phrases en utilisant le pronom relatif « où ».

1. J'habite dans une maison qui est au bord d'un lac.
La maison...
2. Je voulais aller dans un magasin mais il était fermé.
Le magasin...
3. Je travaille trois soirs par semaine, ces soirs-là, je fais garder mes enfants.
Les soirs...
4. Certains jours, il n'est pas là ; alors je fais ce que je veux.
Les jours...

Comme. Chaque phrase de A peut être reliée à une phrase de B par « comme ».
Écrivez les six phrases obtenues.

A	B
1. Mon fils a les yeux bleus	a. il me l'avait demandé
2. Je suis allé le voir	b. vous voulez
3. Écris cette lettre	c. on dit ici
4. Il dort	d. je te l'ai demandé
5. Faites	e. son père
6. J'ai un « char »	f. un bébé

Subjonctif. I Complétez les phrases en utilisant les verbes proposés au subjonctif.

Prendre : Il souhaite que tu .... ta voiture, car la sienne est cassée.
Arriver : Je ne veux pas que vous .... en retard.
Faire :   Elle adore que tu lui .... des cadeaux.
Partir : Nous regrettons beaucoup qu'elle .... demain.
Dire :   Je déteste qu'il me .... ce que je dois faire.
Être :   Il faut que je .... prêt à 8 heures.
Avoir :   Il faudra que vous .... du courage.

II Mettez les verbes soulignés à la forme négative et effectuez les changements de temps et de mode nécessaires.

Je pense qu'il est trop tôt pour partir et que nous avons le temps de prendre un café.
Je crois qu'il sait où nous allons et je suis sûr qu'il pourra nous téléphoner là-bas.

III Récrivez les phrases de façon à utiliser les pronoms personnels proposés.

Ex. : Il vaut mieux ne pas être là quand il rentrera.
(je) → Il vaut mieux que je ne sois pas là quand il rentrera...
1. Pour aller à la gare, il faut prendre la première rue à gauche. (vous) →
2. Il vaut mieux lui téléphoner à son bureau. (tu) →
3. Il est rare de pouvoir le trouver à cette heure-ci. (on) →
4. Il est impossible de ne pas le connaître. (vous) →
5. Il est nécessaire d'obtenir son diplôme pour être infirmière. (elle) →

Bien que - pour que - avant que. Reliez les phrases 1 et 2 de façon à utiliser les conjonctions indiquées.

Ex. : Bien que 1 Ils regardent la télévision.
              2 Leur mère le leur interdit. → Ils regardent
la télévision bien que leur mère le leur interdise.
- Pour que   1 Ses parents lui ont envoyé de l'argent.
              2 Il peut rentrer en France.
- Bien que   1 Elle nous a écrit.
              2 Elle est très occupée.
- Avant que   1 J'espère qu'il arrivera.
              2 Il y a trop de monde.

A quel temps et à quel mode sont conjugués les verbes des subordonnées ?

Les termes de liaison (temps). Dans les phrases suivantes, remplacez les groupes de mots soulignés par des subordonnées conjonctives. (Conjonctions : *dès que, depuis que, avant que, après que*)
Ex. : Depuis son accident, il ne joue plus aussi bien au tennis. Depuis qu'il a eu un accident, il ne joue plus aussi bien au tennis.
1. Ton frère est arrivé après ton départ, et dès son entrée, j'ai compris qu'il s'était passé quelque chose.
2. Avant de partir, laissez-moi votre adresse et téléphonez-moi dès votre arrivée.

3. — Ils sont mariés, depuis ils habitent en Australie.
— Avant leur mariage, tu les voyais souvent ?
— Oui, mais dès leur premier enfant, ils se sont installés là-bas.

Après quelle conjonction de subordination le subjonctif est-il obligatoire ?

Les phrases hypothétiques. I Quelles sont les propositions B qui peuvent convenir comme suites aux propositions A ?

A	B
1. Si vous voulez être à l'heure	il fallait partir avant. dépêchez-vous ! il faut partir maintenant.
2. S'il travaillait un peu plus	il s'ennuierait moins. il aura un meilleur salaire il gagnerait plus d'argent.
3. S'il avait terminé son travail	il serait content il pourra regarder la télévision il pourrait sortir
4. S'il a rencontré Bertrand	il lui a parlé de toi il le saurait il te le dira

II Complétez les phrases suivantes en conjuguant les verbes proposés au temps qui convient.
1. (*pouvoir, être, faire, tomber malade*)
Si je .... prendre 3 jours de congé, si l'hôtel n' .... pas complet, s'il .... beau et si mes enfants ne .... pas malades, j'irai faire du ski la semaine prochaine.
2. (*accepter, être, pouvoir*)
Si mes parents .... de garder les enfants, si mon mari .... moins occupé et si je .... prendre 8 jours de vacances, nous irions passer une semaine au soleil.

Poèmes et chansons

Les gens de mon pays

Les gens de mon pays
Ce sont gens de parole
Et gens de causerie
qui parlent pour s'entendre
5 et parlent pour parler
il faut les écouter
c'est parfois vérité
et c'est parfois mensonge
mais la plupart du temps
10 c'est le bonheur qui dit
comme il faudra de temps
pour saisir le bonheur
à travers la misère
emmaillé au plaisir
15 tant d'en rêver tout haut
que d'en parler à l'aise.

Parlant de mon pays
je vous entends parler

et j'en ai danse aux pieds
20 et musique aux oreilles
et du loin au plus loin
de ce neigeux désert
où vous vous entêtez
à jeter vos villages
25 je vous répéterai
vos parlers et vos dires
vos propos et parlures
jusqu'à perdre mon nom
ô voix tant écoutées
30 pour qu'il ne reste plus
de moi-même qu'un peu
de votre écho sonore

Je vous entends jaser
sur les perrons des portes
35 et de chaque côté
des cléons des clôtures (1)

je vous entends chanter
dans la demi-saison
votre trop court été
40 et votre hiver si longue
je vous entends rêver
dans les soirs de doux temps
il est question de bois
de ventes et de gréments
45 de labours à finir
d'espoirs et de récoltes
d'amour et du voisin
qui va marier sa fille.

Voix noires voix durcies
50 d'écorce et de cordage
voix du pays plain-chant (2)
et voix des amoureux
douces voix attendries
des amours de village

⁵⁵ voix des beaux airs anciens
dont on s'ennuie en ville
piailleries d'écoles (3)
et palabres et sparages (4)
magasin général
⁶⁰ et restaurant du coin
les ponts les quais les gares
tous vos cris maritimes
atteignent ma fenêtre
et m'arrachent l'oreille.

⁶⁵ Est-ce vous que j'appelle
ou vous qui m'appelez
langage de mon père
et patois dix-septième
vous me faites voyage
⁷⁰ mal et mélancolie
vous me faites plaisir
et sagesse et folie
il n'est coin de la terre
où je ne vous entende
⁷⁵ il n'est coin de ma vie

à l'abri de vos bruits
il n'est chanson de moi
qui ne soit toute faite
avec vos mots vos pas
⁸⁰ avec votre musique.

Je vous entends rêver
douce comme rivière
je vous entends claquer
comme voiles du large
⁸⁵ je vous entends gronder
comme chute en montagne
je vous entends rouler
comme baril de poudre
je vous entends grandir
⁹⁰ comme grain de quatre heures
je vous entends cogner
comme mer en falaise
je vous entends passer
comme glace en débâcle (5)
⁹⁵ je vous entends demain
parler de liberté.

GILLES VIGNEAULT,
« avec l'autorisation des Productions musicales SIBECAR (Paris). »

1. poteaux des clôtures

2. musique vocale simple

3. piaillerie : cris des petits oiseaux

4. agitation

5. rupture de la glace sur les fleuves

LE QUÉBEC

Province du Canada, sept millions d'habitants, où l'on parle le français (80 %) et l'anglais. Exploré au 16e siècle par le français Jacques Cartier, le Québec a été peuplé à partir du 17e siècle par des émigrés français qui ont gardé une langue assez proche du français de cette époque.

GILLES VIGNEAULT

Chanteur québécois né en 1928, très connu dans son pays. *Les gens de mon pays* est une de ses chansons les plus célèbres.

L'AFFAIRE DES STARLETTES

L'AFFAIRE DES STARLETTES

Une étrange affaire a mis en émoi la ville de Cannes pendant le festival du Cinéma. Lisons d'abord la presse du 8 au 13 mai.

Cannes - Matin 8 mai

OUVERTURE DU FESTIVAL DE CANNES

Le festival de Cannes vient de commencer et notre ville est envahie par la foule habituelle des professionnels du cinéma (producteurs et metteurs en scène, acteurs et actrices) ainsi que des journalistes et photographes. Cette année encore, on attend plus de 20 000 personnes, et, de Menton à Saint-Raphaël, on ne trouve plus une seule chambre d'hôtel pour la durée du festival.
Les starlettes sont là elles aussi, toujours pleines d'imagination et d'espoirs. On les voit surtout l'après-midi sur la Croisette, souvent très peu vêtues, en train de poser pour les nombreux photographes à l'affût de photos à sensation. Elles sont venues des quatre coins d'Europe avec des rêves de cinéma plein la tête, dans l'espoir d'un bout d'essai et, qui sait ? peut-être d'un rôle dans un film.

DISPARITION D'UNE STARLETTE

Pour l'une d'elles, Anna Pisanelli de Milan, le festival de cette année commence mal : elle vient de signaler à la police la disparition de son amie Laura Rossetti qu'elle n'a pas revue depuis avant-hier. Ci-contre la photo de la disparue. Les personnes qui peuvent fournir des renseignements à son sujet sont priées de se mettre en rapport avec la police.

FAITS DIVERS *Cannes - Matin 10 mai*

Mystère au lotissement des Pins.

Que se passe-t-il au lotissement des Pins ? Situé à 3 km du centre de Cannes, ce lotissement comporte une quinzaine de villas dans des rues très calmes. C'est dans ce quartier peu fréquenté que se trouve peut-être la solution du mystère de la disparition de deux starlettes. En effet, à la suite de notre article du 8 mai signalant la disparition d'une jeune femme de Milan, un témoin s'est manifesté à la police. Il s'agit de M. Vincent Mariani, employé des P.T.T. Il a reconnu la photo de Mlle Rossetti, qu'il a aperçue dans le lotissement des Pins le jour de sa disparition en début d'après-midi.

Par ailleurs, un jardinier, M. Armand Giraud, qui travaille en ce moment dans une villa, impasse des Mimosas, lotissement des Pins, a été le témoin d'un enlèvement avant-hier vers 13 h en pleine rue. Il a immédiatement alerté la police.

Dernière minute.

Un hôtelier cannois, M. Laurent Grimaldi, signale la disparition d'une de ses clientes, Mlle Sylviane Schmidt de Strasbourg, jeune comédienne venue à Cannes pour le festival. Depuis le 9 mai, Mlle Schmidt n'est pas reparue à son hôtel où se trouvent encore toutes ses affaires. La police a ouvert une enquête.

photo d'Isabelle Dumas de la *Croisette*

Mystère! encore une disparition

13 mai (Cannes - Matin)

ENCORE UNE DISPARITION

L'émotion est vive sur la Croisette, en particulier chez les starlettes qui n'osent plus sortir de leurs hôtels. Une quatrième disparition est signalée. Il s'agit encore d'une starlette, Mlle Isabelle Dumas de Paris. Un témoin, Mme Odile Brunois, agent immobilier à Cannes, a vu un homme et une femme se battre dans une rue déserte mardi vers 13 h 30. Peu après, Mme Brunois a trouvé sur les lieux un portefeuille qu'elle a rapporté à la police. Ce portefeuille appartient à Mlle Dumas que ses amis cannois n'ont pas revue depuis mardi soir.

Aucune des personnes disparues depuis le 6 mai n'a été revue. Devant la gravité de cette affaire de disparitions, le ministre de l'Intérieur vient de confier l'enquête au célèbre commissaire Frossard que l'on attend aujourd'hui à Cannes.

Nous sommes maintenant à la préfecture de Nice où le commissaire Frossard est en réunion avec les responsables de la police locale.

Le Commissaire Frossard : Messieurs, nous sommes réunis ce matin pour faire le point sur ces disparitions. Les responsables du festival s'inquiètent. La presse de ce matin titrait : Que fait la police ? Eh bien, c'est une question que je me pose moi aussi. Que fait la police ? Pourquoi l'enquête n'avance-t-elle pas ? Vous savez que la sécurité des personnes est une des questions qui préoccupent beaucoup l'opinion publique. Messieurs, la France a les yeux fixés sur nous. Il faut absolument réagir. Le ministre attend des résultats, et rapidement. Monsieur le Commissaire Divisionnaire, vous avez la parole.

Le Commissaire Divisionnaire : Je crois qu'il faut commencer par la lecture des témoignages que nous avons recueillis. Vous avez le dossier, Franceschi ?

Franceschi : Oui, Monsieur le Commissaire.

Le Com. Div. : Relisez-nous tout ça.

Franceschi : Voilà : disparition n° 1, Mlle Laura Rossetti. Nous avons d'abord le témoignage du facteur, Vincent Mariani, en date du 9 mai.
"Il était environ 13h30. Je terminais ma tournée dans le lotissement des Pins quand j'ai vu une jeune femme à pied qui m'a fait signe. Je me suis arrêté. C'était une très jolie femme, vêtue d'un pantalon et d'un T-shirt. Elle m'a demandé où se trouvait l'allée des Mimosas. J'ai reconnu sa photo dans le journal de ce matin."
Le deuxième témoignage est celui de l'amie de la disparue, Anna Pisanelli. C'est elle qui a signalé sa disparition. Je lis :
"Je suis venue à Cannes pour le festival avec Laura Rossetti. Nous étions ici depuis deux jours quand Laura a rencontré un metteur en scène qui lui a donné rendez-vous hier à 13h dans sa villa. Depuis, je ne l'ai pas revue."

Frossard : On sait qui est ce metteur en scène ?

Franceschi : Non, Monsieur le Commissaire. Melle Pisanelli ajoute :
"Je ne me rappelle pas le nom de ce metteur en scène. Ce n'est pas un nom connu. Et je ne sais pas à quelle adresse Laura devait le rencontrer." Voilà pour la première disparition.

Frossard : C'est maigre ! On a fouillé les affaires de la disparue ? On n'a pas trouvé d'indice ?

Le Com. Div. : Non, rien. Mais vous allez voir, Monsieur le Commissaire, la deuxième disparition présente plusieurs points communs avec la première.

Franceschi : Nous avons deux témoignages : celui du jardinier et celui de l'hôtelier.
Le jardinier, d'abord. Il a fait sa déposition le samedi 8 mai :
"Je travaille en ce moment dans le jardin d'un client parisien, M. Lambert, qui possède une villa allée des Mimosas. Aujourd'hui, vers 13h, je venais de finir de déjeuner quand j'ai entendu un bruit de moteur. J'ai été surpris car les deux villas allée des Mimosas ne sont pas habitées en ce moment. J'ai vu deux camionnettes blanches s'arrêter dans la rue. Personne n'en est descendu. Ensuite, je suis allé travailler derrière la villa, et j'ai entendu des cris de femme. Elle disait : "Lâchez-moi, lâchez-moi", et elle a appelé au secours. Je me suis précipité, mais quand je suis arrivé à la grille du jardin, les deux camionnettes ont démarré très vite. Je suis sorti dans la rue : il n'y avait personne. J'ai trouvé ça très bizarre et j'ai téléphoné à la police."

Frossard : Et il n'a pas relevé le numéro des véhicules ?

Franceschi : Il n'en a pas eu le temps.

Frossard : Vos conclusions, Monsieur le Divisionnaire ?

Le Com. Div. : Attendez. On va d'abord écouter la déposition de l'hôtelier. Allez-y, Franceschi.

Franceschi : "Je signale la disparition d'une de mes clientes, Mlle Schmidt de Strasbourg. Elle n'a pas couché dans sa chambre depuis le 9 mai au soir, et je ne l'ai pas revue depuis. Toutes ses affaires sont encore dans sa chambre."
Ensuite, il donne le signalement de Mlle Schmidt : jeune femme de 20 à 22 ans, grande, blonde, assez jolie. Il pense que c'est une starlette.

Frossard : Attendez. Il y a une chose que je ne comprends pas ! Vous me parlez de la deuxième disparition et vous me citez deux témoignages. Mais qui vous dit que la femme que le jardinier a entendu et cette Mlle Schmidt sont la même personne ?

Le Com. Div. : C'est une supposition. M. le Commissaire, une simple supposition. J'ai parlé de points communs : les voici. Le lieu, d'abord : allée des Mimosas - un endroit désert. L'heure ensuite : entre 13h et 13h30. Les victimes, enfin : des jeunes femmes, des starlettes, plus exactement.

Frossard : Enfin, vous vous moquez de moi ! Est-ce que le jardinier parle d'une starlette ?
Non. Il ne l'a même pas vue ! Pour moi...

Le Com. Div. : (le coupant) : Monsieur le Commissaire, je dis que c'est une supposition.
Et je crois que vous serez bientôt d'accord avec moi. Franceschi, lisez-nous la déposition
de Mme Brunois.

Franceschi : Alors, cette dame travaille dans une agence immobilière de Cannes. Elle a
déclaré :
"J'avais rendez-vous avec un client pour lui faire visiter une villa à vendre, impasse
des Oliviers..."

Le Com. Div. : Il s'agit encore d'un quartier éloigné et très calme.

Franceschi : "J'étais un peu en avance. Je me suis garée avant l'entrée de l'impasse et
j'ai attendu dans ma voiture. Un taxi est arrivé, s'est engagé dans l'impasse, et est
reparti. Tout de suite après, j'ai entendu des cris. Je suis sortie de ma voiture pour
allez voir ce qui se passait et j'ai vu un homme et une femme qui se battaient. Elle
lui donnait des coups sur la tête avec son sac à main. J'ai pensé à une scène de ménage
et je suis retournée à ma voiture. Peu après, deux camionnettes blanches qui se suivaient
sont sorties de l'impasse et sont parties très vite..."

Le Com. Div. : On reparle des deux camionnettes blanches...

Franceschi : "Mon client est arrivé. Nous sommes allés vers la villa à visiter, et sur
le trottoir, j'ai trouvé un portefeuille. Celui de la jeune femme, je pense. "

Frossard : Alors ?

Le Com. Div. : Alors, l'inspecteur Andruet va nous dire la suite.

Andruet : Dans le portefeuille, il y avait une carte d'identité, celle de Mlle Isabelle
Dumas, 21 ans, domiciliée à Paris, 14 rue Bobillot, et une lettre adressée à elle à
Cannes. Je me suis rendu à cette adresse et j'ai rencontré des amis de Mlle Dumas chez
qui elle habite pendant le festival. J'ai demandé où était Mlle Dumas. On m'a répondu
qu'elle était allée à un rendez-vous avec un metteur en scène. Elle était partie depuis
la fin de la matinée. Depuis, ses amis ne l'ont pas revue. Cette histoire ressemble
beaucoup à ce qui est arrivé à la jeune Italienne.

Le Com. Div. : Evidemment, il n'y a pas de metteur en scène impasse des Oliviers. Nous
avons interrogé tout le monde. Mais qu'est-ce qu'on trouve impasse des Oliviers ? On trouve
les deux camionnettes blanches. Qui a-t-on encore enlevé ? Une starlette. Et à quelle
heure ? Encore à 13h. Voilà, je crois que nous avons fait le tour de la question.

Frossard : Je vous remercie, Monsieur le Commissaire Divisionnaire, pour ce bilan, et
voici ce que je pense. Ces affaires ont en effet beaucoup de points communs. A chaque fois,
c'est presque le même scénario. Je pense qu'il s'agit en réalité d'une seule affaire.

Et une affaire bien curieuse. Et je me pose deux questions. Premièrement, pourquoi
ces enlèvements ont-ils toujours lieu en plein jour ? Deuxièmement, pourquoi toujours
deux camionnettes ? A mon avis, il faut absolument obtenir une réponse à la deuxième
question. Je crois qu'elle nous apportera la solution.

Le 14 mai, la mystérieuse affaire de la disparition des starlettes était résolue. Voici ce que disait la présentatrice du journal télévisé de 13 h sur Antenne 2.

« Mesdames, Mesdemoiselles, Messieurs, bonjour. Tout d'abord, le calme est revenu sur la Croisette, et le festival de Cannes va pouvoir continuer en paix. On se souvient de l'affaire de la disparition de starlettes, la presse en a assez parlé. On se souvient aussi que le ministre de l'Intérieur a envoyé sur les lieux le Commissaire Frossard. Deux heures après son arrivée, l'énigme était résolue. Mais ce policier exceptionnel n'y était pour rien. C'est un coup de téléphone du coupable lui-même qui a mis fin à l'enquête. Il invitait le Commissaire à se rendre à une conférence de presse qu'il allait donner dans un hôtel de Cannes. A 11 h, la presse et la télévision étaient là, ainsi que le Commissaire Frossard et ses hommes. Alors, ce coupable, qui est-il ? Il s'agit du metteur en scène Christian de Beuil. A ses côtés, les trois disparues, en parfaite santé et souriantes. Alors, de quoi s'agit-il ? D'un coup de pub ? Eh bien, oui et non. Vous allez voir. Au départ, comme l'a expliqué Christian de Beuil, il s'agissait d'un projet de film : un film sur les enlèvements et séquestrations que Christian de Beuil prépare en ce moment. Écoutez-le :

« Au cinéma, il est rare que les scènes de violence soient réussies. Je ne pense pas qu'un comédien ou une comédienne puisse vraiment bien jouer ce genre de scènes. Il fallait que j'obtienne la peur, la peur authentique. Alors, j'ai pensé à réaliser d'authentiques enlèvements. »

Ensuite, il a expliqué comment il s'y était pris : il a choisi trois inconnues qui correspondaient à ses personnages, et leur a donné rendez-vous, toujours dans des lieux isolés et vers 13 h pour qu'il n'y ait pas de témoins, toujours en plein jour pour pouvoir filmer, eh oui, filmer, la scène de l'enlèvement. On comprend maintenant à quoi servaient les deux camionnettes que la police recherchait activement. Elles contenaient les caméras vidéo qui filmaient toute la scène. A la dernière seconde, la demoiselle était entraînée vers l'une ou l'autre camionnette. Et après, que se passait-il ? Écoutons Isabelle Dumas :

« On m'a jetée à l'intérieur de la camionnette qui a démarré aussitôt. J'étais morte de peur. Pendant tout le trajet, j'avais une arme braquée sur moi. Je voyais les caméras et les projecteurs, et j'ai compris qu'ils me filmaient mais je ne savais pas pourquoi. »

Arrivés à destination, dans une villa complètement isolée du côté de Vence, on poussait dehors la demoiselle, et on l'emmenait dans une grande pièce vide où elle était filmée sans le savoir pendant encore une demi-heure. Et après, Christian de Beuil apparaissait avec champagne et carnet de chèques, et il expliquait toute l'affaire. Ensuite commençait une douce période de « séquestration » entre guillemets, avec piscine, champagne et repas fins, car, pour mener à bien toute l'opération, il ne fallait pas que les deux premières disparues réapparaissent trop vite. Bien sûr, les jeunes femmes téléphonaient à leurs parents et amis pour les rassurer.

Voilà, vous savez tout. Vous comprenez pourquoi aucune n'a porté plainte. Voici maintenant trois comédiennes avec un rôle dans un film, et voici un metteur en scène, hier encore inconnu, qui va faire demain la une de tous les journaux. Un beau coup de pub, en fin de compte. Une histoire qui finit bien, mais une histoire parfaitement immorale. Avec de pareilles méthodes, on imagine ce que ferait Christian de Beuil s'il devait tourner un film sur la torture, par exemple. L'histoire, d'ailleurs, n'a pas été du goût du Commissaire Frossard. C'est lui qui porte plainte pour outrage à magistrat. Il considère, à juste titre, que Christian de Beuil s'est moqué de la police. Christian de Beuil, lui, savait ce qu'il risquait : de 15 jours à trois mois de prison, et une forte amende. Mais il est très heureux du résultat, et comme il l'a déclaré, s'il va en prison, il pourra travailler dans le calme à un nouveau scénario... »

LE CINÉMA

Paroles de Claude NOUGARO

Sur l'écran noir de mes nuits blanches
Moi je me fais du cinéma,
Sans pognon et sans caméra.
Bardot peut partir en vacances
Ma vedette c'est toujours toi.
Pour te dire que je t'aime y'a
rien à faire je flanche,
J'ai du cœur mais pas d'estomac.
C'est pourquoi je prends ma revanche
Sur l'écran noir de mes nuits blanches
Où je me fais du cinéma.

D'abord un gros plan sur tes hanches,
Puis un travelling panorama
Sur ta poitrine grand format.
Voilà comment mon film commence.
Souriant, je m'avance vers toi
Un mètre quatre-vingts, des biceps plein les manches,
Je crève l'écran de mes nuits blanches
Où je me fais du cinéma.

Musique de Michel LEGRAND

Te voilà déjà dans mes bras,
Le lit arrive en avalanche
Sur l'écran noir de mes nuits blanches
Où je me fais du cinéma.
Une fois, deux fois, dix fois, vingt fois,
Je recommence la séquence
Où tu me tombes dans les bras.

Je tourne tous les soirs y compris le dimanche.
Parfois on sonne, j'ouvre, c'est toi.
Vais-je te prendre par les hanches
Comme sur l'écran de mes nuits blanches ?
Non, je te dis « Comment ça va »
Et je t'emmène au cinéma.

MEMENTO GRAMMATICAL

A. LE DOMAINE DU NOM

masculin	féminin	transformation	
un boucher →	une bouchère	er →	ère
un épicier	une épicière	ier	ière
un prince	une princesse	e	esse
un chameau	une chamelle	eau	elle
un colonel	une colonelle	el	elle
un paysan	une paysanne	an	anne
un chien	une chienne	ien	ienne
un lion	une lionne	on	onne
un voisin	une voisine	in	ine
un voleur	une voleuse	eur	euse
un acteur	une actrice	teur	trice
un veuf	une veuve	f	ve
un loup	une louve	p	ve
un époux	une épouse	x	se

1 LE GENRE DU NOM

Chaque nom français possède un genre.
Il est MASCULIN ou FÉMININ. Le genre se reconnaît à la forme de l'article : *le* ou *un* pour le masculin : *le ciel, un toit ; la* ou *une* pour le féminin : *la maison, une rivière*. Les dictionnaires donnent toujours l'indication du genre, indispensable à une expression correcte.

1.1. POUR LES NOMS DE CHOSES, le masculin et le féminin sont répartis au hasard. Dans ce cas, chaque nom n'a qu'un seul genre, masculin ou féminin :
le soleil mais *la lune, un banc* mais *une table, mon stylo* mais *ma serviette...*

1.2. POUR LES ÊTRES VIVANTS, le nom du mâle est masculin, celui de la femelle est féminin. Dans ce cas, certains noms ont les deux genres, le masculin et le féminin :
masculin : *un chat, un lion, un renard, un éléphant...*
féminin : *une chatte, une lionne, une renarde, une éléphante...*
Souvent, les noms d'êtres animés diffèrent pour désigner le mâle et la femelle :
masculin : *le père, le frère, le garçon, le coq...*
féminin : *la mère, la sœur, la fille, la poule.*
Certains noms d'animaux n'ont qu'un genre :
une guêpe, un moustique, une girafe.

1.3. LA FORMATION DU FÉMININ des noms qui ont les deux genres :

a) les noms terminés au masculin par -E ne changent pas au féminin : *élève, camarade, concierge, pianiste, secrétaire, malade, touriste, locataire... :*
un élève ; une élève ; le locataire, la locataire...

b) en général, on forme le féminin dans l'orthographe, en ajoutant -E au masculin : *un ami, une amie ; un marchand, une marchande ; un commerçant, une commerçante...*

c) un grand nombre de noms forment leur féminin par transformation de la syllabe finale en plus de l'adjonction du E. Voici les principaux cas :

2 LE NOMBRE : SINGULIER ET PLURIEL.

2.1. LE PLURIEL D'UN NOM, dans la majorité des cas, s'écrit en ajoutant la lettre S à la forme du singulier. Mais ce S ne se prononce pas.
Un livre / deux livres — l'avion / trois avions.
Cependant, on *entend* souvent le pluriel à cause de la liaison qui permet de faire apparaître le S de l'article, du possessif, du démonstratif, de l'adjectif.
mes (Z) enfants, les (Z) oranges, les (Z) autres, ces (Z) idées.

2.2. Mais il existe plusieurs EXCEPTIONS à cette règle générale :

a) les noms terminés au singulier par -AL forment leurs pluriel en -AUX : *un cheval, des chevaux.* Mais quelques noms en -AL forment cependant leur pluriel en -ALS : *bal, carnaval, chacal, corral, festival, récital, régal : un bal, des bals.*

b) 7 noms terminés au singulier par -AIL forment leur pluriel en -AUX : *bail, corail, émail, soupirail, vitrail, travail, vantail : un bail, des baux.*

c) les noms terminés au singulier par -AU, -EAU, -EU, prennent un X au pluriel : *un tuyau, des tuyaux ; un seau, des seaux ; un jeu, des jeux.*

d) 7 noms terminés au singulier par -OU prennent un -X au pluriel : *bijou, caillou, chou, genou, hibou, joujou, pou ; un caillou, des cailloux.*

e) les noms terminés au singulier par S, X, Z, ne changent pas au pluriel : *une souris, des souris ; un nez, des nez ; un prix, des prix.*

3 L'ACCORD AVEC LE NOM

En français, les questions de genre et de nombre sont particulièrement importantes, car un **accord** doit se faire entre le nom, l'article, le démonstratif, le possessif et l'adjectif.
Le chat noir, la chatte noire, les petits chats noirs, etc.
Un ami allemand, une amie allemande, ces amis allemands, nos amies, etc.
Les paragraphes suivants sont très importants de ce point de vue.

❹ LES ARTICLES

4.1. LES ARTICLES DÉFINIS.

	Singulier	Pluriel
Masculin	LE	LES
Féminin	LA	

→ **NOTEZ** la forme élidée L' devant une voyelle et un H muet : *l'aéroport - l'hôpital.*

FORME CONTRACTÉE DES ARTICLES DÉFINIS.

Masculin	*à le* (impossible)	→ AU
Féminin	(pas de contraction)	À LA
Pluriel	*à les* (impossible)	→ AUX

4.2 LES ARTICLES INDÉFINIS.

	Singulier	Pluriel
Masculin	UN	DES
Féminin	UNE	

un grand hôtel, une voiture étrangère, des cigarettes

4.3. LES ARTICLES PARTITIFS.
Ils résultent de la contraction de DE et d'un article défini.

Masculin	*de le* (impossible) → DU
Féminin	(pas de contraction) DE LA
Pluriel	*de les* (impossible) → DES

du jus de fruit, de la bière, des verres
C'est une particularité du français, qui demande une attention particulière.
Il y a beaucoup de neige — Il y a de la neige.
Il y a assez de pain — Il y a du pain.
Il y a peu de lacs — Il y a des lacs.

→ **NOTEZ** que dans une phrase négative, DE est employé seul :
Je ne veux pas de sauce au piment.
On ne voit pas de neige ici.
On ne voit plus de skieurs ici.

❺ LES DÉMONSTRATIFS

5.1. LES FORMES.

	Singulier	Pluriel
Masculin	CE/CET	CES
Féminin	CETTE	

(CET devant voyelle et H muet)

5.2. EXEMPLES D'EMPLOI.
Je ne connais pas cette ville. (On vient d'en parler.)
Regardez ce chien, là, dans la rue. (Le chien est visible.)

→ **NOTEZ** la différence entre, par exemple, *ce soir* (aujourd'hui) et *ce soir-là* (un autre soir) ; de même : *cette année-là, ce jour-là,* etc.
On dit *ce mois-ci,* au lieu de *ce mois.*

❻ LES POSSESSIFS

6.1. LES POSSESSIFS ont des FORMES différentes
— selon qu'il y a **un** ou **plusieurs** possesseurs
— selon qu'il s'agit de la 1re, de la 2e ou 3e **personne**
— selon le **nombre** et le **genre** du nom qui suit.

6.2. UN SEUL POSSESSEUR

		1re	2^e	3^e
Sing.	**M**	MON *chat*	TON *chat*	SON *chat*
	F	MA *chatte*	TA *chatte*	SA *chatte*
Pluriel		MES *amis*	TES *amis*	SES *amis*

6.3. PLUSIEURS POSSESSEURS

Sing.	**M**	NOTRE *pays*	VOTRE *pays*	LEUR *pays*
	F	NOTRE *ville*	VOTRE *ville*	LEUR *ville*
Pluriel		NOS *amis*	VOS *amis*	LEURS *amis*

→ **NOTEZ** que lorsque le nom singulier commence par une voyelle, on emploie toujours *mon, ton, son,* quel que soit le genre : *son amie, mon assiette, ton oncle...*

6.4. EXEMPLES D'EMPLOIS.

(un enfant)	*Un enfant joue avec son chat.*	(un chat)
(un enfant)	*Un enfant joue avec ses chats.*	(plusieurs)
(plusieurs)	*Des enfants jouent avec leur chat.*	(un chat)
(plusieurs)	*Des enfants jouent avec leurs chats.*	(plusieurs)

❼ LES QUANTIFICATEURS

Placés avant le nom, les **quantificateurs** expriment la **quantité :** *un peu, beaucoup, un, trois, tous,* etc.

7.1 TOTALITÉ ET NULLITÉ.

a) **La totalité.**

	Masculin	Féminin
Singulier	TOUT	TOUTE
Pluriel	TOUS	TOUTES

tout le village   *toute la ville*
tous les amis   *toutes les fleurs*

→ **NOTEZ** l'équivalence :
Tous les habitants ont un jardin.
Chaque habitant a un jardin.
TOUT peut être employé seul comme pronom.
Vous avez tout pris ?
Tous étaient occupés.

b) **La nullité :** zéro.
Il n'y avait pas un étranger.
Il n'y avait aucun étranger.
Il n'y avait pas d'étrangers.
DU TOUT renforce l'expression de la nullité.
Il n'y avait pas d'eau du tout.
Il n'y a plus du tout de neige.

7.2. GRANDE OU PETITE QUANTITÉ : PEU, ASSEZ, BEAUCOUP, TROP

a) — Aux deux extrêmes : PEU / BEAUCOUP (DE)

Singulier *Il y a **peu de** neige cet hiver.*
*Il y a **beaucoup de** neige cet hiver.*
Pluriel *Il y a **peu de** taxis dans cette ville.*
*Il y a **beaucoup de** taxis dans cette ville.*

b) — Excès : TROP
*Il y a **trop de** neige cet hiver.*
*Il y a **trop de** lacs dans ce pays.*

c) — Suffisance : ASSEZ.
*Il y a **assez de** vin pour tout le monde.*
— Insuffisance : PAS ASSEZ, TROP PEU.
*Il n'y a **pas assez** de vin pour tout le monde.*
*Il y avait **trop peu** de neige cet hiver-là.*

7.3. QUANTITÉS INDÉTERMINÉES.
Il ne s'agit jamais de grandes quantités :
QUELQUES, PLUSIEURS (plur.), UN PEU (DE) (sing.).
*Il y avait **quelques** skieurs sur la piste, neuf ou dix.*
*Comment, sa femme ? Mais il a **plusieurs** femmes !*
*Je veux bien **un peu de** café, merci.*

7.4. QUANTIFICATEURS AVEC ADJECTIFS, ADVERBES ET VERBES.

avec adjectif	*Pierre a été **très** malade.*
avec adverbe	*Pierre travaille **très** bien.*
avec verbe	*Pierre travaille **trop/peu/beaucoup**.*
avec auxiliaire	*Pierre a **trop/peu/beaucoup** travaillé.*

8 LES ADJECTIFS

8.1. MASCULIN ET FÉMININ DES ADJECTIFS.

a) Si l'adjectif est terminé au masculin par une consonne ou une autre voyelle que E, on ajoute E.
vert/verte — grand/grande — joli/jolie

b) Il y a quelques irrégularités, par exemple le redoublement de la consonne...
ancien/ancienne, gros/grosse
ou autres :
blanc/blanche, doux/douce, fou/folle, curieux/curieuse

c) La consonne du masculin, généralement muette, s'entend au féminin ; ainsi on entend *gro/gross*.

d) Si l'adjectif est déjà terminé par un E, la forme reste inchangée.
jeune, propre, calme, timide...

→ **NOTEZ** les cas de NOUVEAU, BEAU, VIEUX.
Un nouveau film, un nouvel acteur, une nouvelle actrice...
Un beau visage, un bel homme, une belle fleur...
Un vieux château, un vieil ami, une vieille maison...

8.2. PLURIEL DES ADJECTIFS.
Le pluriel des adjectifs est semblable au pluriel des noms : on ajoute un S à la forme du singulier, et dans le cas des adjectifs en AL, il y a un pluriel en AUX, sauf dans de rares cas *(idéals, finals).*

8.3. PLACE DES ADJECTIFS PAR RAPPORT AU NOM.
La plupart des adjectifs se placent après le nom.
*mon costume **beige**, un poulet **délicieux**, un mari **canadien**.*
Mais un petit nombre se placent régulièrement avant le nom : *petit / grand / gros / bon / beau / jeune / vieux.*
*Quelques **belles** pommes, une **vieille** maison, un **grand** fleuve.*
Ainsi le nom peut être encadré par deux adjectifs, un de chaque sorte.
Elle habite une grande ville canadienne.
Il a une grosse voiture étrangère.

→ **NOTEZ** les changements de signification produits par les changements de place : *un grand homme* (important) / *un homme grand* (de grande taille), et d'autres.

8.4. LES COMPARATIFS : PLUS, MOINS, AUSSI.

a) Les comparatifs d'**inégalité** sont exprimés par les adverbes *plus* et *moins* :
Paris est plus grand que Montpellier.
Le Sénégal est moins chaud que le Mali.
(ou *Le Sénégal n'est pas aussi chaud que le Mali.*)

b) Le comparatif d'**égalité** est exprimé par l'adverbe *aussi.*
Il fait aussi froid ici qu'au Québec.

c) Les adverbes de **comparaison** s'emploient aussi avec des noms ; mais noter que *aussi* est alors remplacé par *autant.*
*Il y a **plus de** monde sur la piste bleue.*
*J'ai **moins d'**argent que lui.*
*Nous avons **autant de** clients en Afrique qu'au Canada.*

→ **NOTEZ** que l'on dit *meilleur* (et pas *plus bon*) et que l'on peut dire *pire* ou *plus mauvais*.

8.5. LES SUPERLATIFS : LE PLUS, LE MOINS.
— **Le superlatif relatif** exprime le degré **le plus élevé** par rapport à tout un groupe.
C'est le plus bel hôtel de Montréal.
Ils m'ont donné la meilleure chambre de l'hôtel.
« Le Chamois » est la boîte la moins chère.
Les superlatifs irréguliers sont les mêmes que pour le comparatif : *le meilleur, le mieux, le pire.*
— **Le superlatif absolu** exprime un très haut degré.
Cette piste est très difficile.

⑨ LES PRONOMS PERSONNELS

9.1. TABLEAU DES FORMES. Les lettres majuscules renvoient aux paragraphes après le tableau.

		A	B	C
Sing.	1re pers.	JE	ME	MOI
	2e pers.	TU	TE	TOI
	3e pers.	ELLE/IL ON	LE/SE	ELLE/LUI
Plur.	1re pers.	NOUS	NOUS	NOUS
	2e pers.	VOUS	VOUS	VOUS
	3e pers.	ELLES/ILS	LES/SE/	ELLES/EUX

D	LUI, LEUR, EN, Y

→ **NOTEZ :** formes élidées *j'*, *t'*, *m'*, *l'*, *s'* devant voyelle

9.2. A LES PRONOMS SUJETS.
Je pars tout de suite.
Nous allons aussi à Briançon.
Il est ingénieur.

→ **NOTEZ** que ON peut être pronom indéfini...
On m'a fait une radio tout de suite. (peu importe qui)
... ou, dans la langue familière, remplacer *nous.*
Noter alors l'accord pluriel des participes.
On est allées au Chamois hier soir.

9.3. B LES PRONOMS COMPLÉMENTS.
Ils sont placés **avant le verbe.**
On viendra peut-être te voir.
Mes parents sont à l'hôpital. Je vais les voir.

→ **NOTEZ** que SE est un pronom **réfléchi,** représentant la même personne que le sujet. Voir aussi la conjugaison des **verbes pronominaux.**
Ma mère s'inquiète. Jacques se rase.

9.4. C LES PRONOMS DE CETTE 3e SÉRIE s'emploient...

a) Après une préposition.
On peut passer te prendre chez toi.
Je ne skie pas avec elle.

b) Comme pronom d'insistance.
Ton père souffre beaucoup, lui.
Moi, je veux un jus d'ananas.

→ **NOTEZ** que ces pronoms s'emploient seuls pour des réponses courtes.
Qui veut du café ? — Moi.

9.5. D LES PRONOMS DE CETTE 4e SÉRIE représentent un **nom précédé d'une préposition.**

Noms de personnes	LUI = **à** + nom sing.	*Elle parle à Jean /* *Elle LUI parle*
		Elle parle à sa sœur / *Elle LUI parle*
	DE LUI = **de** + nom sing.	*Elle parle de Jean /* *Elle parle de LUI*
	LEUR = **à** + nom plur.	*Elle parle à ses amis /* *Elle LEUR parle*
		Elle parle à ses amies / *Elle LEUR parle*

Noms de choses	Y = **à** + nom	*Je vais à la poste /* *J'Y vais.*
		Je pense à mon pays / *J'Y pense*
	EN = **de** + nom	*Je viens de cette ville /* *J'EN viens*
		Il parle de ce livre / *Il EN parle*

9.6. Y, EN, LE peuvent aussi représenter des propositions entières.
Vous avez apporté la facture ?
— Non, mais j'y penserai.
(Je penserai à apporter la facture.)
Dites-lui que je pense à elle.
— Oui, je le lui dirai.
(Je lui dirai que vous pensez à elle.)

9.7. LES PRONOMS EN -MÊME comme *lui-même* (construits sur les pronoms du tableau C - paragraphe 9.1), expriment une insistance sur la personne.
Il est venu lui-même. (... et pas un autre.)
Elle-même me l'a dit. (... et pas une autre.)

⑩ PRONOMS DÉMONSTRATIFS

10.1 TABLEAU DES FORMES.

	Singulier	Pluriel
Masc.	CELUI-CI CELUI-LÀ	CEUX-CI CEUX-LÀ
Fém.	CELLE-CI CELLE-LÀ	CELLES-CI CELLES-LÀ

10.2 L'usage idéal oppose les formes en -CI (ce dont on parle est près) aux formes en -LÀ (ce dont on parle est moins près, ou loin). En fait, en français actuel, on utilise beaucoup plus souvent les formes en -LÀ (dans tous les sens) que les formes en -CI.

10.3 CELA = ÇA, CECI
Cela représente un **nom,** ou toute une **proposition.**
La vie en montagne ? C'est cela qui m'intéresse.
Le plus souvent, **cela** est remplacé par **ça,** pronom démonstratif très courant en français parlé.
Ça, c'est mon magasin.
La vie en montagne ? C'est ça qui m'intéresse.
Montréal ? Où c'est, ça ?

10.4 CELUI, CELLE, CEUX, CELLES, peuvent être suivis d'un complément...
La route de Roscoff ? Prenez celle de droite.
... ou d'une proposition relative :
L'hôtel du Golfe ? C'est celui qui est au bord de la mer.

⑪ PRONOMS POSSESSIFS

11.1 TABLEAU DES FORMES.

	Singulier		Pluriel	
Un possesseur	LE MIEN	LA MIENNE	LES MIENS	LES MIENNES
	LE TIEN	LA TIENNE	LES TIENS	LES TIENNES
	LE SIEN	LA SIENNE	LES SIENS	LES SIENNES
Plusieurs possesseurs	LE NÔTRE	LA NÔTRE	LES NÔTRES	
	LE VÔTRE	LA VÔTRE	LES VÔTRES	
	LE LEUR	LA LEUR	LES LEURS	

11.2 EXEMPLES D'EMPLOI.
Ce billet est à moi. / C'est le mien.
Ces skis sont à toi. / Ce sont les tiens.
Les livres sont à eux. / Ce sont les leurs.

→ **NOTEZ** encore une fois que la différence de genre n'existe pas au pluriel.

⑫ PRONOMS INDÉFINIS

12.1 ON (voir aussi 9.2) : ce pronom exprime un sujet général, qui peut représenter n'importe qui.
On croit toujours avoir raison.

12.2 TABLEAU DES PRONOMS INDÉFINIS.

QUELQU'UN	QUELQUE CHOSE	QUELQUE PART
N'IMPORTE QUI	N'IMPORTE QUOI	N'IMPORTE OÙ
TOUT LE MONDE	TOUT	PARTOUT
PERSONNE	RIEN	NULLE PART

12.3. EXEMPLES D'EMPLOI.
N'importe qui vous dira où est Villeneuve.
Tout le monde connaît cet hôtel.
Il y a de l'essence partout.

PRONOMS RELATIFS. V. Propositions relatives. (22)
PRONOMS INTERROGATIFS. V. Les questions. (20)

*   *

*

B. LE DOMAINE DU VERBE

13 CONJUGAISONS

avoir   être

PRÉSENT

	avoir					être		
Indicatif		**Subjonctif**		*(Indicatif et Subjonctif)**	**Indicatif**		**Subjonctif**	
J'	ai.	Que j'	aie.		Je	suis.	Que je	sois.
Tu	as.	Que tu	aies.		Tu	es.	Que tu	sois.
Il/Elle/On	a.	Qu'il/elle/on	ait.		Il/Elle/On	est.	Qu'il/elle/on	soit.
Nous	avons.	Que nous	ayons.		Nous	sommes.	Que nous	soyons.
Vous	avez.	Que vous	ayez.		Vous	êtes.	Que vous	soyez.
Ils/Elles	ont.	Qu'ils/elles	aient.		Ils/Elles	sont.	Qu'ils/elles	soient.

PASSÉ

Imparfait		**Passé composé**			**Imparfait**		**Passé composé**	
J'	avais.	J'	ai eu.		J'	étais.	J'	ai été.
Tu	avais.	Tu	as eu.		Tu	étais.	Tu	as été.
Il	avait.	Il	a eu.		Il	était.	Il	a été.
Ns.	avions.	Ns.	avons eu.		Ns.	étions.	Ns.	avons été.
Vs.	aviez.	Vs.	avez eu.		Vs.	étiez.	Vs.	avez été.
Ils	avaient.	Ils	ont eu.		Ils	étaient.	Ils	ont été.

Plus-que-parfait					**Plus-que-parfait**	
J'	avais eu.				J'	avais été.
Tu	avais eu.				Tu	avais été.
Il	avait eu.				Il	avait été.
Ns.	avions eu.				Ns.	avions été.
Vs.	aviez eu.				Vs.	aviez été.
Ils	avaient eu.				Ils	avaient été.

FUTUR

J'	aurai.		Je	serai.
Tu	auras.		Tu	seras.
Il	aura.		Il	sera.
Ns.	aurons.		Ns.	serons.
Vs.	aurez.		Vs.	serez.
Ils	auront.		Ils	seront.

(* Pour les conjugaisons suivantes nous avons simplifié les pronoms personnels ainsi : Il = Il/Elle/On, Ns = Nous, Vs = Vous, Ils = Ils/Elles.)

CONDITIONNEL

J'	aurais.		Je	serais.
Tu	aurais.		Tu	serais.
Il	aurait.		Il	serait.
Ns.	aurions.		Ns.	serions.
Vs.	auriez.		Vs.	seriez.
Ils	auraient.		Ils	seraient.

IMPÉRATIF

Aie.		Sois.
Ayons.		Soyons.
Ayez.		Soyez.

aller   faire

INDICATIF

PRÉSENT

Indicatif		Subjonctif		*(Indicatif et Subjonctif)*	Indicatif		Subjonctif	
Je	vais.	Que j'	aille.		Je	fais.	Que je	fasse.
Tu	vas.	Que tu	ailles.		Tu	fais.	Que tu	fasses.
Il	va.	Qu'il	aille.		Il	fait.	Qu'il	fasse.
Ns.	allons.	Que ns.	allions.		Ns.	faisons.	Que ns.	fassions.
Vs.	allez.	Que vs.	alliez.		Vs.	faites.	Que vs.	fassiez.
Ils	vont.	Qu'ils	aillent.		Ils	font.	Qu'ils	fassent.

PASSÉ

Imparfait		Passé composé			Imparfait		Passé composé	
J'	allais.	Je	suis allé(ée).		Je	faisais.	J'	ai fait.
Tu	allais.	Tu	es allé(ée).		Tu	faisais.	Tu	as fait.
Il	allait.	Il/Elle	est allé(ée).		Il	faisait.	Il	a fait.
Ns.	allions.	Ns.	sommes allés(ées).		Ns.	faisions.	Ns.	avons fait.
Vs.	alliez.	Vs.	êtes allés(ées).		Vs.	faisiez.	Vs.	avez fait.
Ils	allaient.	Ils/Elles	sont allés(ées).		Ils	faisaient.	Ils	ont fait.

Plus-que-Parfait

J'	étais allé(ée).		J'	avais fait.
Tu	étais allé(ée).		Tu	avais fait.
Il/Elle	était allé(ée).		Il	avait fait.
Ns.	étions allés(ées).		Ns.	avions fait.
Vs.	étiez allés(ées).		Vs.	aviez fait.
Ils/Elles	étaient allés(ées).		Ils	avaient fait.

FUTUR

J'	irai.		Je	ferai.
Tu	iras.		Tu	feras.
Il	ira.		Il	fera.
Ns.	irons.		Ns.	ferons.
Vs.	irez.		Vs.	ferez.
Ils	iront.		Ils	feront.

Le CONDITIONNEL se déduit du futur
(avec les terminaisons de l'imparfait)

L'IMPÉRATIF se déduit du présent de l'indicatif
(Attention pour les verbes en -*er* : Tu aime*s* - Aime)

aimer   finir

INDICATIF

PRÉSENT

Indicatif	Subjonctif	*(Indicatif et Subjonctif)*	Indicatif	Subjonctif
J' aime.	Que j' aime.		Je finis.	Que je finisse.
Tu aimes.	Que tu aimes.		Tu finis.	Que tu finisses.
Il aime.	Qu'il aime.		Il finit.	Qu'il finisse.
Ns. aimons.	Que ns. aimions.		Ns. finissons.	Que ns. finissions.
Vs. aimez.	Que vs. aimiez.		Vs. finissez.	Que vs. finissiez.
Ils aiment.	Qu'ils aiment.		Ils finissent.	Qu'ils finissent.

PASSÉ

Imparfait	Passé composé		Imparfait	Passé composé
J' aimais.	J' ai aimé.		Je finissais.	J' ai fini.
Tu aimais.	Tu as aimé.		Tu finissais.	Tu as fini.
Il aimait.	Il a aimé.		Il finissait.	Il a fini.
Ns. aimions.	Ns. avons aimé.		Ns. finissions.	Ns. avons fini.
Vs. aimiez.	Vs. avez aimé.		Vs. finissiez.	Vs. avez fini.
Ils aimaient.	Ils ont aimé.		Ils finissaient.	Ils ont fini.

Plus-que-Parfait

	Plus-que-Parfait
J' avais aimé.	J' avais fini.
Tu avais aimé.	Tu avais fini.
Il avait aimé.	Il avait fini.
Ns. avions aimé.	Ns. avions fini.
Vs. aviez aimé.	Vs. aviez fini.
Ils avaient aimé.	Ils avaient fini.

FUTUR

J' aimerai.	Je finirai.
Tu aimeras.	Tu finiras.
Il aimera.	Il finira.
Ns. aimerons.	Ns. finirons.
Vs. aimerez.	Vs. finirez.
Ils aimeront.	Ils finiront.

---

se laver   venir

	se laver	venir
INDICATIF PRÉSENT	Je me lave	Je viens
	Il se lave	Il vient
	Ns. ns. lavons	Ns. venons
	Ils se lavent	Ils viennent
SUBJONCTIF PRÉSENT	Que je me lave	Que je vienne
	Qu'il se lave	Qu'il vienne
	Que ns. ns. lavions	Que ns. venions
	Qu'ils se lavent	Qu'ils viennent
INDICATIF IMPARFAIT	Je me lavais	Je venais
INDICATIF FUTUR	Je me laverai	Je viendrai
CONDITIONNEL	Je me laverais	Je viendrais

offrir   rendre

INDICATIF

PRÉSENT

Indicatif	**Subjonctif**	*(Indicatif et Subjonctif)*	**Indicatif**	**Subjonctif**
J' offre.	Que j' offre.		Je rends.	Que je rende.
Tu offres.	Que tu offres.		Tu rends.	Que tu rendes.
Il offre.	Qu'il offre.		Il rend.	Qu'il rende.
Ns. offrons.	Que ns. offrions.		Ns. rendons.	Que ns. rendions.
Vs. offrez.	Que vs. offriez.		Vs. rendez.	Que vs. rendiez.
Ils offrent.	Qu'ils offrent.		Ils rendent.	Qu'ils rendent.

PASSÉ

Imparfait	**Passé composé**		**Imparfait**	**Passé composé**
J' offrais.	J' ai offert.		Je rendais.	J' ai rendu.
Tu offrais.	Tu as offert.		Tu rendais.	Tu as rendu.
Il offrait.	Il a offert.		Il rendait.	Il a rendu.
Ns. offrions.	Ns. avons offert.		Ns. rendions.	Ns. avons rendu.
Vs. offriez.	Vs. avez offert.		Vs. rendiez.	Vs. avez rendu.
Ils offraient.	Ils ont offert.		Ils rendaient.	Ils ont rendu.

Plus-que-parfait			**Plus-que-parfait**	
J' avais offert.			J' avais rendu.	
Tu avais offert.			Tu avais rendu.	
Il avait offert.			Il avait rendu.	
Ns. avions offert.			Ns. avions rendu.	
Vs. aviez offert.			Vs. aviez rendu.	
Ils avaient offert.			Ils avaient rendu.	

FUTUR

J' offrirai.			Je rendrai.	
Tu offriras.			Tu rendras.	
Il offrira.			Il rendra.	
Ns. offrirons.			Ns. rendrons.	
Vs. offrirez.			Vs. rendrez.	
Ils offriront.			Ils rendront.	

savoir   vouloir   devoir   pouvoir

savoir	**vouloir**	**devoir**	**pouvoir**
Je sais.	Je veux.	Je dois.	Je peux.
Il sait.	Il veut.	Il doit.	Il peut.
Ns savons.	Ns voulons.	Ns devons.	Ns pouvons.
Ils savent.	Ils veulent.	Ils doivent.	Ils peuvent.
Que je sache.	Que je veuille.	Que je doive.	Que je puisse.
Qu'il sache.	Qu'il veuille.	Qu'il doive.	Qu'il puisse.
Que ns sachions.	Que ns voulions.	Que ns devions.	Que ns puissions.
Qu'ils sachent.	Qu'ils veuillent.	Qu'ils doivent.	Qu'ils puissent.
Je savais.	Je voulais.	Je devais.	Je pouvais.
Je saurai.	Je voudrai.	Je devrai.	Je pourrai.
Je saurais.	Je voudrais.	Je devrais.	Je pourrais.

�14 LES PRÉSENTS (INDICATIF ET SUBJONCTIF)

14.1 LE PRÉSENT DE L'INDICATIF.

a) Le **présent de l'indicatif** exprime des **faits réels** (comparer avec le subjonctif) et **actuels** (comparer avec le passé) — ou encore des **états** actuels, des vérités générales.
Regarde le chat : il dort bien !
Ma cousine habite au Canada.
Le soleil se lève à l'Est.

b) Le présent exprime aussi une **action en cours.** Cela peut être exprimé par la formule « *Être en train de* + INF », mais cet usage n'a rien d'obligatoire, et n'est pas le plus fréquent, il s'en faut.
Ne le dérangez pas, il dort.
Ne le dérangez pas, il est en train de dormir.

c) Le présent donne à une **action encore future** un **caractère de réalité** actuelle.
J'arrive tout de suite !
Son train arrive dans la soirée.

14.2 LE PRÉSENT DU SUBJONCTIF.

a) Le **présent du subjonctif** exprime la plupart du temps des **faits** qui sont **pas réels,** mais seulement voulus, pensés, souhaités, par exemple. On le trouve presque toujours après la conjonction QUE.
Il faut que j'aille acheter des timbres.
Pourvu qu'ils soient arrivés !
Je ne suis pas sûr qu'il vienne avec elle.

b) **Sont suivis d'une complétive au subjonctif :**
— certains **verbes de volonté :** *accepter, désirer, souhaiter, vouloir...*
ou **d'appréciation :** *aimer, détester, préférer...*
Je veux que les enfants soient au lit à 9 h.
Il regrette que vous ne puissiez pas venir.
— avec un sens d'appréciation également, **le verbe ÊTRE suivi de certains adjectifs :** ÊTRE *content, heureux, triste, désolé...*
Je suis content que vous veniez ensemble.
— **des tournures impersonnelles** (avec IL) : *il faut que, il vaut mieux que, il est (important, nécessaire, rare...)* ou leur forme négative (*il n'est pas nécessaire, pas rare, etc.*) :
Il est nécessaire que vous preniez cet avion.
Il n'est pas rare que des amis viennent nous voir.
— et souvent **les verbes d'opinion** (*croire, imaginer, penser*) lorsqu'ils sont **à la forme négative.**
Je pense qu'on peut s'intégrer facilement (Indicatif)
Je ne pense pas qu'on puisse s'intégrer facilement. (Subjonctif)

�15 LE PASSÉ

15.1 LE PASSÉ COMPOSÉ.

a) **Formation du passé composé :** le passé composé est formé à l'aide de l'auxiliaire AVOIR et du participe passé du verbe.
J'ai vu mes parents à l'hôpital.
Les verbes pronominaux et quelques autres verbes (*arriver/partir, entrer/sortir, monter/descendre, aller/venir, devenir, parvenir, naître*) utilisent l'auxiliaire ÊTRE.
Je me suis levé très tôt.
Nous sommes sortis ensemble.

b) Dans la langue courante, le passé composé sert à **raconter** les événements du passé.
Hier, on a skié toute la matinée ; puis on a déjeuné au Grand Alpe, on a encore skié, on est rentrées à 5 heures...
Le passé composé sert aussi à montrer comment le passé explique le présent.
Je suis fatigué : j'ai skié toute la journée !
Elle connaît bien le Canada : elle y a passé dix ans.

15.2 L'IMPARFAIT.
L'imparfait a deux emplois principaux.

a) Il exprime une **action en cours** a un moment du passé, ou un **état du passé,** sans limites définies.
Je prenais une douche quand le téléphone a sonné.
Il faisait très chaud ici l'été dernier.

b) Il exprime aussi une **répétition dans le passé.**
Le soir, on allait danser au Chamois.
Tous les matins, je pêchais dans le lac.

15.3 LE PLUS-QUE-PARFAIT.

a) **Les règles de formation** du plus-que-parfait sont celles du passé composé (v. § 15.1), mais l'auxiliaire est à l'imparfait.
Je m'étais levé très tôt.
Nous étions sortis ensemble.

b) Ce temps exprime un **fait antérieur à un autre dans le passé.**
J'ai vu l'ingénieur tout à l'heure.
J'avais vu l'ingénieur une semaine avant.

�16 LE FUTUR

16.1 Le temps **futur** des verbes exprime les **faits à venir.**
J'annoncerai mon mariage la semaine prochaine.
Demain, il fera encore plus froid.

16.2 On peut trouver le futur dans les subordonnées complétives (v. § 24.1.) et dans les phrases conditionnelles (v. § 18.1.)
Il m'a dit qu'il sera aussi à Bamako.
Si vous allez danser, j'irai avec vous.

�17 AUXILIAIRES ET VERBES

17.1 LES AUXILIAIRES *ÊTRE* ET *AVOIR* servent à construire les temps composés. *Être* est employé avec les verbes pronominaux et quelques verbes comme *arriver, partir, aller, venir* (v. 15.1.).
J'ai vu le fleuve de mon hôtel.
Elle s'est baignée dans le fleuve.
Nous sommes arrivées à l'heure.

17.2 L'AUXILIAIRE *AVOIR*, associé à la préposition À, exprime une **obligation.**
J'ai à faire.
J'ai deux lettres à poster.

17.3 LE VERBE *ALLER* sert d'auxiliaire lorsqu'il est suivi de l'infinitif.
— Il exprime alors le plus souvent l'**intention.**
Je vais m'acheter d'autres skis.
Il va s'installer en Afrique.
— Il exprime aussi la **prédiction.**
Je crois qu'il va pleuvoir.
Elle ne va pas vous répondre.
— Le futur envisagé n'est pas forcément proche.
Il va faire froid cet hiver.

17.4 LE VERBE *VENIR* **sert d'auxiliaire** lorsqu'il est suivi de l'infinitif, précédé de DE. Il exprime alors le **passé récent.**
Je viens de rencontrer Virginie.

17.5 LA TOURNURE IMPERSONNELLE *IL FAUT* est très importante en français.
— Suivie de QUE et du subjonctif, elle exprime l'**obligation :**
Il faut que je téléphone à ma grand-mère.
Il faut que vous alliez à la Foire du Livre.
— On a le même sens avec l'**infinitif :**
Il faut partir maintenant.
— Avec un pronom (*me, te, nous,* etc.), la même expression a un sens de **besoin :**
Il me faut des francs suisses pour ce voyage. (argent)
Il vous faut trois heures pour aller à Briançon. (temps)

18 LES PHRASES CONDITIONNELLES ; LE CONDITIONNEL

18.1 UNE PHRASE CONDITIONNELLE comporte une proposition conditionnelle introduite par SI et une proposition principale. La proposition introduite par SI exprime une **hypothèse,** une **supposition.**

a) **Hypothèses au présent.**
Si on parle français, on est compris partout.
Si tu viens me voir, on ira pêcher dans un des lacs.
L'autre verbe, celui de la proposition principale, est au **présent** s'il s'agit d'un fait général ; il est au **futur** s'il s'agit d'un fait qui n'est pas encore réalisé.

b) **Hypothèses à l'imparfait.**
Si j'avais de l'argent, je changerais de voiture.
Ici, le verbe de la proposition conditionnelle avec SI est à l'**imparfait ;** l'autre, celui de la proposition principale, est au **conditionnel.**
Ces hypothèses envisagent une chose **possible,** mais **incertaine.**
Si je retournais en France un jour, j'aurais du mal à trouver du travail.
Mais elles peuvent aussi évoquer quelque chose qui n'est pas vrai, quelque chose d'**irréel.**
Si j'étais un homme, j'aurais un meilleur poste.
(Je ne suis pas un homme...)

18.2 LES FORMES DU CONDITIONNEL. V. plus haut les tableaux de conjugaison.

18.3 LE CONDITIONNEL ET LA CONCORDANCE DES TEMPS.
Lorsque deux propositions se suivent, il est fréquent que le temps de l'une commande le temps de l'autre. On voit ici le cas des complétives (v. § 23). Une proposition complétive est introduite par QUE.

a) Si la complétive exprime un **fait futur,** le verbe principal est au **présent,** celui de la complétive au **futur.**
Ils croient que je rentrerai en France.
Il me dit que je trouverai du travail.

b) Si le verbe principal est à un temps du **passé** (imparfait ou passé composé), la complétive est au **conditionnel.**
Ils croyaient que je rentrerais en France.
Il m'a dit que je trouverais facilement du travail.
V. aussi § 23 Complétives et § 24 Discours indirect.

19 L'IMPÉRATIF

19.1. LES FORMES DE L'IMPÉRATIF. Elles sont données dans le tableau des conjugaisons (v. § 13). Voici quelques exemples :
Va à la banque d'abord.
Prenez un billet de première.
L'impératif en —ONS exprime surtout une invitation à faire quelque chose ensemble.
Prenons un pot ensemble ce soir.
Allons pêcher sur le lac.
Ce genre d'invitation s'exprime souvent par *Si on +* l'imparfait ? dans la langue familière.
Si on allait pêcher aujourd'hui ?

19.2. L'IMPÉRATIF NÉGATIF.
La négation NE... PAS, comme dans d'autres cas, encadre le verbe.
Ne prenez pas la piste noire.
Ne mange pas de cette sauce !

→ **NOTEZ** cependant les changements dans les articles **partitifs.**
Prenez de la sauce.
Ne prenez pas de sauce.

→ **NOTEZ** aussi la **place des pronoms** selon que la négation est présente ou non.
Mangez-le.
Ne le mangez pas.
Dites-le lui.
Ne le lui dites pas.

19.3. Dans les recettes, les modes d'emploi, sur les écriteaux, l'infinitif peut remplacer l'impératif.
Peler trois oignons.
Pousser d'abord le bouton A.
Ne pas ouvrir cette porte. Danger !

⓴ QUESTIONS ET RÉPONSES

20.1 QUESTIONS ATTENDANT LES RÉPONSES *OUI* OU *NON*.
Il y a **trois** types de questions en français.

a) Les plus courantes, dans la langue parlée, s'écrivent comme une phrase affirmative ; la différence est dans l'**intonation**.
Je t'emmène à la gare en voiture.
Je t'emmène à la gare en voiture ?
Je n'ai rien oublié.
Je n'ai rien oublié ?

b) **Les questions introduites par** *Est-ce que... ?* sont assez courantes aussi.
Est-ce que vous auriez du mal à vous réhabituer ?

c) Les moins courantes sont **les questions avec inversion du pronom.**
Avez-vous envisagé de rentrer en France ?

→ **NOTEZ** que, lorsque le sujet n'est pas un pronom, il est repris par un pronom, qui subit l'inversion.
Le docteur a-t-il dit quelque chose ?
Ce type est le moins courant de tous.

20.2 QUESTIONS EN *QU-*.
Il s'agit des questions commençant par un mot interrogatif, qui demandent un élément d'information. La plupart de ces mots commencent par QU- *(qui, que, quel, quand, quoi ?)* ou contiennent QU- *(pourquoi ?)*. Font exception *combien, comment* et *où ?*
On retrouve les mêmes types interrogatifs (v. § 20.1.).

a) **Type sans structure interrogative.**
Ça c'est passé quand ? (Ça c'est passé hier soir.)
Tu l'as mis où ? (Je l'ai mis sur la table.)
Ça coûte combien ? (Ça coûte 30 F.)
Il y a aussi un type identique avec mot interrogatif **en tête** : *Combien ça coûte ?*

b) **Type** *Est-ce que ?*
Qu'est-ce que tu as vu ?
Où est-ce que tu l'as mis ?
Qui est-ce qui te l'a dit ?

c) **Type avec inversion.**
Où as-tu mis les skis ?
Quand le docteur est-il venu ?

20.3. SENS DES MOTS INTERROGATIFS.
— QUI **interroge sur la personne.**
Qui est-ce qui ira en Afrique ? (M. Besson)
— A QUI **interroge sur la possession.**
A qui est cette bicyclette ? (A mon frère)
— QUE **interroge sur tout ce qui n'est pas une personne.**
Qu'est-ce que vous avez mis dans ce plat ? (du pili-pili)
Que veux-tu ? (des cigarettes)
— QUEL, QUELLE, QUELS **demandent une précision.**
Quel avion prendrez-vous ? (Celui de 17 h 30)
Vous voulez quelle photo ? (La plus grande)
— LEQUEL, LAQUELLE, LESQUELS sont suivis de DE, avec un sens proche.
Laquelle de ces valises est à vous ? (La noire)
Ils s'emploient également seuls.
Lesquels préférez-vous ? (Les plus petits)

— COMBIEN **interroge sur la quantité.**
Vous avez combien d'enfants ? (Trois)
Combien est-ce que ça vaut ? (700 F)
— COMMENT **interroge sur la manière, le moyen.**
Comment êtes-vous venu ? (En voiture)
— OÙ **interroge sur le lieu.**
Où est votre hôtel ? (Près du pont)
— QUAND **interroge sur le moment.**
Quand arrive-t-on à Montréal ? (A 8 heures et demie)
— POURQUOI **interroge sur la raison.**
Pourquoi choisissez-vous cet hôtel ? (Parce qu'il est confortable)

20.4. LES RÉPONSES.

a) **On répond par** OUI **ou** NON aux questions de 20.1. Mais on peut toujours **nuancer** : *peut-être, sans doute, probablement,* etc., et même **avouer son ignorance** : *je ne sais pas.*
Il est considéré poli d'ajouter quelque chose à des réponses brèves : un nom, un titre, etc. : *oui, monsieur ; non, madame ; oui, Papa ; oui, mon Général.*

b) **Aux questions en** QU- (dites « ouvertes ») **on répond** bien entendu **par le segment de phrase** demandé, ou une phrase complète (ce qui est recommandé dans les classes de langue, mais risque de faire peu naturel).
Où est ce lac ?
— A quinze kilomètres d'ici.
— Il est à quinze kilomètres d'ici.
— Ce lac est à quinze kilomètres d'ici. (peu naturel)

c) Outre les réponses, les **répliques** sont des éléments importants d'une conversation.
Ainsi on peut manifester son **accord** :
oui, certainement, absolument, d'accord, d'accord avec vous, mais oui, oui oui.
Ce stage est très utile.
— Absolument, je suis d'accord.
On peut aussi manifester son **désaccord** :
mais non, mais si.

→ **NOTEZ** que la réponse « positive » SI manifeste toujours un désaccord après une négation.
Cette tente n'est pas à vous ! — Mais si.
Cette tente est à moi ! — Mais non !

d) On appellera **répliques de conformité** les répliques qui disent que ce qui est vrai pour l'un est vrai aussi pour l'autre.
J'aime la vie au Canada. — Moi aussi (j'aime la vie au Canada).
La conformité avec une phrase **positive** est exprimée avec *aussi*, la conformité avec une phrase **négative** est exprimée par *non plus.*
Monique aime le ski. — Christophe aussi.
Didier n'a pas téléphoné. — Philippe non plus.

21 LA NÉGATION

21.1. NÉGATION AVEC *NE... PAS.*
Ce qui caractérise la négation en français, c'est qu'elle est composée de deux éléments, NE et PAS, généralement séparés par le verbe.
Je n'emporte pas mes skis.
Anne-Marie ne savait pas l'anglais.
— S'il y a un **auxiliaire,** NE est avant l'auxiliaire.
Elle n'a pas pris ses skis.
Il ne faut pas laisser passer une occasion de s'amuser.
— A l'infinitif, NE et PAS sont réunis **avant le verbe.**
Ne pas prendre cette piste. Danger !
Elle a peur de ne pas avoir de place.

21.2. NÉGATION AVEC *NE... QUE.*
(LA RESTRICTION).
Il s'agit de limiter une action, un état.
Je ne partirai que pour deux ans. (Pas plus de deux ans)
Elle n'a que deux enfants.

21.3. NÉGATION AVEC *JAMAIS.*
On ne voit jamais de neige ici.
→ **NOTEZ** la possibilité de mise en relief au début de la phrase :
Jamais il n'est venu ici.

21.4. NÉGATION AVEC *NE... PLUS.*
Ce type de négation exprime que ce qui était vrai a cessé de l'être, ou qu'une certaine quantité est épuisée.
Il n'y a plus d'emplois en biologie.
Nous n'avons plus de timbres.

21.5. QUESTIONS AVEC NÉGATION.
Ces questions combinent une structure interrogative avec une structure négative. On y retrouve les schémas vus § 20.
Ils ne sont pas blessés ?
Est-ce qu'il n'y a pas de taxis ?
Ne peuvent-ils pas venir avec nous ?

*   *

*

C. LA PHRASE COMPLEXE (propositions subordonnées)

22 LES PROPOSITONS RELATIVES

22.1 FORMATION. **Les propositions relatives se construisent à partir d'un nom,** suivant un schéma comme celui-ci :
Ma voisine m'a dit qu'il fait très froid au Québec.⎱=
Ma voisine est canadienne.⎰
Ma voisine, qui est canadienne, m'a dit qu'il faisait très froid au Québec.
L'imprimeur pourra vous donner le renseignement.⎱=
Vous connaissez l'imprimeur.⎰
L'imprimeur que vous connaissez pourra vous donner le renseignement.

22.2. Les propositions relatives sont reliées au nom dont elles dépendent par un PRONOM RELATIF : *QUI, QUE, OÙ, DONT.*
L'hôtel qui est au bord du fleuve est le meilleur.
(QUI est sujet : *L'hôtel est au bord du fleuve.*)
Je suis à l'hôtel que l'on voit près du pont.
(QUE est complément d'objet : *On voit l'hôtel.*)
C'est l'hôtel où j'étais l'an dernier.
(OÙ est complément de lieu : *J'étais dans cet hôtel.*)
L'hôtel dont je vous parle est assez cher.
(DONT est complément indirect : *je parle de l'hôtel.*)

22.3. Au lieu d'être reliées à un nom, les propositions relatives peuvent être **reliées à un pronom.**
— Un pronom **démonstratif** (v. § 10.4.).
Ma maison est celle que vous voyez près du lac.
Celui qui parle est mon professeur d'informatique.
— Un pronom **indéfini.**
Il y a quelqu'un qui a pris mon parapluie.

22.4. LES STRUCTURES EMPHATIQUES (C'EST... QUI, ETC.).
Les structures dites **emphatiques** permettent d'encadrer un mot ou un groupe que l'on désire mettre en relief : il est placé entre *c'est (ce sont)* et un relatif.
Ce sont les enfants qui ont pêché ce saumon.
C'est à Montréal que j'ai connu mon mari.

㉓ LES COMPLÉTIVES. LES INFINITIVES

23.1 LES COMPLÉTIVES. On appelle **complétives** des subordonnées qui sont **complément** d'un verbe ; elles sont introduites par QUE.
On trouve des complétives après des verbes de la famille de « *dire* » *(annoncer, déclarer, répondre...)* ou de la famille de « *penser* » *(croire, estimer, supposer...).*
Elle dit qu'elle ne rentrera pas en France.
Je crois qu'il travaille dans une banque.

→ **NOTEZ** la possibilité d'une structure différente :
Il travaille dans une banque, je crois.

23.2. Certains verbes de **sens négatif,** ou les verbes ci-dessus à la **forme négative,** sont suivis d'une **complétive au subjonctif.** Comparer :
*Je crois qu'il **est** étranger.*
*Je doute qu'il **soit** étranger.*
*Je ne crois pas qu'il **soit** étranger.*
Les complétives qui suivent une structure impersonnelle sont aussi au subjonctif.
*Il faut qu'ils **reviennent** immédiatement.*
*Il est rare que nous **allions** au cinéma.*

23.3. LES INFINITIVES. Lorsque la phrase complément n'a pas de sujet, c'est qu'il s'agit du **même sujet** que la phrase d'avant ; on a dans ce cas un verbe à **l'infinitif.** C'est alors une **proposition infinitive.**
Ma mère croit qu'elle est malade.
*Ma mère croit **être** malade.*
*Je dois **aller** chez le dentiste.*
*Elle aime **vivre** ici.*

23.4. Les verbes qui sont fréquemment suivis d'une infinitive, et sont eux-mêmes fréquents, sont dits VERBES OPÉRATEURS. Ce sont des sortes de verbes auxiliaires. Voici les plus courants :
pouvoir Je ne peux pas vous le dire.
devoir Il doit déjeuner avec nous.
*   Il doit être tard.*
vouloir Veux-tu venir avec nous ?
savoir Elle sait très bien skier.
Certains verbes de ce type ont pour complément aussi bien un **nom** qu'une **infinitive.**
*Elle aime **la Bretagne.***
*Elle aimerait **vivre en Bretagne.***

23.5. Lorsque c'est le VERBE FAIRE qui est suivi de l'infinitif, on dit qu'il s'agit de structures **causatives** (ou **factitives**).
*Elle a **fait venir** le médecin.*
(Elle a fait quelque chose : le médecin est venu.)
*J'ai **fait sortir** ce chat.*
(J'ai fait quelque chose: le chat est sorti.)

㉔ DISCOURS DIRECT, DISCOURS INDIRECT

On emploie le terme **discours indirect** dans les cas où les **paroles** (ou même les pensées) de quelqu'un sont **rapportées indirectement** par un autre.
Il dit toujours : « Je suis très fatigué. » (discours direct)
Il dit toujours qu'il est très fatigué. (discours indirect)

24.1. On retrouve ici les **complétives,** avec un jeu de RÈGLES DE CONCORDANCE de **temps** et de **mode.** Elles sont illustrées par le tableau suivant.

PRÉSENT	⟷	PRÉSENT
Elle nous dit	QUE	*son mari est absent.*
PRÉSENT	⟷	FUTUR
Gilles pense	QU'	*il réussira à son examen.*
PAS. COMP.	⟷	CONDITIONNEL
Elle a cru	QUE	*Jean-Claude l'emmènerait.*
IMPARFAIT	⟷	CONDITIONNEL
Je pensais	QU'	*on viendrait me chercher.*

24.2. Souvent, c'est d'une **question** qu'il s'agit, et les règles sont différentes, mais semblables pour ce qui est de la concordance. Voici un exemple :
*Elle demande : « **Est-ce que c'est vrai ?** »*
Elle demande si c'est vrai.
Il s'agit là d'une question de type OUI/NON (v. § 20.1.) : la subordonnée interrogative indirecte est introduite par SI.
Je me demande si les conditions de travail sont dures.
On a aussi une subordonnée avec SI lorsque le verbe est *savoir* dans une structure **négative.**
Il ne sait pas s'il pourra venir.

24.3. Il peut s'agir de questions de type QU-, et on retrouve les mêmes mots interrogatifs dans l'**interrogation indirecte.**
« Qui est venu ? »
*Je me demande **qui** est venu.*
*Je ne sais pas **qui** est venu.*
Avec d'autres mots interrogatifs :
*Il m'a demandé **où** est l'hôtel.*
*Je me demande **quand** je pourrai partir.*
*Je ne sais pas **pourquoi** il s'occupe du magasin.*

㉕ PROPOSITIONS CIRCONSTANCIELLES

La plupart des faits concernant les propositions subordonnées circonstancielles sont vus dans la partie suivante (§ 26). D'autres ont été déjà vus. On trouvera ici une liste seulement.

25.1. LES PROPOSITIONS CONDITIONNELLES. Elles sont introduites par SI, avec le présent ou l'imparfait (v. § 18.1.).
*Si tu viens, on **ira** pêcher.*
*Si tu venais, on **irait** pêcher.*

25.2. LES PROPOSITIONS CIRCONSTANCIELLES DE TEMPS (v. § 26).

25.3. LES PROPOSITIONS CIRCONSTANCIELLES DE CAUSE, BUT, OPPOSITION (v. § 27).

26 LES RELATIONS DE TEMPS

Les relations de temps jouent un rôle important dans le langage, parce qu'il est essentiel de situer les événements les uns par rapport aux autres, et au présent.

26.1. LE MOMENT.

a) **L'heure :**
il est trois heures, quatre heures...
il est trois heures et demie, trois heures et quart...
il est trois heures cinq, trois heures dix...
il est trois heures moins le quart...
il est midi, il est minuit moins dix...

b) **Le jour.** Le tableau donne les relations *à partir d'aujourd'hui,* jour où l'on est (0) ;

– 3	– 2	– 1	0	+ 1	+ 2	+ 3
...	avant hier	hier	**aujourd'hui**	demain	après-demain	...
4 fév.	5 fév.	6 fév.	7 février	8 fév.	9 fév.	10 fév.

– 3 : (avant avant-hier) / il y a trois jours...
+ 3 : (après après-demain) / dans trois jours...

— Si le jour de référence est *un autre jour qu'aujourd'hui* (X).

...	– 2	– 1	X	+ 1	+ 2	...
...	l'avant-veille	la veille	**ce jour-là**	le lendemain	le surlendemain	...

c) **La semaine, le mois, l'année,** *par rapport à aujourd'hui.*

– 2	– 1	0	+ 1	+ 2
il y a...	la semaine dernière	**cette semaine**	la semaine prochaine	dans...

0 : cette semaine, cette année, ce mois-ci.
– 1 : la semaine dernière, le mois dernier, l'année dernière...
– 2 : il y a deux semaines, deux mois, deux ans...
+ 1 : la semaine prochaine, le mois prochain, l'année prochaine...
+ 2 : dans deux semaines, deux mois, deux ans...

— La semaine, le mois, l'année, *par rapport à un autre point que le présent* (X).

– 2	– 1	X	+ 1	+ 2
...	la semaine précédente	**cette semaine-là**	la semaine suivante	...

X : cette année-là, ce mois-là, cette semaine-là.
– 1 : l'année précédente, le mois précédent, la semaine précédente.
+ 1 : la semaine suivante, le mois suivant, l'année suivante.
– 2 : deux semaines (mois, ans...) avant.
+ 2 : deux semaines (mois, ans...) après.

26.2. LA DURÉE.

a) **Pendant :** *Elle a travaillé chez nous pendant 3 ans.*
Ou : *Elle a travaillé chez nous 3 ans.* (sans préposition).
Pendant est possible avec des contextes présents, passés ou futurs.
Je travaille tous les jours (pendant) 8 heures.
Il restera ici (pendant) une semaine.
On voit que la durée s'exprime très bien sans préposition.

b) **Depuis :** *Il dort depuis hier soir 9 heures !*
Il dort depuis 12 heures !
La durée exprimée par *depuis* va d'un point du passé jusqu'au moment présent. Il y a une autre possibilité pour la même chose, avec *il y a...*
Il y a 12 heures qu'il dort.

26.3. ADVERBES DE TEMPS.

a) **Le moment présent,** point de référence :
maintenant, aujourd'hui, cette semaine, ce mois-ci...

b) **Un moment du passé,** par rapport au point de référence :
hier, avant-hier, la semaine dernière, etc., autrefois, etc.

c) **Succession d'événements.**
J'ai bu mon café ; ensuite, je suis sorti ; puis j'ai cherché où était la station de taxis...
De même : *avant, auparavant, antérieurement, par la suite, plus tard, etc.*

27 AUTRES RELATIONS

27.1. RELATIONS DE LIEU.

a) **Prépositions :** à, dans, sur, sous, au-dessus (de), au-dessous (de).

b) **Chez :** s'emploie avec des noms de personnes pour désigner maison ou magasin.
— Chez Jean, chez M. Bresson.
— Chez l'épicier, chez le boulanger.

→ **NOTEZ** la différence : à la boulangerie, chez le boulanger (lieu/personne).

c) **Noms de pays :**
masculins : au Canada (le Canada), au Japon, aux États-Unis (les États-Unis) ;
féminins : en France (la France), en Allemagne, en URSS.

→ **NOTEZ** les noms de pays sans article : Israël (en Israël), Chypre (à Chypre), Madagascar, Cuba.

27.2. RELATIONS DE CAUSE.
Ils ne sortent pas,
a) **Devant un nom :** à cause de la pluie.
b) **Devant une proposition :** parce qu'il pleuvait.
car il pleut.

27.3. RELATIONS DE BUT.

a) **Devant un nom :** pour le succès.

b) **Devant un infinitif :** pour réussir.

c) **Devant une proposition :** pour qu'il réussisse.

27.4. RELATIONS D'OPPOSITION.

a) **Entre deux propositions :** on voulait sortir, mais il pleuvait.

b) **Devant un nom :** on est sortis malgré la pluie.

c) **Devant une subordonnée :** ils sont sortis bien qu'il pleuve.

→ **NOTEZ** le subjonctif.

27.5. RELATIONS D'IDENTITÉ OU DE COMPARAISON.
Avec un nom : elle travaille comme biologiste.
Il est fort comme un bœuf (comparaison).
Elle travaille la nuit comme le jour.
(Comme = aussi : elle travaille le jour et la nuit aussi)
Même : tu as la même robe qu'hier.

27.6. RELATIONS DE MOYEN.

a) **Avec un nom :** Ça s'ouvre avec un tournevis.

b) **En + participe présent :** tu peux l'ouvrir en tournant.

INDEX GRAMMATICAL

accord 3
adjectif 8
adverbes de temps 26
aller 17
article 4
assez 7
aussi 8
auxiliaires 17
avoir 17

beaucoup 7
but 27

ça 10
cause 27
ce, cette, etc. 10
cela, etc. 10
celui, etc. 10
comparatif 8
comparaison 27
concordance 18, 24
conditionnel 18, 25
conjugaisons 13

de, de la 4
défini 4
démonstratif 5
des 4
discours direct/indirect 24
du 4
durée 26

en 9
être 17

faut (il --) 17
féminin 1, 8
futur 16

genre 1

heure 26

identité 27
imparfait 15
impératif 19
indéfini 4
infinitif 23
infinitives 20
interrogation 19

jamais 21
je, tu, etc. 9

la 4
le 4
le (pronom) 9
le mien, etc. 11
les 4
lieu 27
lui 9

masculin 1, 8
moins 8
moment 26
mon, ma, etc. 6
moyen 27

ne... pas 21
ne... jamais 21
ne... plus 21
ne... que 21
négation 21
nom 1, 2
nombre 2, 8

opposition 27

partitif 4
passé 15

passé composé 15
peu 7
pluriel 2, 8
plus 8
plusieurs 7
plus-que-parfait 15
possessifs 6, 11
présent 14
pronoms démonstratifs 10
pronoms indéfinis 12
pronoms personnels 9
pronoms possessifs 11
pronoms relatifs 22
propositions circonstancielles 25
propositions complétives 23
propositions conditionnelles 18, 25
propositions relatives 22
propositions subordonnées 22, 23, etc.

quantificateurs 7
quelques 7
questions 20

réfléchi 9
relations de temps 27
relations (autres) 27
répliques 20
réponses 20

singulier 2
subjonctif 14
superlatif 8

tout, etc. 7
trop 7

un (e) 4

venir 17

y 9

LEXIQUE

Attention ! Cette liste ne présente pas tout le lexique employé dans *Sans Frontières 2*. On n'y trouvera ni le lexique déjà introduit dans *Sans Frontières 1*, ni le lexique des **documents authentiques** et des **commentaires pédagogiques** (grammaire, consignes des exercices...) propres à *Sans Frontières 2*.

Abréviations : n = nom ; v = verbe ; adj. = adjectif ; adv. = adverbe ; prép. = préposition ; loc. = locution ; interj. = interjection ; m. = masculin ; f. = féminin ; pl = pluriel ; 1.2 = Unité 1, leçon 2. A = lexique des dialogues et textes (vocabulaire « actif »).
B = lexique des systématisations orales (vocabulaire « actif »).
C = autre lexique (vocabulaire « passif »).

A

ABONNÉ, ÉE (n. et adj.) : Il n'y a pas d'abonné au numéro que vous avez demandé. 1.1.C
ABRÉVIATION (n. f.) : Mlle pour mademoiselle est une abréviation. 3.3.C
ACCÉLÉRER (v.) : La voiture accélère. 1.3.C.
ACCENT (n. m.) : Je n'ai pas perdu mon accent français. 3.5.A
ACCIDENTÉ, ÉE (adj.) : Une personne est accidentée. 1.3.C
ACCOMPAGNER (v.) : M. Lefèvre accompagne son associé. 2.1.A
ACCOMPAGNATEUR, TRICE (n.) : voir Accompagner. 2.1.C
ACCOMPAGNEMENT (n. m.) : voir Accompagner. 2.1.C
ACTUEL, ELLE (adj.) : C'est un des meilleurs imprimeurs à l'heure actuelle. 2.5.A
ACTUELLEMENT (adv.) : Nous survolons actuellement... 2.2.A
ADRESSER (S' - À) (v.) : Il s'est adressé à l'hôtesse. 2.4.A
ADVERSAIRE (n. m. et f.) : Lisez la déclaration d'accident de votre adversaire. 2.3.C
AÉRIEN, IENNE (adj.) : Une compagnie aérienne. 2.1.C
AÉROGARE (n. f.) : = aéroport. L'aérogare de Roissy. 2.2.B
AFFAIRE (UNE BONNE -) (n. f.) : Tu as fait une bonne affaire ! 1.5.A
AFFECTUEUSEMENT (adv.) : Je vous embrasse affectueusement 2.3.C
AFRICAIN, AINE (adj.) : Les Nouvelles Éditions Africaines. 2.1.A
AGITATION (n. f.) : L'agitation sociale. 2.4.C
AGRANDIR (v) : Je peux agrandir la maison. 2.1.B
AGRÉER (v.) : Veuillez agréer l'expression de mes sentiments distingués. 2.5.C
AILLEURS (adv.) : Les gens étaient occupés ailleurs. 2.4.A
AIMABLE (adj.) : Vous êtes bien aimable. 3.5.B
AMBASSADEUR (n. m.) : Le jeu des ambassadeurs muets. 2.5.C
AMBULANT, E (adj.) : Dans le train, il y a une vente ambulante. 1.2.C
AMÉLIORER (v.) : Améliorer les conditions de travail. 3.5.C
AMÉLIORER (S' -) (v.) : La situation des femmes s'améliore peu à peu. 3.5.A
AMÉNAGER (v.) : Aménager le sous-sol d'une maison. 3.2.C
AMICALEMENT (adv.) : voir Ami. 2.1.C
AMITIÉS (n. f.) : Amitiés et à bientôt. 2.3.A
AMNÉSIQUE (adj.) : Depuis son accident il est amnésique. 3.2.C
AMOUREUX, EUSE (adj.) : Les amoureux de la montagne. 1.3.C
AMUSER (S' -) (v.) : Vous vous amusez bien ? 1.4.A
ANANAS (n. m.) : Du jus d'ananas. 2.2.C
ÂNE (n. m.) : Il est bête comme un âne. 3.2.C
ANNUAIRE (n. m.) : L'annuaire du téléphone. 1.1.C
ANNUEL, ELLE (adj.) : Noël est une grande fête annuelle. 3.5.C

ANTIQUAIRE (n. m. et f.) : Une foire des antiquaires. 2.1.C
APERCEVOIR (v.) : Soudain, il aperçoit Florence. 1.4.A
APPEL (n. m.) : Un appel téléphonique. 1.1.C
APRÈS-SKI (n. m.) : Tu n'emportes pas tes après-ski ? 1.1.A
APPRÉCIER (v.) : Votre dernier film n'a pas été très apprécié. 3.4.C
APPRENTISSAGE (n. m.) : voir Apprendre. 3.5.C
ARRIÉRÉ, ÉE (adj.) : Une région très arriérée. 2.3.C
ARTISANAT (n. m.) : L'artisanat du Mali. 2.3.A
ASPIRATEUR (n. m.) : Je passe l'aspirateur. 2.5.C
ASSISTANT, E (n. m. et f.) : Que fait l'assistante du médecin ? 2.1.C
ASSISTER À (v.) : Assister à une conférence. 2.4.C
ASSOCIÉ, ÉE (adj. et n.) : M. Lefèvre accompagne son associé. 2.1.A
ASSOCIER (v.) : voir Associé. 2.1.C
ASSURANCE (n. f.) : Pour conduire, il faut avoir une assurance. 3.3.C
ASSURANCE-VIE (n. f.) : André avait une assurance-vie. 3.2.A
ASSURER (v.) : Ça ne me dérange pas, je t'assure. 1.5.C
ATTENDRE (s' - à) (v.) : Je m'attendais à quelque chose de confortable. 2.3.A
ATTEINDRE (v.) : Les chaleurs maxima sont atteintes en saison sèche. 2.2.C
ATTERRISSAGE (n.m.) : Atterrissage à Bamako. 2.2.C
AUTO-ÉCOLE (n. f.) : J'apprends à conduire dans une auto-école. 1.4.C
AUTOMATIQUE (adj. et n.) : Vous faites directement le numéro par l'automatique. 1.1.B
AUTOMOBILISTE (n.) : L'automobiliste le prend en auto-stop. 1.2.B
AUTO-STOPPEUR, EUSE (n.) : voir stop. 1.2.C
AVALANCHE (n. f.) : Il a fait mauvais ; il y a eu des avalanches. 1.4.C
AVANCE (en -) : On a le temps, on est en avance. 2.1.B
AVANCER (v.) : La voiture avance. 1.3.C
AVANTAGE (n. m.) : Cela présentait des avantages. 2.5.A

B

BABY-SITTER (n. m. et f.) : Cherche baby-sitter pour garde d'enfants 3 fois par semaine. 3.2.B
BABY-SITTING (n. m.) : voir Baby-sitter. 3.2.C
BACHOT (n. m.) : = baccalauréat. 2.2.C
BACON (n. m.) : Les œufs au bacon. 3.4.A
BAGAGE (n. m.) : Tu as fait tes bagages ? 1.1.C
BAGARRE (n. f.) : = bataille 3.4.C

BAGUE (n. f.) : Il m'a donné une bague en argent. 2.3.C
BAIE (n. f.) : La Baie James. 3.1.A
BAIGNEUR, EUSE (n.) : Un baigneur de 1900 à la plage. 2.2.C
BAISER (n. m.) : Bons baisers. (voir Correspondance) 2.3.C
BALL-TRAP (n. m.) : En été, il y a un ball-trap à Briançon. 1.3.C
BANDAGE (n. m.) : Il est couvert de bandages. 1.3.C
BARBU, UE (adj. et n.) : Un grand costaud barbu. 3.1.A
BÂTIMENT (n. m.) : Ce bâtiment, c'est l'hôpital. 1.3.A
BELLE-FILLE (n. f.) : Corinne est la belle-fille de M. Lebrun. 3.1.C
BESTIAUX (n. m. pl.) : Une foire aux bestiaux. 2.1.C
BÊTE (adj. et n.) : Il est bête comme un âne. 3.2.C
BIJOUTERIE (n. f.) : J'ai acheté cette montre dans une bijouterie. 2.3.C
BILINGUE (adj.) : Je suis bilingue français-anglais. 3.2.B
BISCUIT (n. m.) : Dans le sac, il y a des biscuits. 1.2.A
BISTROT (n. m.) : Prendre un verre dans un bistrot (= bar). 1.5.C
BLANCHISSERIE (n. f.) : Un service de blanchisserie. 2.4.C
BLESSÉ, ÉE (adj. et n.) : Ils sont blessés. 1.1.A
BIOCHIMISTE (n. m. et f.) : Un diplôme de biochimiste. 3.1.C
BOÎTE DE NUIT (n. f.) : On est allés dans une boîte de nuit. 1.4.A
BONBON (n. m.) : On peut acheter des bonbons au bureau de tabac. 1.4.C
BOUGER (v.) : Ne bouge pas ! 1.3.A
BOULOT (n. m.) : On reprend le boulot lundi (= travail). 1.5.A
BOUSCULER (v.) : Un client a bousculé le serveur. 2.3.A
BOUT (AU - DE) (n. m.) : Aller au bout de la rue. 1.3.C
BRACELET (n. m.) : Elle aime beaucoup les bracelets en or. 2.3.C
BRASSERIE (n. f.) : Prendre un verre dans une brasserie. 1.5.C
BRAVO (interj.) : Bravo ! C'est une bonne idée. 2.1.A
BRICOLAGE (n. m.) : Je suis très fort en bricolage. 2.1.C
BRICOLER (v.) : voir Bricolage. 2.5.C
BRICOLEUR (n. m.) : Je ne suis pas du tout bricoleur. 2.5.C
BRIQUET (n. m.) : Je n'ai pas d'allumettes mais j'ai un briquet. 1.4.C
BROCHURE (n. f.) : Voici deux brochures. 2.4.A
BROSSE (n. f.) : Une brosse à dents. 1.1.C
BROSSER (v.) : Se brosser les dents, les cheveux. 3.3.C
BUFFLE (n. m.) : Le buffle est un animal d'Afrique (voir Zoo). 2.3.C
BUREAU DE POSTE (n. m.) : Je te téléphone d'un bureau de poste. 3.1.B
BRUYANT, ANTE (adj.) : L'hôtel des Voyageurs est bruyant et cher. 1.4.B

C

CABINE (n. f.) : Une cabine téléphonique. 1.1.A
CAFÉTÉRIA (n. f.) : Je déjeune dans une cafétéria. 3.3.A
CAISSIER, IÈRE (n.) : La caissière rend la monnaie. 1.4.B
CALCULATRICE (n. f.) : Une calculatrice électronique. 2.2.C
CANAPÉ (n. m.) : Les chambres sont équipées d'un canapé. 2.4.C
CANOË (n. m.) : A Briançon, on peut faire du canoë. 1.3.C
CANTINE (n. f.) : Les jumeaux déjeunent à la cantine de l'école. 3.3.A
CAPABLE (adj.) : Ils sont capables de faire un long trajet pour aller à une fête. 3.4.A
CARNET (n. m.) : Un carnet de chèques. 1.4.C
CARREFOUR (n. m.) : Traverser un carrefour. 1.3.C
CARRIÈRE (n. f.) : Faire une carrière d'informaticien. 3.2.B
CARTE (n. f.) : Une carte d'embarquement. 2.1.A
CARTE (à la -) : Travailler à la carte. 2.5.C
CATALOGUE (n. m.) : Pour informer, on donne des catalogues. 2.4.C
CAVE (n. f.) : Il est descendu à la cave. 3.2.C
CÉLÈBRE (adj.) : Un personnage célèbre. 3.5.C
CENDRE (n. f.) : Ne mets pas la cendre de ta cigarette par terre. 1.2.A
CENDRIER (n. m.) : Mets la cendre dans le cendrier. 1.2.A
CENTRE-VILLE (n. m.) : Je travaille dans le centre-ville. 3.2.C
CÉRÉALE (n. f.) : On mange des céréales au petit déjeuner. 3.3.A
CÉRÉMONIE (n. f.) : La cérémonie du mariage. 3.1.C
CERTAINEMENT (adv.) : Il viendra certainement demain. 3.2.B
CHALET (n. m.) : Nous avons un chalet au bord d'un lac. 3.2.A
CHALEUR (n. f.) : Je suppose que vous êtes habitué à la chaleur. 2.2.A
CHAMPION, IONNE (n.) : Il est champion du monde. 1.5.C
CHANSON (n. f.) : Le professeur nous a appris une chanson. 2.1.C
CHANTIER (n. m.) : Le chantier de la Baie James. 3.1.A
CHASSE (n. f.) : Beaucoup de gens vont à la chasse. 3.4.A
CHAUFFER (v.) : Au sous-sol se trouve un garage chauffé. 3.2.A

CHAUFFEUR (n. m.) : Un chauffeur de taxi. 3.3.C
CHEF DU PERSONNEL (n. m.) : Je voudrais voir le chef du personnel. 2.4.
CHEVEU (n. m.) : Se laver les cheveux. 3.3.C
CHEVILLE (n. f.) : Je sais mettre une cheville dans un mur. 2.1.C
CHOC (n. m.) : Précisez la position au moment du choc. 2.3.C
CHOSE (n. f.) : La même chose ! 1.4.B
CHOUETTE (adj.) : C'est très chouette ici (= beau, bien). 1.5.C
CHRONOLOGIE (n. f.) : L'ordre chronologique. 3.2.C
CHUCHOTER (v.) : Elle me chuchote à l'oreille. 2.5.C
CIGARE (n. m.) : Fumer des cigares. 1.4.C
CIRCONSTANCE (n. f.) : Les circonstances de l'accident. 2.3.C
CITÉ (n. f.) : Habiter en cité universitaire. 1.1.A
CIVIL, E (adj.) : Un mariage civil. 3.1.A
CLASSE (n. f.) : Voyager en première ou seconde classe. 1.2.C
CLAVICULE (n. f.) : Mon père a une fracture de la clavicule. 1.1.A
CLIMATISÉ, ÉE (adj.) : J'espère que mon hôtel sera climatisé. 2.2.A
CLIMATISEUR (n. m.) : voir Climatisé. 2.4.C
CLOU (n. m.) : Maigre comme un clou. 3.2.C
CLUB (n. m.) : Un club sportif. 3.4.C
COCKTAIL (n. m.) : Des cocktails de jus de fruit. 2.2.A
COIFFER (SE -) (v.) : Il n'a pas besoin de se coiffer ; il n'a plus de cheveux !. 3.3.C
COIFFEUSE (n. f.) : Les chambres sont équipées d'une coiffeuse (meuble). 2.4.C
CODE (n. m.) : Pour téléphoner à Marseille, le code c'est 91. 1.1.A
COIN (n. m.) : Un vieux coin de Paris. 2.2.C
COL (n. m.) : Combien y a-t-il de cols autour de Briançon ? 1.3.C
COLIS (n. m.) : Je lui ai envoyé un colis de bonbons. 2.5.C
COLLIER (n. m.) : Elle porte un joli collier africain. 2.3.C
COLLOQUE (n. m.) : Il assiste à un colloque sur l'enseignement du français. 2.4.C
COMMANDANT DE BORD (n. m.) : Le commandant de bord dirige l'équipage de l'avion. 2.2.C
COMMANDER (v.) : Vous avez commandé quelque chose ? 1.5.A
COMMUNICATION (n. f.) : Une communication téléphonique. 1.1.C
COMPAGNIE (n. f.) : Une compagnie aérienne. 2.1.C
COMPARTIMENT (n. m.) : Un compartiment fumeurs. 1.2.C
COMPOSER (v.) : Il compose le numéro de téléphone. 1.1.A
COMPOSTER (v.) : A la gare, on doit composter son billet. 1.5.A
COMPRIS (adj.) : Le service est compris. 1.5.A
COMPTER SUR (v.) : Comptez sur moi, je vous aiderai. 2.1.A
COMPTEUR (n. m.) : Les faux taxis n'ont pas de compteur. 2.2.A
CONCERNER (v.) : Racontez des souvenirs vous concernant. 3.4.C
CONDITION (n. f.) : Les conditions de travail étaient très dures. 3.1.A
CONDUCTEUR, TRICE (n.) : Le conducteur de la voiture. 2.3.C
CONFORTABLE (adj.) : Mes chaussures sont très confortables. 1.5.A
CONGRÈS (n. m.) : Elle est à un congrès de médecine en Italie. 2.4.C
CONSÉQUENCE (n. f.) : La cause et la conséquence. 2.3.C
CONSIDÉRER (v.) : Comment êtes-vous considérée par vos amis ? 3.5.A
CONSIGNE (n. f.) : Les consignes de sécurité. 2.2.C
CONSISTER (v.) : Le jeu consiste à trouver... 3.5.C
CONSOMMATION (n. f.) : Voilà les consommations ! 1.5.A
CONSTAT (n. m.) : Un constat d'accident. 2.3.C
CONSTRUIRE (v.) : Nous construisons un bâtiment. 2.5.C
CONSULTER (v.) : Consulter un médecin. 3.1.B
CONTACT (n. m.) : Besson va d'abord prendre des contacts. 2.1.A
CONTINU, E (adj.) : On fait la journée continue. 3.3.A
CONTRADICTION (n. f.) : L'esprit de contradiction. 1.4.C
CONVENIR (v.) : Mettre le verbe au temps qui convient. 3.1.A
CORBEAU (n. m.) : Il y a des corbeaux dans les arbres (oiseau). 3.4.C
CORDE (n. f.) : Je cherche une corde pour monter en haut de cet arbre. 1.4.C
CORRESPONDANCE (n.f.) : 1. Vous avez une correspondance à Avignon. 1.2.B
                          2. Il fait de la correspondance (courrier). 2.5.C
CORRESPONDANT, ANTE (adj. et n.) : Le numéro de téléphone de votre correspondant. 1.1.B
CORRIGER (v.) : Corrigez vos erreurs. 3.2.C
COSTAUD (adj. et n. m.) : Un grand costaud barbu. 3.1.A
COUCHER (n. m.) : Le coucher du soleil. 2.3.A
COUCHETTE (n. f.) : Vous voulez une couchette en haut ? 1.2.B
COUP (n. m.) : C'est un coup dur ! 1.1.A
COURIR (v.) : Il court vers la voiture. 1.2.A
COURS (n. m.) : J'ai pris mes cours pour travailler un peu. 1.1.A
COÛT (n. m.) : Le coût de cette réparation est de 1 000 F. 2.5.A

COUVERT, E (adj.) : Il est couvert de bandages. 1.3.C
COUVERTURE (n. f.) : Des draps et des couvertures. 2.3.C
CRÂNE (n. m.) : Une fracture du crâne. 1.1.B
CRÉATION (n. f.) : voir Créer. 2.5.C
CRÉER (v.) : Nous allons créer une imprimerie. 2.1.A
CRITIQUE (adj. et n. f.) : Regarder d'un air critique. 3.5.A
CROCODILE (n. m.) : Le crocodile est un animal dangereux (voir Zoo). 2.3.C
CROISÉ, E (adj.) : Des piquets croisés. 1.4.C
CROIX (n. f.) : Mettre une croix dans chacune des cases. 2.3.C
CROQUIS (n. m.) : Faire le croquis de l'accident. 2.3.C
CULTURE (n. f.) : Le ministre de la Culture. 2.4.A
CYCLISME (n. m.) : = sport (bicyclette). 3.4.C

───────────── D ─────────────

DAMIER (n. m.) : Un drapeau à damier. 1.4.C
DAVANTAGE (adv.) : J'en veux davantage (= plus). 3.5.C
DÉBUTANT, ANTE (adj. et n.) : En ski, je suis débutant. 1.4.A
DÉBROUILLER (se -) (v.) : Tu te débrouilles mieux que l'an dernier. 1.4.A
DÉCÈS (n. m.) : Un faire-part de décès. 3.1.C
DÉCIDER (v.) : J'ai décidé de partir en Amérique. 2.1.C
DÉCLARATION (n. f.) : Une déclaration d'accident. 2.3.C
DÉCOLLAGE (n. m.) : Je dois être à l'aéroport une heure avant le décollage. 2.1.B
DÉCOURAGÉ, ÉE (adj.) : Vous n'avez jamais été découragée ? 3.2.A
DÉCROCHER (v.) : Décrocher le téléphone. 1.1.C
DÉLAI (n. m.) : Les délais sont souvent longs. 2.5.A
DÉMARRER (v.) : La voiture démarre. 1.3.C
DEMI-TOUR (n. m.) : Il faut faire demi-tour. 1.3.A
DENTIFRICE (n. m.) : Prends ta brosse à dents et ton dentifrice ! 3.2.C
DÉPANNAGE (n. m.) : L'entretien et le dépannage. 2.5.A
DÉPANNER (v.) : voir Dépannage. 2.5.C
DÉPAYSÉ, E (adj.) : Je ne me suis pas senti trop dépaysée. 2.3.A
DÉPAYSEMENT (n. m.) : voir Dépayser. 2.3.C
DÉPAYSER (v.) : J'aime voyager parce que j'aime me dépayser. 2.3.C
DÉPENDANCE (n. f.) : Les dépendances d'une maison. 3.2.C
DÉPENSER (v.) : Ça lui fait dépenser trop d'argent. 2.3.C
DÉPOSER (v.) : Tu peux me déposer à la sortie de la ville ? 1.2.A
DÉRANGER (v.) : Ça ne vous dérange pas si je fume ? 1.2.A
DÉRAPER (v.) : Ils ont dérapé sur une plaque de verglas. 1.1.A
DESCENTE (n. f.) : voir Descendre. 1.4.C
DÉSIGNER (v.) : Pour désigner un monsieur... 2.4.C
DESTINATION (À - DE) : Vol à destination de Bamako. 2.1.C
DÉVELOPPER (v.) : voir se développer. 2.5.C
DÉVELOPPER (SE -) (v.) : Nos affaires avec l'Afrique se développent. 2.5.C
DEVINETTE (n. f.) : Je vais te poser une devinette. 3.1.C
DIEU (MON -!) (interj.) : Oh, mon Dieu ! 1.1.A
DIPLÔME (n. m.) : Il venait d'obtenir son diplôme d'ingénieur. 3.1.A
DIPLÔMÉ, ÉE (adj.) : Être diplômé d'une grande école. 3.1.C
DIRECT, E (adj.) : Y a-t-il un train direct entre Nice et Briançon ? 1.3.C
DIRECTEMENT (adv.) : Vous faites directement le numéro. 1.1.A
DIRIGER (SE -) (v.) : Il avait besoin d'un plan pour se diriger. 2.4.A
DISCOURS (n. m.) : Le discours du ministre. 2.4.A
DISPUTE (n. f.) : voir Se disputer. 1.3.C
DISTANCE (n. f.) : C'est à quelle distance d'ici ? — 3 km. 1.3.C
DISTINGUÉ, ÉE (adj.) : Veuillez agréer l'expression de mes sentiments distingués. 2.5.C
DISTRACTION (n. f.) : Il y a de nombreuses distractions à Briançon. 1.3.C
DOULOUREUX, EUSE (adj.) : C'est douloureux ? Oui, ça fait mal. 1.3.C
DRAPEAU (n. m.) : Drapeau noir : que devez-vous faire ? 1.4.C
DUR, E (adj.) : C'est un coup dur. 1.1.A
DURÉE (n. f.) : J'y resterai pendant toute la durée de la foire. 2.1.A
DURER (v.) : Notre vol dure un peu plus de cinq heures. 2.1.A

ÉCONOMIE (n. f.) : Faire des économies. 3.2.A
ÉDITEUR (n. m.) : voir Édition. 2.1.C
ÉDITION (n. f.) : Les Nouvelles Éditions Dakaroises. 2.1.A
ÉDUQUER (v.) : Éduquer un enfant. 3.1.C
EFFECTUER (v.) : Pour les passagers effectuant des vols intérieurs... 2.1.C
ÉGALITÉ (n. f.) : Les hommes et les femmes ne sont pas à égalité. 3.5.A
ÉLECTRICITÉ (n. f.) : voir Électrique. 2.5.C
ÉLECTRONIQUE (n. f. et adj.) : Une calculatrice électronique. 2.2.C
ÉLÉGANT, E (adj.) : Je trouve que cet homme est très élégant. 3.5.A
ÉLÉPHANT (n. m.) : J'ai vu un éléphant rose (voir Zoo). 2.3.C
ÉLEVÉ, E (adj.) : Le coût est très élevé. 2.5.A
ÉLEVER (v.) : Pour élever les jumeaux. 3.1.A
EMBARQUEMENT (n. m.) : Une carte d'embarquement. 2.1.A
EMBARQUER (v.) : voir Embarquement. 2.1.C
EMMENER (v.) : Je t'emmène à moto à la gare. 1.1.A
EMPÊCHER (v.) : L'hiver n'empêche pas les gens de sortir. 3.4.A
EMPIÉTER (v.) : La voiture empiétait sur l'autre file. 2.3.C
EMPLOYER (v.) : Pour aller vite dans Paris, il vaut mieux employer le métro (= se servir de). 1.2.C
EMPLOYEUR (n. m.) : Son employeur est assez gentil (= patron.) 3.1.C
EMPORTER (v.) : Tu n'emportes pas tes après-ski ? 1.1.A
EMPRUNTER (v.) : Les voyageurs sont priés d'emprunter les passages souterrains. 1.2.C
ENCAISSER (v.) : Il a encaissé ton chèque. 1.5.C
ENFANCE (n. f.) : Un ami d'enfance. 2.2.C
ENFIN (adv.) : Enfin, il fume une cigarette. 2.1.C
ENGAGER (S' -) (v.) : S'engager dans un parking. 2.3.C
ENNUYER (v.) : Ça ne nous ennuie pas. 1.5.A
ENNUYER (S' -) (v.) : Tu vas t'ennuyer ! 1.4.A
ÉNORME (adj.) : Les éléphants sont des animaux énormes (= très grand). 3.5.A
ÉNORMÉMENT (adv.) : Florence a fait énormément de progrès. 1.4.A
ENREGISTRER (v.) : J'ai fait enregistrer ma valise. 2.1.A
ENSUITE (adv.) : Ensuite, nous prendrons une décision. 2.1.A
ENTENDRE (v.) : Je suis bien content de t'entendre. 3.1.B
ENTENDRE (S' -) (v.) : Vous allez bien vous entendre ? 3.1.B
EN-TÊTE (n. f.) : voir Correspondance. 2.5.C
ENTRETENIR (v.) : voir Entretien. 2.5.C
ENTRETIEN (n. m.) : Il faut former le personnel pour l'entretien. 2.5.A
ENVISAGER (v.) : J'ai envisagé de rentrer en France. 3.2.C
ÉQUIPAGE (n. m.) : L'équipage d'un avion. 2.2.C
ÉQUIPE (n. f.) : Il y a une équipe de télévision. 2.4.A
ÉQUIPEMENT (n. m.) : L'équipement de l'imprimerie est moderne. 2.5.A
ÉQUIPER (v.) : voir Équipement. 2.5.C
ERREUR (n. f.) : Le jeu des erreurs. 3.2.C
ESCALADE (n. f.) : On peut faire du ski et de l'escalade. 1.3.C
ESPÉRER (v.) : Vous pourrez l'aider, j'espère ? 2.1.A
ESSENCE (n. f.) : De l'essence ordinaire ou du super ? 1.3.C
ÉTAT (n. m.) : Il est en bon état physique. 1.3.C
ÉTUDIER (v.) : Il va étudier la question. 2.1.A
EUROPÉEN, ENNE (adj.) : Nous avons travaillé avec des imprimeurs européens. 2.5.A
ÉVÉNEMENT (n. m.) : Racontez un événement de votre vie. 3.2.C
ÉVITER (v.) : J'évite de boire de l'alcool. 2.2.A
EXAGÉRER (v.) : 3 000 F un vélo ! Ils exagèrent ! 1.4.A
EXAMEN (n. m.) : Tu as bientôt des examens à la Faculté. 1.3.A
EXCURSION (n. f.) : J'ai fait une excursion en Bretagne. 2.3.C
EXCUSE (n. f.) : Je vous présente toutes mes excuses. 2.3.C
EXPÉRIENCE (n. f.) : L'expérience professionnelle. 3.1.C
EXPLIQUER (v.) : Je vais t'expliquer... 2.3.C
EXPOSANT (n. m.) : voir Exposition. 2.4.A
EXPOSER (v.) : voir Exposition. 2.1.C
EXPOSITION (n. f.) : J'ai visité une belle exposition de photos. 2.1.A
EXPRÈS : 1. (adv.) : Je ne l'ai pas fait exprès. 2.3.C
2. (adj.) invar. et n. m. : Une lettre exprès, envoyer une lettre par exprès (voir Correspondance.) 2.5.C

───────────── E ─────────────

ÉCHOUER (v.) : Échouer à un examen. 3.1.C
ÉCLAIR (n. m.) : Rapide comme l'éclair. 3.2.C
ÉCLAIRER (v.) : Les pistes sont éclairées la nuit. 3.4.A

───────────── F ─────────────

FAIRE-PART (n. m.) : Un faire-part de mariage. 3.1.A
FAIT (AU -) (loc.) : Au fait, comment vont tes parents ? 1.5.A
FATIGANT, ANTE (adj.) : Ces voyages sont un peu trop fatigants. 2.2.A

FATIGUE (n. f.) : Je suis mort de fatigue. 1.5.C
FAUTE (n. f.) : Ce n'est pas de votre faute. 2.3.B
FAVORABLE (adj.) : Réactions très favorables des ministères. 2.5.A
FAVORI, ITE (adj. et n.) : Le piano est mon instrument favori (= qui plaît le plus). 3.5.C
FÉLICITATION (n. f.) : Bravo ! Félicitations ! 3.1.A
FÉLICITER (v.) : Mes parents m'ont téléphoné pour me féliciter. 3.1.A
FEMME DE MÉNAGE (n. f.) : Je paye une femme de ménage pour travailler chez moi. 2.1.C
FERMER (v.) : Les banques ferment vers 7 heures. 3.3.A
FIANCÉ, ÉE (n. et adj.) : Elle écrit à son fiancé. 1.4.C
FILE (n. f.) : La voiture roulait sur la même file. 2.3.C
FINALEMENT (adv.) : Finalement, nous avons décidé de... 3.1.A
FINANCER (v.) : C'est nous qui avons tout financé. 2.5.C
FILTRANT, ANTE (adj.) : Des lunettes à verres filtrants. 2.2.C
FISTON (n. m.) : Bonsoir, fiston ! 1.3.A
FLÈCHE (n. f.) : Précisez la direction par des flèches. 2.3.C
FLEUR (n. f.) : Il y a des fleurs et des plantes partout. 2.3.A
FLEUVE (n. m.) : L'Amazone est le fleuve le plus long du monde. 1.5.C
FOIRE (n. f.) : La foire du livre. 2.1.A
FOND (AU - DE) (n. m.) : L'escalier est au fond du couloir. 1.3.C
FORFAIT (n. m.) : J'ai pris un forfait de sept jours. 1.4.C
FORMATION (n. f.) : voir Former. 2.5.C
FORME (n. f.) : Pour être en forme, il faut bien dormir. 3.3.C
FORMER (v.) : Nous devons former le personnel. 2.5.A
FORT (n. m.) : Les forts de Briançon sont du début du XVIIIe siècle. 1.3.C
FOSSÉ (n. m.) : Leur voiture est tombée dans le fossé. 1.1.A
FRAIS (n. m. pl.) : Mes parents sont venus malgré la distance et les frais. 3.1.A
FREINER (v.) : Il faut freiner avant les virages. 1.3.C
FRIGO (n. m.) : Il y a de la bière dans le frigo (= réfrigérateur). 2.3.C

G

GANT (n. m.) : Un gant de toilette. 3.3.C
GARDE (DE -) (n. f.) : La pharmacie de garde. 3.5.B
GAZELLE (n. f.) : Les gazelles courent vite (voir Zoo). 2.3.C
GASOIL (OU GAZOLE) (n. m.) : Le pompiste remplit le réservoir de gasoil. 1.3.C
GENDRE (n. m.) : Il est le gendre de M. Lebrun. 3.1.C
GÉOGRAPHIE (n. f.) : Elle travaille mal en histoire-géographie. 2.2.C
GÉOGRAPHIQUEMENT (adv.) : voir Géographie. 3.3.A
GIRATOIRE (adj.) : Le sens giratoire. 2.3.C
GOLF (n. m.) : Il y a un golf miniature. 1.3.C
GRÂCE À (loc.) : Grâce au plan, M. Besson n'avait pas de mal à se diriger. 2.4.A
GRENIER (n. m.) : Les valises sont dans le grenier. 3.2.C
GRÈVE (n. f.) : Ils sont en grève depuis 1 mois (= arrêt de travail). 3.4.C
GUICHET (n. m.) : Demandez au guichet 3. 1.1.A
GUIDER (v.) : Une visite guidée. 1.3.C

H

HABILLÉ, ÉE (adj.) : Il est très mal habillé. 2.3.C
HABITAT (n. m.) : = logement. 3.2.C
HABITUDE (D' -) (loc.) : D'habitude, on se couche tôt. 1.4.A
HABITUÉ, ÉE (adj.) : Je suppose que vous êtes habitué à la chaleur. 2.2.A
HAREM (n. m.) : Si j'avais un harem, tu serais ma favorite. 3.5.C
HEBDOMADAIRE (adj.) (n. m.) : Une revue hebdomadaire (= de chaque semaine). 3.3.A
HEURE (À L' -) (loc.) : On sera à l'heure. 2.1.C
HEUREUX, EUSE (adj.) : Enchanté. Très heureux. 2.1.A
HEURTER (v.) : La voiture a heurté un arbre. 1.1.B
HIPPOPOTAME (n. m.) : Les hippopotames aiment l'eau (voir Zoo). 2.3.C
HIVERNAGE (n. m.) : = hiver ou saison des pluies. 2.2.C
HOCKEY (n. m.) : = sport. J'ai vu un beau match de hockey sur glace. 3.4.A
HÔPITAL (n. m.) : Mes parents sont à l'hôpital. 1.1.A
HORAIRE (n. m.) : Quels sont les horaires des trains pour Perpignan ? 1.2.B
HOSPITALISÉ, ÉE (adj.) : Quelqu'un de votre famille vient d'être hospitalisé. 1.3.C

HÔTESSE (n. f.) : A l'aéroport, l'hôtesse enregistre les bagages. 2.1.C
HYPOTHÉTIQUE (adj.) : Des phrases hypothétiques. 3.5.C

I

IDENTITÉ (n. f.) : Une carte d'identité. 3.1.C
IMBUVABLE (adj.) : Ce vin est imbuvable ! 3.3.C
IMMANGEABLE (adj.) : Cette viande est immangeable. 3.3.C
IMMIGRÉ, ÉE (n. et adj.) : Je n'ai jamais été une immigrée. 3.5.A
IMMÉDIAT, E (adj.) : Embarquement immédiat. 2.1.A
IMPASSE (n. f.) : Au bout de l'impasse. 1.3.C
IMPOSSIBLE (adj.) : Impossible de venir. 1.3.C
IMPRESSION (n. f.) : Mes premières impressions sont bonnes. 2.3.A
IMPRIMER (v.) : La machine imprime une marque sur le billet. 1.2.C
IMPRIMERIE (n. f.) : M. Lefèvre est directeur d'une imprimerie. 2.1.A
IMPRIMEUR (n. m.) : voir Imprimerie. 2.1.C
INCIDENT (n. m.) : Il y a eu un petit incident au restaurant. 2.3.A
INCONVÉNIENT (n. m.) : Cela présente des avantages mais aussi des inconvénients. 2.5.A
INDISCRÉTION (n. f.) Il écoute aux portes. Il est d'une indiscrétion incroyable ! 1.1.C
INDULGENT, ENTE (adj.) : Tu es bien indulgente ! 3.4.B
INFORMATICIEN, IENNE (n.) : voir Informatique. 3.2.B
INFORMATIQUE (n. f.) : J'ai fait un stage d'informatique. 3.2.A
INFORMER (v.) : Pour m'informer je lis le journal et j'écoute la radio. 2.4.C
INONDATION (n. f.) : Il a beaucoup plu. Il y a des inondations. 3.4.C
INSCRIPTION (n. f.) : Il faut remplir une fiche d'inscription. 1.4.C
INSTALLER (v.) : Nous installerons nos machines. 2.5.A
INSUPPORTABLE (adj.) : 40 °C ! C'est une chaleur insupportable. 3.3.C
INTÉGRATION (n. f.) : Vous avez réussi votre intégration ? 3.5.C
INTÉGRER (S' -) (v.) : D'autres Français ont eu du mal à s'intégrer au Canada. 3.5.C
INTENTION (n. f.) : Nous avons l'intention de créer une imprimerie. 2.1.A
INTÉRESSÉ, ÉE (adj.) : Les éditeurs sont presque tous intéressés. 2.5.A
INTÉRÊT (n. m.) : Une histoire sans intérêt. 3.4.B
INTERMINABLE (adj.) : J'ai souvent trouvé l'hiver interminable. 3.3.A
INTERNATIONAL, E (adj.) : On servait une cuisine internationale. 2.3.A
INTERRUPTEUR (n. m.) : Je peux installer un interrupteur. 2.1.C
INVENDABLE (adj.) : Ce livre est invendable. Il est trop cher ! 3.3.C

J

JAMAIS (adv.) : Le contraire de toujours, c'est jamais. 1.4.C
JEUNESSE (n. f.) : Faites-le parler de sa jeunesse. 2.2.C
JOUEUR, EUSE (n.) : Un joueur de tennis. 2.2.C
JUMEAU, ELLE (adj. et n.) : Donnez-moi deux lits jumeaux. 2.3.B
JUSTE (adj. et adv.) : Dans le virage juste après la station Shell. 1.3.A

K

KAYAK (n. m.) : On fait du canoë et du kayak. 1.3.C
KILOWATT (n. m.) : Le kilowatt ne coûte pas cher au Canada. 3.4.A

L

LABORATOIRE (n. m.) : J'ai fait un stage dans un laboratoire. 3.1.A
LAGUNE (n. f.) : Cet hôtel d'Abidjan est au bord de la lagune. 2.4.C
LAINAGE (n. m.) : Ne pas oublier d'emporter des lainages. 2.2.C
LANDAIS, AISE (adj.) : La côte landaise. 1.4.B
LANGUE (n. f.) : Un cours de langue française. 3.1.B
LATITUDE (n. f.) : Les saisons sont d'une durée variable selon la latitude. 2.2.C
LAVERIE (n. f.) : Au sous-sol se trouve une laverie. 3.2.A
LEÇON (n. f.) : Une leçon de ski. 1.4.C
LÉGENDE (n. f.) : Trouvez pour chaque dessin une légende. 3.1.C
LENDEMAIN (n. m.) : Le lendemain, Laurence rencontre Jocelyne. 2.1.C

LENTEMENT (adv.) : On ira lentement. 1.5.C
LEVÉE (n. f.) : A quelle heure a lieu la prochaine levée de courrier ? 1.1.C
LIAISON (n. f.) : Les liaisons aériennes. 2.1.C
LIBERTÉ (n. f.) : Nous avons peu de liberté. 2.2.C
LICENCE (n. f.) : Une licence de mathématiques. 3.4.C
LINGUISTIQUE (adj.) : Les séjours linguistiques. 3.3.C
LOCAL, E (adj.) : A 17 h 10, heure locale. 2.1.A
LOGER (v.) : Je loge dans un petit hôtel. 3.1.B
LONGTEMPS (adv.) : Il ne faudra pas rester longtemps. 1.3.A
LONGUEMENT (adv.) : Il m'a longuement parlé de l'Afrique. 2.3.A
LORRAIN, AINE (adj.) : Une quiche lorraine. 1.2.C
LOTO (n. m.) : Si je gagnais au loto ! 3.5.C
LUNCH (n. m.) : Je suis invité au lunch de son mariage (= réception). 3.1.C
LUTTER (v.) : Les Québécoises luttent pour l'égalité. 3.5.A

M

MAGAZINE (n. m.) : voir Journal. 2.1.C
MAIGRE (adj.) : Maigre comme un clou. 3.2.C
MAINTENANT (adv.) : Maintenant, tu vas nous donner une leçon de ski. 1.5.A
MALADROIT, E (adj.) : Je suis trop maladroit. 2.1.C
MALGRÉ (prép.) : Malgré la distance et les frais. 3.1.A
MANIAQUE (adj.) : Êtes-vous maniaque ? 2.4.C
MANIFESTATION (n. f.) : Une manifestation publique. 2.4.C
MANŒUVRE (n. f.) : Faire des manœuvres avec une voiture. 1.3.C
MAQUILLER (SE -) (v.) : On se maquille avec des produits de beauté. 3.3.C
MARCHE (n. f.) : Faire marche arrière. 1.3.C
MARCHÉ (BON -) (adj.) : Ce restaurant est très bon marché. 1.4.B
MAROQUINERIE (n. f.) : La maroquinerie est un artisanat qui vient du Maroc. 2.3.C
MASQUE (n. m.) : J'ai acheté un masque africain en bois noir. 2.3.C
MATÉRIEL, ELLE (adj.) : Vous n'avez pas de problèmes matériels. 3.2.A
MATÉRIELLEMENT (adv.) : Matériellement, je suis très bien installée. 3.5.A
MATINÉE (n. f.) : Rendez-vous demain dans la matinée vers 10 h (= matin). 1.4.C
MAUDIT, E (adj.) : Je n'ai jamais été la maudite Française. 3.5.A
MÉCANIQUE (adj. et n. f.) : Les remontées mécaniques. 1.4.C
MÊME (adv.) : Je me sens en sécurité, même le soir. 3.5.A
MÉNAGE (n. m.) : Faire le ménage. 1.1.C
MENSUEL, ELLE (adj.) : = de chaque mois. Un salaire mensuel. 3.5.C
MESSAGE (n. m.) : Je laisse un message s'il n'est pas là. 3.4.C
MINIATURE (adj.) : Un golf miniature. 1.3.C
MINISTÈRE (n. m.) : Je travaillais dans un ministère. 2.2.A
MINISTRE (n. m.) : Le ministre de la Culture. 2.4.A
MISÈRE (n. f.) : Un salaire de misère. 3.5.C
MONDE (n. m.) : Il y a beaucoup de monde. 1.4.B
MONITEUR, TRICE (n.) : Les moniteurs de ski. 1.4.C
MONOTONE (adj.) : Une vie bien monotone. 2.4.C
MOYENNE (n. f.) : La moyenne des températures est de 35°. 2.2.C
MOURIR DE (v.) : Je meurs de soif ! 1.5.A
MUR (n. m.) : Je sais mettre une cheville dans un mur. 2.5.C
MUSICAL, E (adj.) : Une comédie musicale. 1.1.C

N

NAISSANCE (n. f.) : Un faire-part de naissance. 3.1.C
NATIONAL, E (adj.) : Prenez la route nationale en direction de l'Italie. 1.3.B
NATURE (n. f.) : Il adorait la nature. 3.1.A
NAVIGANT, ANTE (adj.) : Le personnel navigant. 2.2.C
NÉGATIF, IVE (adj.) : Une réaction négative. 2.1.B
NETTOYAGE (n. m.) : Il voulait payer le nettoyage du costume. 2.3.A
NETTOYER (v.) : Le pompiste nettoie le pare-brise. 1.3.C
NEUF, NEUVE (adj.) : Mes chaussures sont presque neuves. 1.5.C
NEUTRE (adj.) : Une réaction neutre. 2.1.B
NOCE (n. f.) : = mariage. Un voyage de noces. 3.1.C
NOMBREUX, EUSE (adj.) : La région offre de nombreuses possibilités. 1.3.C
NON-VIOLENCE (n. f.) : Gandhi était pour la non-violence. 3.5.C

NOSTALGIE (n. f.) : On garde une certaine nostalgie de son pays. 3.5.A
NOTER (v.) : Entendu, c'est noté. 2.4.A
NOURRIR (v.) : Nourrir un enfant. 3.1.C
NUMÉRO (n. m.) : Un numéro de téléphone. 1.1.B

O

OBTENIR (v.) : Il venait d'obtenir son diplôme. 3.1.A
OCCASION (n. f.) : On ne laisse pas passer une occasion de s'amuser. 3.4.A
OCCASION (D' -) : Elle a acheté une voiture d'occasion. 1.5.A
OCCUPÉ, ÉE (adj.) : Les gens étaient occupés ailleurs. 2.4.A
OCCUPER (S' - DE) (v.) : Je vais m'occuper du magasin. 1.2.A
OFFRE (n. f.) : Une offre d'emploi. 3.1.C
OMELETTE (n. f.) : Fais-nous une omelette au rhum. 1.2.C
OPÉRATION (n. f.) : Subir une opération. 1.3.C
OPÉRER (v.) : On opère le blessé. 1.3.C
ORDINAIRE (adj.) : Est-ce un train ordinaire ou un TGV ? 1.2.C
          (n.) : De l'ordinaire = de l'essence ordinaire. 1.3.C
ORGANISATEUR, TRICE (n.) : L'organisateur du colloque. 2.4.C
ORIGINAIRE (adj.) : Anne-Marie est originaire de Mâcon. 3.1.A

P

PAIR (AU -) (n. m.) : Cherche JF au pair. 3.2.B
PAIRE (n. f.) : Une paire de chaussures. 2.5.B
PALME (VIN DE -) (n. f.) : Nous avons pris du vin de palme. 2.3.A
PANTHÈRE (n. f.) : La panthère est un animal très dangereux (voir Zoo). 2.3.C
PARAPLUIE (n. m.) : Quand il pleut, je prends mon parapluie. 3.4.C
PARE-BRISE (n. m.) : Le pompiste nettoie le pare-brise. 1.3.C
PARFUM (n. m.) : Je voudrais un parfum pour ma femme. 2.2.B
PARLEUR (n. m.) : C'est un beau parleur. 3.5.C
PARMI (prép.) : Il se dirige parmi les stands. 2.4.A
PAROLE (n. f.) : Donner la parole à quelqu'un. 2.2.C
PART (DE LA - DE) (n. f.) : C'est de la part de qui ? 1.1.C
PARTICULIER (EN -) (loc.) : Je voudrais voir en particulier les stands des éditeurs africains. 2.4.A
PARTICULIÈREMENT (adv.) : Des conditions de travail particulièrement difficiles. 3.1.C
PARTOUT (adv.) : Il y a autant de monde partout. 1.4.A
PASSAGER, ÈRE (n.) : D'où part ce passager ? 1.2.C
PASSANT, ANTE (adj. et n.) : Le touriste demande un renseignement à un passant. 1.4.B
PATIN (n. m.) : Faire du patin à glace. 3.4.C
PATINAGE (n. m.) : voir Patin. 3.4.C
PATINER (v.) : Faire du patin. 3.4.C
PAVILLON (n. m.) : 1. Ce stand est pavillon n° 4. 2.4.C
          2. = Une villa. 3.2.C
P.C.V. (abrév.) : Appeler quelqu'un en P.C.V. 1.1.C
PEIGNE (n. m.) : Prends ce peigne et coiffe-toi ! 3.3.C
PEINTRE (n. m.) : Picasso est un peintre extraordinaire. 2.5.C
PENCHER (SE -) (v.) : Je peux me pencher, moi. 1.3.A
PENSION (n. f.) : 1. Quel est le prix de la pension à l'hôtel ? 1.4.C
          2. Je n'avais pas droit à une pension. 3.2.A
          3. = Pensionnat. 2.2.C
PENSIONNAT (n. m.) : La vie n'est pas gaie au pensionnat. 2.2.C
PERCEVOIR (v.) : Percevoir une taxe. 2.1.C
PERFECTIONNEMENT (n. m.) : Une période de formation ou de perfectionnement. 3.1.C
PÉRIODE (n. f.) : Une période d'études. 3.1.C
PERMIS (n. m.) : Un permis de conduire. 2.1.C
PERSONNEL (n. m.) : Le personnel navigant. 2.2.C
PEUPLÉ, ÉE (adj.) : La Chine est le pays le plus peuplé du monde. 1.1.C
PHARMACEUTIQUE (adj.) : Un laboratoire pharmaceutique. 3.1.A
PIÉTON, ONNE (n.) : L'agent de police fait traverser les piétons. 2.1.C
PILOTE (n. m.) : Un pilote automobile. 3.5.C
PIMENT (n. m.) : Une sauce au piment assez forte. 2.3.A
PIMENTÉ, ÉE (adj.) : J'aurai un premier souvenir pimenté ! 2.3.A
PISTE (n. f.) : Les pistes sont bonnes à Megève. 1.4.B

PLAISIR (n. m.) : Ça nous fait bien plaisir de te voir. 1.3.A
PLAQUE (n. f.) : Une plaque de verglas. 1.1.A
PLÂTRE (n. m.) : Je garderai mon plâtre un mois. 1.3.A
PLUPART (LA -) (n. f.) : La plupart des magasins restent ouverts. 3.3.A
PLUSIEURS (adj. plur.) : Je peux vous donner plusieurs raisons. 3.5.A
PNEU (n. m.) : Le pompiste vérifie la pression des pneus. 1.3.C
POMPISTE (n. m. ou f.) : Le pompiste remplit le réservoir d'essence. 1.3.C
PONT (n. m.) : Sur le pont d'Avignon. 2.4.C
PORTEFEUILLE (n. m.) : C'est dangereux pour votre portefeuille. 2.2.A
PORTRAIT (n. m.) : Le jeu du portrait chinois. 3.5.C
POSITIF, IVE (adj.) : Une réaction positive. 2.1.B
POSITION (n. f.) : Précisez la position des véhicules. 2.3.C
POSSIBILITÉ (n. f.) : Une autre possibilité. 2.1.B
POT (n. m.) : On prendra un pot au bar (= verre). 1.4.A
POURTANT (adv.) : Pourtant, c'est une route que tu connais bien. 1.3.A
PRATIQUE (n. f.) : La pratique du sport. 1.4.C
PRATIQUER (v.) : Pratiquer un sport. 3.4.C
PRÉCISER (v.) : Pour préciser le croquis... 2.3.C
PRÉPARER (v.) : Préparer un bon repas. 2.1.B
PRÉSENT (JUSQU'À -) (loc.) : Jusqu'à présent, réactions favorables. 2.5.A
PRÉSENTER (SE - À) (v.) : Se présenter à un examen. 3.1.A
PRESSE (n. f.) : Il travaille dans la presse (= les journaux, la radio, la télévision). 3.3.C
PRESSION (n. f.) : La pression des pneus. 1.3.C
PRÊT-À-PORTER (n. m.) : Le salon du prêt-à-porter. 2.1.C
PRÉVENIR (v.) : Merci de me prévenir. 2.2.A
PRIER (v.) : Vous êtes priés de mettre votre ceinture de sécurité. 2.2.C
PRIORITÉ (n. f.) : Un signal de priorité. 2.3.C
PRISE (n. f.) : Je peux réparer une prise électrique. 2.1.C
PRISON (n. f.) : Gandhi a été en prison. 3.5.C
PROBLÈME (n. m.) : Vous n'avez pas de problèmes matériels ? 3.2.A
PRODUIRE (v.) : Cette maison produit un travail de qualité. 2.5.A
PRODUIRE (SE -) (v.) : Un accident se produit devant vous. 1.4.C
PROFONDÉMENT (adv.) : J'ai dormi profondément. 2.3.C
PROGRÈS (n. m.) : Florence a fait des progrès cette année. 1.4.A
PROLONGER (v.) : Je prolonge mon séjour jusqu'à lundi. 2.4.C
PROMETTRE (v.) : Je te promets que je t'achèterai une moto. 2.4.C
PROPOS (À -) (loc.) : A propos, quelle sera la température à Bamako ? 2.2.A
PROPOSER (v.) : On propose de vous accompagner. 2.4.B
PROPOSITION (n. f.) : André a eu une proposition très intéressante. 3.1.A
PROVENANCE (n. f.) : Un vol en provenance de Bamako. 2.1.C
PROVISION (n. f.) : Un sac à provisions. 2.3.B
PUBLIC, IQUE (adj.) : Une cabine publique. 2.1.A
PUBLIER (v.) : Les éditeurs publient des livres. 2.1.C
PYJAMA (n. m.) : J'ai pris ma trousse de toilette et mon pyjama. 1.1.A

——————————— Q ———————————

QUAI (n. m.) : Sur le quai de la gare. 1.2.C
QUALIFICATION (n. f.) : Une meilleure qualification professionnelle. 3.2.C
QUAND (adv.) : Ça s'est passé quand ? 1.1.A
QUEUE (n. f.) : Il faut faire la queue aux remontées. 1.4.A
QUICHE (n. f.) : Une quiche lorraine. 1.2.C
QUITTER (v.) : Leur voiture a quitté la route. 1.1.A
QUOTIDIEN, IENNE (adj.) : = de chaque jour. La vie quotidienne. 3.3.A

——————————— R ———————————

RACCOMPAGNER (v.) : Vos amis veulent vous raccompagner. 1.5.B
RACCROCHER (v.) : Raccrocher le téléphone. 1.1.C
RACINE (n. f.) : On garde le sentiment que ses racines sont ailleurs. 3.5.A
RADIO (RADIOGRAPHIE) (n. f.) : On t'a fait une radio ? 1.3.A
RAFRAÎCHISSEMENT (n. m.) : 1. Voulez-vous des rafraîchissements ? 2.2.A
    2. On observe un rafraîchissement causé par la pluie. 2.2.C
RALENTIR (v.) : La voiture ralentit. 1.3.C
RANDONNÉE (n. f.) : Faire de la randonnée en montagne. 1.3.C
RAPPELER (v.) : Rappelez-moi votre nom. 3.2.B
RAQUETTE (n. f.) : 1. Une raquette de tennis. 1.5.C
    2. On fait des promenades en raquettes. 3.4.A

RARE (adj.) : Il est rare que je sois seule. 3.4.C
RAREMENT (adv.) : On travaille rarement plus de 32 h par semaine. 3.4.A
RASER (v.) : J'ai de la crème à raser dans ma trousse de toilette. 3.3.C
RASOIR (n. m.) : voir Raser. 3.3.C
RATER (v.) : La voiture a raté un virage. 1.1.C
RÉACTION (n. f.) : Réaction négative de votre ami. 2.1.B
RÉAGIR (v.) : voir Réaction. 2.5.C
RÉCEPTION (n. f.) : Vous êtes à la réception dans un hôtel. 1.3.B
RECHERCHER (v.) : Vous recherchez quelqu'un. 2.4.B
RÉCLAMATION (n. f.) : Faire une réclamation. 2.3.A
RECOMMENCER (v.) : Recommencer des études. 3.5.C
RECOUVRIR (v.) : La neige recouvre la ville. 3.3.A
RECULER (v.) : La voiture recule. 1.3.C
RECYCLAGE (n. m.) : voir Recycler. 3.2.C
RECYCLER (v.) : J'ai dû me recycler en informatique. 3.2.A
REDESCENDRE (v.) : Redescendre l'escalier. 1.3.C
RÉDIGER (v.) : Rédiger un télégramme. 1.1.C
REDRESSER (SE -) (v.) : Il veut se redresser pour l'embrasser. 1.3.A
REGAGNER (v.) : Vous êtes priés de regagner votre siège. 2.2.A
RÉGULIER, IÈRE (adj.) : Des services réguliers d'autobus. 2.1.C
RÉHABITUER (SE -) (v.) : Vous auriez du mal à vous réhabituer ? 3.5.A
RELIGIEUX, IEUSE (adj.) : Un mariage religieux. 3.1.C
REMARIER (SE -) (v.) : Je vais me remarier. 3.1.B
REMONTÉE (n. f.) : Il y a beaucoup de skieurs. Il faut faire la queue aux remontées. 1.4.A
REMONTER (v.) : Je remonte faire mon sac. 1.1.A
REMPART (n. m.) : Des remparts du XVIIIe siècle. 1.3.C
REMPLIR (v.) : Le pompiste remplit le réservoir d'essence. 1.3.C
RENCONTRE (n. f.) : Une rencontre extraordinaire. 3.1.C
RENCONTRER (v.) : Je dois rencontrer des éditeurs africains. 2.1.A
RENDRE (v.) : Rendre la monnaie. 1.4.B
RENDRE (SE - À) (v.) : M. Besson se rend à Bamako. 2.1.A
RENSEIGNER (v.) : Le concierge vous renseigne. 2.4.B
RENVERSER (v.) : La voiture s'est renversée. 1.1.C
REPASSAGE (n. m.) : Je n'aime pas faire le repassage. 2.1.C
REPASSER (v.) : 1. voir Repassage. 2.1.C
    2. Je repasserai demain. 2.4.B
REPEINDRE (v.) : Repeindre son appartement. 3.4.B
REPRENDRE (v.) : Reprendre son travail après les vacances. 1.5.C
RÉSERVATION (n. f.) : Au guichet « Réservations ». 1.2.B
RÉSERVER (v.) : Je voudrais réserver une couchette. 1.2.B
RÉSERVOIR (n. m.) : Le pompiste remplit le réservoir. 1.3.C
RESPONSABILITÉ (n. f.) : Un poste de responsabilité. 3.5.C
RESSEMBLER (v.) : La vie ressemble à celle que j'ai connue en France. 3.3.A
RESTAURATION (n. f.) : La restauration est prévue dans le TGV. 1.2.C
RESTE (n. m.) : Je passe le reste de mon temps dans les avions. 2.2.A
RÉUNION (n. f.) : J'ai eu une réunion de travail jusqu'à 20 h. 2.4.C
RÉUSSIR (v.) : Réussir à un examen. 3.1.C
REVUE (n. f.) : Une revue sur le cinéma (= journal). 2.1.C
RHUM (n. m.) : Fais-nous une omelette au rhum. 1.2.C
RICHE (adj. et n.) : Est-ce que le ski est un sport de riches ? 1.4.C
RIDICULE (adj.) : Tu es ridicule, tu ne nous déranges pas. 1.5.B
ROSE (n. f.) : J'aime les roses rouges (= fleur). 3.4.C
RUBRIQUE (n. f.) : Pour chaque rubrique, il y a trois réponses. 2.5.C
RUGBY (n. m.) : Il joue au rugby (= sport). 3.4.C

——————————— S ———————————

SAC (n. m.) : Un sac à provisions. 2.3.B
SAFARI (n. m.) : Un safari en Afrique. 2.3.C
SALARIÉ, ÉE (n. et adj.) : Un grand nombre de salariés sont payés chaque semaine. 3.3.A
SANDWICH (n. m.) : Où est le sac avec les sandwiches ? 1.2.A
SATELLITE (n. m.) : Embarquement satellite 4. 2.1.A
SAUCE (n. f.) : Le pili-pili est une sauce au piment. 2.3.A
SAUNA (n. m.) : Au sous-sol se trouve un sauna. 3.2.A
SAVON (n. m.) : J'ai du savon dans ma trousse de toilette. 1.1.C
SCÉNARIO (n. m.) : A chaque stand, c'était le même scénario. 2.4.A
SCIENTIFIQUE (n. et adj.) : Elle est forte en maths, c'est une scientifique. 2.2.C
SCORE (n. m.) : Calculez votre score. 2.1.C
SCULPTURE (n. f.) : La sculpture sur bois. 2.3.C
SEC, SÈCHE (adj.) : La saison sèche. 2.2.C
SÉPARER (v.) : On vous propose deux places séparées. 3.3.B

SÉRIE (n. f.) : Une série de phrases. 3.5.C
SERVICE MILITAIRE (n. m.) : Le garçon a fait son service militaire. 3.2.B
SERVIETTE (n. f.) : Une serviette de toilette. 3.3.C
SERVIR (v.) : Gilles est en train de servir un vieux monsieur. 1.4.A
SHAMPOOING (n. m.) : Le shampooing est très bon pour les cheveux. 3.3.C
SIGNATURE (n. f.) : voir Signer. 2.5.C
SIGNER (v.) : Florence veut aussi signer la lettre. 1.3.C
SIGNIFICATION (n. f.) : Trouvez la signification de ces abréviations. 3.3.C
SIMPLE (adj.) : Je veux un aller simple. 1.2.C
SINGE (n. m.) : Le singe est très amusant (voir Zoo). 2.3.C
SITUER (SE -) (v.) : La saison la plus agréable se situe entre novembre et mars. 2.2.C
SKI DE FOND (n. m.) : On fait aussi du ski de fond. 3.4.A
SNACK (snack-bar) (n. m.) : Prendre un repas au snack. 1.5.C
SOIN (n. m.) : Il a reçu des soins à l'hôpital. 1.3.C
SOIRÉE (n. f.) : = soir. Bonne soirée. 1.4.A
SOMMET (n. m.) : On se retrouve au sommet de la télécabine. 1.4.A
SOUDAIN (adv.) : Soudain, il aperçoit Florence. 1.4.A
SOUS-DIRECTEUR (n. m.) : Le bureau du sous-directeur. 2.4.A
SOUTERRAIN, AINE (adj. et n.) : Un parking souterrain. 3.3.A
SOUVENT (adv.) : J'y vais très souvent. 1.2.A
SPÉCIALISTE (n. m. et f.) : Un spécialiste de la vente. 2.4.C
SPORTIF, IVE (adj. et n.) : Vous n'êtes pas sportif ? 1.3.C
STAGE (n. m.) : J'ai fait un stage de deux mois dans un laboratoire. 3.1.A
STAGIAIRE (n. m. et f.) : voir Stage. 3.1.C
STAND (n. m.) : Il avait besoin d'un plan pour se diriger parmi les stands. 2.4.A
STATION-SERVICE (n. f.) : Tu vois la station-service Shell ? 1.3.A
STATIONNEMENT (n. m.) : Quitter un stationnement. 2.3.C
STOP (auto-stop) (n. m.) : Faire du stop. 1.2.A
SUBIR (v.) : Vous aller voir un ami qui a subi une opération. 1.3.B
SUCCURSALE (n. f.) : Nous avons l'intention d'y créer une petite succursale. 2.1.A
SUJET (n. m.) : Faire une conférence sur un sujet. 2.4.C
SUPER (SUPERCARBURANT) (n. m.) : Voulez-vous du super ou de l'ordinaire ? 1.3.C
SUPERBE (adj.) : Il fait un temps superbe. 1.4.C
SUPÉRIEUR, E (adj.) : Je veux une couchette supérieure. 1.2.B
SUPPLÉMENT (n. m.) : Il faut payer un supplément. 1.2.C
SUPPORTABLE (adj.) : Je trouve la chaleur très supportable. 2.3.A
SUPPORTER (v.) : Je supporte mal la chaleur. 2.2.A
SUPPOSER (v.) : Je suppose que vous allez à la foire du livre. 2.1.A
SÛREMENT (adv.) : Tu skies sûrement mieux que nous. 1.4.A
SURPRISE (n. f.) : Une agréable surprise. 2.3.A
SURVOLER (v.) : Nous survolons actuellement Tombouctou. 2.2.A
SYMPHONIE (n. f.) : Une symphonie de Mozart. 2.2.C

T

TACHE (n. f.) : J'espère que la tache va partir. 2.3.A
TACHÉ, ÉE (adj.) : Votre robe n'est pas tachée. 2.3.A
TARD (adv.) : Tard est le contraire de tôt. 1.4.C
TAS (n. m.) : Je savais des tas de choses sur le Mali. 2.3.A
TAXE (n. f.) : Une taxe locale est perçue. 2.1.C
TEINTURERIE (n. f.) : Un service de teinturerie. 2.4.C
TEL (UN TEL, UNE TELLE) (n.) : Je voudrais voir Monsieur Un tel. 2.4.A
TÉLÉCABINE (n. f.) : On se retrouve au sommet de la télécabine. 1.4.A
TÉLÉPHÉRIQUE (n. m.) : voir Remontées mécaniques. 1.4.C
TÉLÉSKI (n. m.) : voir Remontées mécaniques. 1.4.C
TÉLÉSIÈGE (n. m.) : voir Remontées mécaniques. 1.4.C
TÉLÉGRAMME (n. m.) : Tu as reçu un télégramme. 1.1.A
TÉLÉGRAPHIQUE (adj.) : Écrire en style télégraphique. 1.1.C
TEMPÉRATURE (n. f.) : Quelle sera la température à Bamako ? 2.2.A
TEMPÊTE (n. f.) : Il a fait mauvais ; il y a eu des tempêtes. 1.4.C
TEMPORAIRE (adj.) : Je n'ai trouvé qu'un travail temporaire. 3.5.B
TENDREMENT (adv.) : Je t'embrasse tendrement. 2.3.C
TERMINER (v.) : Les visites sont terminées. 1.3.A
TERRE (PAR -) (n. f.) : Ne mets pas la cendre par terre. 1.2.A
TÊTE-À-QUEUE (n. m.) : La voiture a fait un tête-à-queue. 1.1.C
TICKET (n.m.) : Un ticket de métro. 3.3.C
TISSAGE (n. m.) : J'aime les tissages africains. 2.3.C

TISSU (n. m.) : Des tissus africains. 2.3.C
TOAST (n. m.) : Je prépare du café et des toasts. 3.3.A
TOILE (n. f.) : Des chaussures légères en toile. 2.3.C
TOILETTE (n. f.) : Je prends ma trousse de toilette. 1.1.A
TONNEAU (n. m.) : La voiture a fait trois tonneaux. 1.1.B
TÔT (adv.) : D'habitude, on se couche tôt. 1.4.A
TOUCHER (v.) : 1. La France touche la mer. 1.2.C
              2. Grâce à l'argent que j'ai touché. 3.2.A
TOUJOURS (adv.) : Il y a toujours du sel dans la maison. 1.2.C
TOUT LE TEMPS (loc.) : Il riait tout le temps. 3.1.A
TRACÉ (n. m.) : Précisez le tracé des voies. 2.3.C
TRADITIONNEL, ELLE (adj.) : Un mariage traditionnel. 3.1.C
TRADUIRE (v.) : Vous traduisez pour une amie qui ne parle pas français. 2.5.B
TRAJET (n. m.) : Durée du trajet : 30 minutes. 2.2.C
TRANQUILLE (adj.) : Une vie bien tranquille. 2.4.C
TRANSFERT (n. m.) : Transfert en taxi aéroport-ville. 2.1.C
TRANSMETTRE (v.) : Pour transmettre ou traduire. 2.5.B
TRANSPORTER (v.) : Une personne est transportée à l'hôpital. 1.3.C
TRAVAUX (n. m. pl.) : Je peux faire des travaux dans ma maison. 2.1.B
TRAVAUX PUBLICS (n. m. pl.) : Un ingénieur des travaux publics. 3.1.A
TRAVERS (EN -) (n. m.) : La voiture s'est mise en travers. 1.1.C
TROUSSE (n. f.) : Une trousse de toilette. 1.1.A
TUTOYER (v.) : On se tutoie, d'accord ? 1.2.A
TYPE (n. m.) : Une journée type. 3.3.A
TYPIQUEMENT (adv.) : On sert des plats typiquement africains. 2.3.A

U

UNIVERSITAIRE (adj.) : Une cité universitaire. 1.1.A

V

VACHE (n. f.) : Les vaches donnent du lait (= animal). 3.5.C
VALISE (n. f.) : Tu as fait ta valise ? 1.2.C
VASE (n. m.) : Un vase en poterie. 2.3.C
VÉHICULE (n. m.) : Les véhicules A et B... 2.3.C
VEILLE (n. f.) : La veille de Noël, les magasins sont pleins de monde. 3.4.C
VERGLAS (n. m.) : Ils ont dérapé sur une plaque de verglas. 1.1.A
VÉRIFIER (v.) : Le pompiste vérifie l'eau. 1.3.C
VERSION (n. f.) : Votre version de l'accident. 2.3.C
VESTIMENTAIRE (adj.) : = voir Vêtement. Des conseils vestimentaires. 2.2.C
VICE VERSA (loc.) : Transfert aéroport-ville ou vice versa. 2.1.C
VIF, VIVE (adj.) : Malgré le froid très vif. 3.3.A
VIRAGE (n. m.) : Il a raté un virage. 1.1.B
VISA (n. m.) : Est-ce qu'il faut un visa pour entrer aux U.S.A. ? 3.4.A
VITESSE (n. f.) : Une vitesse de 150 km/h. 1.5.C
VŒU (n. m.) : Tous mes vœux de bonheur. 3.1.B
VOIE (n. f.) : Préciser le tracé des voies. 2.3.C
VOL (n. m.) : Vol Air Afrique. 2.1.A
VOYAGEUR, EUSE (n.) : voir Voyager. 2.5.A
VUE (n. f.) : La vue est magnifique. 2.2.A

W

WAGON-LIT (n. m.) : On peut voyager en couchette ou en wagon-lit. 1.2.C

Z

ZÉRO (n. m.) : J'ai dû repartir presque à zéro. 3.2.A
ZOO (n. m.) : Dans un zoo, il y a des lions, des girafes, etc. 2.3.C

TABLE DES MATIÈRES

1. 1. Un départ précipité 3
1. 2. L'autostop 12
1. 3. L'arrivée à Briançon 21
1. 4. Dans le magasin 30
1. 5. Dernière journée de ski 39

Bilan 1 48
2. 1. Départ pour l'Afrique 50
2. 2. Dans l'avion de Bamako 59
2. 3. Lettre du Mali 68
2. 4. A la Foire du Livre 77
2. 5. Projets d'avenir 86

Bilan 2 95
3. 1. Une Française au Québec 97
3. 2. Une nouvelle vie 106
3. 3. Un jour bien ordinaire 115
3. 4. Sports et loisirs 124
3. 5. Etre québécoise 133

Bilan 3 142
4. L'affaire des starlettes 145

MEMENTO GRAMMATICAL 153

LEXIQUE 169

P. 5 : mg SIC PTT, md SIC PTT, b SEPIA ; p. 6 : CALAN ; p. 10 FOTOGRAM Chapman ; p. 11 : m FOTOGRAM, b SIC PTT ; p. 14 : b ATLAS PHOTO Bertho, m SNCF Varga ; p. 15 : FOTOGRAM Darras ; p. 20 : m CREATION 9 ; p. 23 : h SEPIA Rebours, m CREATION 9, b CALAN ; p. 24 : m CALAN, b FOTOGRAM Delpit ; p. 26 : g IMAGE BANK Miller, d IMAGE BANK ; p. 28 : GAMMA ; p. 29 : h VIVA Rausch, b FOTOGRAM Dumas ; p. 32 : mg FOTOGRAM-Pitchal, md DESCAMPS, b ATLAS-Desgraupes ; p. 33 : h VIVA-Darnaud, b IMAGE BANK Salas ; p. 37 : h FOTOGRAM Flash, d GAMMA Vioujard, m IMAGE BANK ; p. 38 : ATLAS PHOTO Masson ; p. 41 : mg AREPI Grimbert, md IMAGE BANK Forer, bd PIX Benazet ; p. 42 : CREATION 9 ; p. 44 : PIX ; p. 52 : FOTOGRAM Andersen, b CREATION 9 ; p. 53 : A.A.A. Naud ; p. 58 : A.A.A. Drachoussof ; p. 61 : g LA REDOUTE, hd Jean-J. MOREAU, bd FOTOGRAM Picou ; p. 65 : hg PIX Schwartz, hd PIX Bénazet, mg EDIMEDIA Kharbine, md GAMMA Simon, bd GIRAUDON, gd PIX ; p. 67 : h A.A.A. Drachoussof, m FOTOGRAM Bossu-Picat ; p. 69 : EXPLORER Philippart de Foy ; p. 70 : h CREATION 9, g Archives NATHAN ; p. 75 : m ROGER-VIOLLET, d ROGER-VIOLLET ; p. 76 : A.A.A. MYERS ; p. 79 : h PIX Bénazet, b PIX Cuvillier ; p. 80 : md GAMMA Gérard ; p. 84 : bd A.A.A. Beauvilain, bg EXPLORER Boutin ; p. 88 : h PIX Schwartz, b PIX Bénazet ; p. 93 : bg EXPLORER Costa, bd EXPLORER Costa ; p. 94 : h CALAN ; p. 97 : FOTOGRAM Ber ; p. 98 : GAMMA Maous ; p. 99 : bd FOTOGRAM Antman, bg FOTOGRAM Chapman ; p. 103 : bd CHAPMAN, bg GAMMA ; p. 104 : g PIX Poinot ; p. 105 : MAGNUM Berry ; p. 107 : b Office du Québec, h PIX ; p. 108 : bd FOTOGRAM Picou, bg FOTOGRAM Pascale ; p. 114 : PIX ; p. 116 : h Délégation Générale du Québec, m Ambassade du Canada ; p. 117 : g CREATION 9, d FOTOGRAM Delpit ; p. 123 : b FOTOGRAM Pataut, h GAMMA Van der Hilst ; p. 124 : PIX Mathey ; p. 125 : Gouvernement du Québec ; p. 126 : d FOTOGRAM Pataut, g Ambassade du Canada ; p. 132 : FOTOGRAM Pataut ; p. 134 : bg Ambassade du Canada, mg Ambassade du Canada, hm Ambassade du Canada, hd MAGNUM Berry, md MAGNUM Taconis, md PIX Guerrier, bd Ambassade du Canada ; p. 135 : bg CALAN, bd FOTOGRAM Delpit ; p. 138 : Ambassade du Canada ; p. 139 : mg FOTOGRAM Delpit, md Ambassade du Canada, bd FOTOGRAM Verdon ; p. 140 : d FOTOGRAM Mousseau, g FOTOGRAM Pitchal ; p. 141 : bg Office de tourisme Québec, h SAGAZAN, m FOTOGRAM ; p. 144 : MAGNUM Berry ; p. 145 : h GAMMA Wherlé, b FOTOGRAM Ville ; p. 146 : GAMMA Wherlé ; p. 151 : FOTOGRAM.

N° d'éditeur : 10024186 - XXXXVI - (523) CSB 80°
imprimé en France. Septembre 1994
par Mame Imprimeurs à Tours (n° 32956)